普通高等学校"十四五"规划旅游管理专业类精品教材
国家级一流本科专业建设旅游管理类特色教材

旅游目的地国概况

Overview of Tourism Destination Countries

主　编　姜　涛
副主编　赵　星　董宝玲

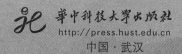

中国·武汉

内 容 提 要

本书全面、系统地介绍了中国旅游客源国的概况,注重突出特点、以点带面,针对各客源国,详细介绍了其自然地理、民俗文化等方面的知识,并重点阐述了其旅游业的发展情况以及当地重要的旅游资源,反映了各国旅游业的最新发展动态和趋势。此外,在语言表达上力求简洁明了、通俗易懂,方便读者理解和记忆。在结构编排上,注重逻辑性和条理性,使读者能够轻松地掌握各章节的重点和难点。本书适合旅游管理、酒店管理专业的学生和从业者学习使用。

图书在版编目(CIP)数据

旅游目的地国概况 / 姜涛主编. -- 武汉:华中科技大学出版社,2024.11. -- ISBN 978-7-5772-1481-8

Ⅰ. F591

中国国家版本馆 CIP 数据核字第 202429L7A5 号

旅游目的地国概况
Lǚyou Mudidi Guo Gaikuang

姜 涛 主编

策划编辑:王雅琪　王　乾
责任编辑:洪美员
封面设计:原色设计
责任校对:刘　竣
责任监印:周治超
出版发行:华中科技大学出版社(中国•武汉)　　电话:(027)81321913
　　　　　武汉市东湖新技术开发区华工科技园　　邮编:430223
录　　排:孙雅丽
印　　刷:武汉科源印刷设计有限公司
开　　本:787mm×1092mm　1/16
印　　张:13.25
字　　数:273 千字
版　　次:2024 年 11 月第 1 版第 1 次印刷
定　　价:49.80 元

本书若有印装质量问题,请向出版社营销中心调换
全国免费服务热线:400-6679-118　　竭诚为您服务
版权所有　侵权必究

普通高等学校"十四五"规划旅游管理类精品教材
国家级一流本科专业建设旅游管理类特色教材

出版说明

为深入落实全国教育大会和《加快推进教育现代化实施方案(2018—2022年)》文件精神,贯彻落实新时代全国高校本科教育工作会议和《教育部关于加快建设高水平本科教育全面提高人才培养能力的意见》、"六卓越一拔尖"计划2.0系列文件要求,推动新工科、新医科、新农科、新文科建设,做强一流本科、建设一流专业、培养一流人才,全面振兴本科教育,提高高校人才培养能力,实现高等教育内涵式发展,教育部决定全面实施"六卓越一拔尖"计划2.0,启动一流本科专业建设"双万计划",并计划在2019—2021年期间,建设143个旅游管理类国家级一流本科专业点。

基于此,建设符合旅游管理类国家级一流本科专业人才培养需求的教材,将助力旅游高等教育专业结构优化,全面打造一流本科人才培养体系,进而为中国旅游业在"十四五"期间深化文旅融合、持续迈向高质量发展提供有力支撑。

华中科技大学出版社一向以服务高校教学、科研为己任,重视高品质专业教材出版,"十三五"期间,在教育部高等学校旅游管理类专业教学指导委员会和全国高校旅游应用型本科院校联盟的大力支持和指导下,率先组织编纂出版"普通高等院校旅游管理专业类'十三五'规划精品教材"。该套教材自出版发行以来,被全国三百多所开设旅游管理类专业的院校选用,并多次再版。

为积极响应"十四五"期间国家一流本科专业建设的新需求,"国家级一流本科专业建设旅游管理类特色教材"项目应运而生。本项目依据旅游管理类国家级一流本科专业建设要求,立足"十四五"期间旅游管理人才培养新特征进行整体规划,邀请旅游管理类国家级一流本科专业建设院校国家教学名师、资深教授及中青年旅游学科带头人加盟编纂。

该套教材融入思政内容,助力旅游管理教学实现立德树人与专业人才培养有机融合;引导学生充分认识专业学习的重要性,培养学生的专业技能,并使其个人职业发展与国家建设紧密结合,树立正确的价值观。同时,本套教材基于旅游管理类国家级一流本科专业建设要求,在教材内容上体现"两性一度",即高阶性、创新性和挑战度的高质量要求。此外,依托资源服务平台,打造新形态立体教材。华中科技大学出版社紧抓"互联网+"时代教育需求,自主研发并上线了华中出版资源服务平台,为本套系列教材提供立体化教学配套服务,既为教师教学提供教学计划书、教学课件、习题库、案例库、教学视频等系列配套教学资源,又为教学管理构建集课程开发、习题管理、学生评论、班级管理等于一体的教学生态链,真正打造了线上线下、课内课外的新形态立体化互动教材。

  本项目编委会力求通过出版一套兼具理论与实践、传承与创新、基础与前沿的精品教材,为我国加快实现旅游高等教育内涵式发展、建成世界旅游强国贡献一分力量,并诚挚邀请更多致力于中国旅游高等教育的专家学者加入我们!

前言
QIANYAN

　　自第二次世界大战以来,全球政治经济格局发生了巨大的改变,科技的迅猛进步、社会主义国家的崛起以及第三世界国家的崭露头角,共同构筑了一个更加多元、包容和繁荣的国际环境。在这样的时代背景下,世界旅游业迎来了前所未有的发展机遇,成为推动全球经济增长的重要引擎。

　　中国,作为拥有5000年文明史的古老国度,其旅游业在改革开放的浪潮中迅速发展,并日益成为世界旅游业的重要一极。凭借得天独厚的自然和文化资源、持续增长的国际市场需求,中国旅游业不仅极大地推动了国内经济的繁荣发展,更为世界旅游业的格局演变贡献了积极力量。如今,中国不仅是全球最大的出境旅游客源国,也是备受瞩目的入境旅游接待国,正坚定地迈向世界旅游强国的行列。

　　中国旅游业的海外客源市场分布广泛,涵盖亚洲、非洲、欧洲、美洲、大洋洲的多个国家和地区。这些客源国和地区的地理分布、社会经济文化状况、旅游业发展趋势各异,其变化不仅深刻影响着中国旅游业的发展方向,也在一定程度上引领着世界旅游业的潮流。因此,深入了解我国主要海外客源国和地区的地理分布、社会经济文化状况以及旅游业发展趋势,对于把握我国旅游海外市场的脉搏以及加快旅游业高质量发展具有至关重要的作用。

　　《旅游目的地国概况》作为旅游专业的重要教材,紧密结合党的二十大精神,旨在为广大旅游专业的学生和从业者提供一本实用的旅游科学指南。本书在内容选择上,力求全面、新颖,广泛搜集各客源国和地区的最新资料与信息,精准反映各客源国和地区旅游业的最新发展动态与趋势;在语言表达上,力求通俗易懂,符合读者的认知特点;在结构编排上,注重逻辑性和知识的连贯性,使读者能够轻松掌握各章节的重点和难点。

　　本书的编写团队由多位专家学者组成,他们在各自领域具有丰富的实践经验和深厚的学术造诣。本书的编写分工如下：第一章、第二章、第三章由姜涛老师编写，第四章、第五章由赵星老师编写，第六章、第七章由董宝玲老师编写；研究生陈玲玲、高富云、张开训、章忠蝶、姜春兰、李晓丹、李娇、王华也参与了部分编写。在编写过程中，编者坚持贯彻新发展理念，深刻践行党的二十大精神，将马克思主义基本原理同中国旅游业的具体实际相结合，努力推动旅游业的创新发展。

由于编者水平有限，加之编写时间紧迫，书中难免存在不足之处，恳请广大专家、读者批评指正。我们相信，在大家的共同努力下，这本书一定能够不断完善，在未来的学习和工作中为读者们提供有益的参考与指导。让我们携手共进，以党的二十大精神为指引，共同推动中国旅游业的繁荣发展，为构建人类命运共同体贡献中国智慧和中国力量。

目录

第一章　旅游市场概述　/001

第一节　世界旅游发展史　/001
一、世界古代旅游　/002
二、世界近代旅游　/002
三、世界现代旅游　/003

第二节　世界旅游发展趋势与前景　/003
一、全球旅游：稳健步伐迈向繁荣未来　/003
二、全球旅游：重心持续东移与南下　/004
三、新兴经济体国家正崛起为全球旅游接待的新星　/004
四、区域旅游一体化步伐提速，共谋繁荣新篇章　/005

第三节　中国旅游业与中国旅游客源市场　/006
一、中国旅游业：从封闭到开放的辉煌蜕变　/006
二、中国旅游业：迈向世界舞台中心的崭新篇章　/007
三、中国入境客源市场概况　/007
四、中国出境旅游市场概况　/009

第四节　世界主要旅游区　/012
一、亚太旅游区　/012
二、中东旅游区　/012
三、欧洲旅游区　/012
四、美洲旅游区　/013
五、非洲旅游区　/013
六、极地旅游区　/013

第二章　亚洲旅游客源国　　/015

第一节　亚洲基本概况及旅游市场发展　　/016
一、地理位置　　/016
二、地形地貌　　/016
三、气候特点　　/016
四、旅游市场　　/016

第二节　日本　　/017
一、国家概况　　/017
二、主要旅游目的地及其吸引力　　/019
三、旅游现状及服务　　/023

第三节　马来西亚　　/027
一、国家概况　　/027
二、主要旅游目的地及其吸引力　　/028
三、旅游现状及服务　　/032

第四节　阿联酋　　/034
一、国家概况　　/034
二、主要旅游目的地及其吸引力　　/036
三、旅游现状及服务　　/040

第五节　印度　　/043
一、国家概况　　/043
二、主要旅游目的地及其吸引力　　/044
三、旅游现状及服务　　/048

第三章　非洲旅游客源国　　/052

第一节　非洲基本概况及旅游市场发展　　/053
一、地理位置　　/053
二、地形地貌　　/053
三、气候特点　　/053
四、旅游市场　　/053

第二节　埃及 /054

一、国家概况 /054
二、主要旅游目的地及其吸引力 /055
三、旅游现状及服务 /059

第三节　南非 /061

一、国家概况 /061
二、主要旅游目的地及其吸引力 /063
三、旅游现状及服务 /067

第四节　肯尼亚 /070

一、国家概况 /070
二、主要旅游目的地及其吸引力 /072
三、旅游现状及服务 /076

第五节　马达加斯加 /079

一、国家概况 /079
二、主要旅游目的地及其吸引力 /080
三、旅游现状及服务 /085

第四章　欧洲旅游客源国 /089

第一节　欧洲基本概况及旅游市场发展 /090

一、地理位置 /090
二、地形地貌 /090
三、气候特点 /090
四、旅游市场 /090

第二节　英国 /091

一、国家概况 /091
二、主要旅游目的地及其吸引力 /092
三、旅游现状及服务 /096

第三节　法国 /099

一、国家概况 /099
二、主要旅游目的地及其吸引力 /100
三、旅游现状及服务 /103

第四节　芬兰　　　　　　　　　　　　　　　　　　　　　　　/106
　　一、国家概况　　　　　　　　　　　　　　　　　　　　　/106
　　二、主要旅游目的地及其吸引力　　　　　　　　　　　　　/107
　　三、旅游现状及服务　　　　　　　　　　　　　　　　　　/110

第五节　瑞士　　　　　　　　　　　　　　　　　　　　　　　/112
　　一、国家概况　　　　　　　　　　　　　　　　　　　　　/112
　　二、主要旅游目的地及其吸引力　　　　　　　　　　　　　/113
　　三、旅游现状及服务　　　　　　　　　　　　　　　　　　/116

第五章　北美洲旅游客源国　　　　　　　　　　　　　　　　/119

第一节　北美洲基本概况及旅游市场发展　　　　　　　　　　　/120
　　一、地理位置　　　　　　　　　　　　　　　　　　　　　/120
　　二、地形地貌　　　　　　　　　　　　　　　　　　　　　/120
　　三、气候特点　　　　　　　　　　　　　　　　　　　　　/120
　　四、旅游市场　　　　　　　　　　　　　　　　　　　　　/120

第二节　美国　　　　　　　　　　　　　　　　　　　　　　　/121
　　一、国家概况　　　　　　　　　　　　　　　　　　　　　/121
　　二、主要旅游目的地及其吸引力　　　　　　　　　　　　　/122
　　三、旅游现状及服务　　　　　　　　　　　　　　　　　　/126

第三节　加拿大　　　　　　　　　　　　　　　　　　　　　　/128
　　一、国家概况　　　　　　　　　　　　　　　　　　　　　/128
　　二、主要旅游目的地及其吸引力　　　　　　　　　　　　　/130
　　三、旅游现状及服务　　　　　　　　　　　　　　　　　　/133

第四节　墨西哥　　　　　　　　　　　　　　　　　　　　　　/136
　　一、国家概况　　　　　　　　　　　　　　　　　　　　　/136
　　二、主要旅游目的地及其吸引力　　　　　　　　　　　　　/137
　　三、旅游现状及服务　　　　　　　　　　　　　　　　　　/140

第六章　南美洲旅游客源国　　　　　　　　　　　　　　　　/143

第一节　南美洲基本概况及旅游市场发展　　　　　　　　　　　/144
　　一、地理位置　　　　　　　　　　　　　　　　　　　　　/144

二、地形地貌 /144

三、气候特点 /144

四、旅游市场 /145

第二节 巴西 /145

一、国家概况 /145

二、主要旅游目的地及其吸引力 /146

三、旅游现状及服务 /150

第三节 阿根廷 /153

一、国家概况 /153

二、主要旅游目的地及其吸引力 /155

三、旅游现状及服务 /157

第四节 智利 /161

一、国家概况 /161

二、主要旅游目的地及其吸引力 /162

三、旅游现状及服务 /164

第七章 大洋洲旅游客源国 /169

第一节 大洋洲基本概况及旅游市场发展 /170

一、地理位置 /170

二、地形地貌 /170

三、气候特点 /170

四、旅游市场 /170

第二节 澳大利亚 /171

一、国家概况 /171

二、主要旅游目的地及其吸引力 /172

三、旅游现状及服务 /176

第三节 新西兰 /179

一、国家概况 /179

二、主要旅游目的地及其吸引力 /180

三、旅游现状及服务 /184

第四节　斐济　　　　　　　　　　　　　　　　　　　　/187
　一、国家概况　　　　　　　　　　　　　　　　　　/187
　二、主要旅游目的地及其吸引力　　　　　　　　　　/188
　三、旅游现状及服务　　　　　　　　　　　　　　　/191

参考文献　　　　　　　　　　　　　　　　　　　　　/195

第一章 旅游市场概述

知识目标

1. 全面了解世界旅游发展史,包括主要的历史阶段和标志性事件。
2. 熟悉当前世界旅游发展趋势与前景,理解旅游业的动态变化。
3. 掌握中国旅游业的发展历程、现状及面临的挑战和机遇。

情感目标

1. 激发学生对旅游行业的兴趣和热情,培养其对旅游市场的敏锐感知。
2. 提升学生的跨文化意识和国际视野,增强对多元文化的理解和尊重。

能力目标

1. 学生能够将所学理论知识应用于实际旅游市场分析中,解决相关问题。
2. 引导学生关注旅游市场的新动态和新趋势,提出具有前瞻性的建议。

思政目标

1. 培养学生正确的旅游价值观,强调旅游活动的可持续性、文化性和社会责任。
2. 介绍中国旅游业的成就和对世界旅游业的贡献,增强学生的国家认同感和民族自豪感。

第一节 世界旅游发展史

案例分析

旅游业,作为国民经济的一大支柱,同时也是世界经济版图中不可或缺的一环,它的兴起与壮大紧密伴随着近代世界市场经济的蓬勃发展和全球政治经济文化体系的日益完善。旅游活动,这种有组织、大规模的社会性活动,已成为世界经济文化交流的重要桥梁,它促进了不同国家、不同文化之间的相互理解与交融。作为人类文明生活方式的一部分,旅游业的发展不仅丰富了人们的生活,也为世界带来了更加多元、包容的文化氛围。旅游业的发展史,就是一部世界市场经济与文明交流互鉴的生动史诗。

一、世界古代旅游

旅游,作为社会经济发展的产物,无疑是一个国家或地区经济文化繁荣的重要外在体现,其历史可以追溯至世界文明的最早发祥地——中国、古埃及、古巴比伦、古印度以及古希腊等。在这些古老的土地上,旅游与旅行悄然萌发,逐渐展现出其独特的魅力。

在世界四大文明古国之一的埃及,早在公元前3000年,金字塔与神庙的壮丽景象便吸引了无数游客的目光。这些古老而神秘的建筑,不仅展现了埃及人民的智慧与才能,更为后世留下了丰富的旅游资源。旅游史学家们普遍认为,正是这些早期的观光活动,孕育了国际旅游。

古代奴隶制经济、政治和文化的发展,为旅游业的兴起奠定了坚实的基础。在古希腊与古罗马时代,旅游活动到达了前所未有的高峰。古希腊的宗教性旅游尤为盛行,提洛岛、特尔斐、奥林匹斯山等地成为当时世界闻名的宗教圣地。尤其是奥林匹亚地区每四年举行的祭祀宙斯神的盛大活动,吸引了无数信徒与游客前去朝拜。角斗、赛歌、赛马、赛跑等体育竞技项目,更是为节庆增添了浓厚的欢乐氛围。

到了罗马帝国时期,旅游活动更是发展到了巅峰。罗马帝国的疆域辽阔、经济繁荣,为旅游业的发展提供了有力的支撑。罗马皇帝图拉真在位期间,罗马的公路网已经延伸到了很广泛的地区。这些四通八达的公路,不仅方便了罗马人的出行,也为旅游业的发展提供了便利。随着公路网的完善,沿途的驿站等住宿设施也逐渐兴起,为长途旅行的游客提供了舒适的休息场所。这些有利条件共同促进了罗马人远距离旅行的兴起,也进一步推动了古代旅游业的繁荣。

二、世界近代旅游

近代旅游业的兴起,可以追溯到19世纪中叶的西欧与北美。随着火车与轮船这两项革命性交通工具的崭露头角,19世纪六七十年代,西欧与北美地区涌现出了一批专门组织国内及跨国旅游的旅行社。这些旅行社的兴起,标志着旅游业开始步入一个全新的发展阶段。

自19世纪后期起,旅游活动的参与者发生了显著变化。以往,旅游主要局限于少数贵族、僧侣、商贾、政要、探险家及科学家等特定群体。随着社会的进步和经济的发展,旅游的主体逐渐扩大,富裕市民成为旅游活动的主要力量,他们的旅游目的也从单纯的探险或科学研究转变为以观光休闲和商务活动为主。

与此同时,旅游的范围也在不断扩大。过去,人们的旅游活动主要局限于国内,但随着国际交通的日益便利,旅游的范围逐渐扩展到跨国,甚至跨洲。这一变化不仅丰富了人们的旅游体验,也促进了不同国家和地区之间的文化交流与融合。

可以说,近代旅游业的兴起和发展,是科技进步与社会变革共同作用的结果。它不仅为人们提供了更多的休闲方式,也为经济的繁荣和文化的交流做出了重要贡献。

三、世界现代旅游

第二次世界大战的硝烟散去,为世界经济的蓬勃发展铺平了道路。各国经济如雨后春笋般迅速崛起,个人收入节节攀升,这为现代旅游业的腾飞奠定了坚实的基础。飞机、汽车等现代交通工具的广泛应用,不仅缩短了人们与远方风景的距离,更让旅游体验变得轻松、便捷。

曾经,旅游只是社会上层人士的专属活动,但如今,它已经深入寻常百姓家,成为大众生活的一部分。旅游不再是人们遥不可及的梦想,而是可以随时实现的现实。随着物质和文化生活水平的提高,旅游活动已经成为人们追求美好生活的重要方式之一。

回顾20世纪前半叶,世界经济在战争与革命的阴影下步履维艰,旅游业的发展也时断时续,难以形成规模。然而,进入后半叶,世界的主题转向和平与发展,科技革命与人类文明日新月异,这为旅游业的蓬勃发展提供了难得的机遇。

全球旅游活动不仅丰富了人们的休闲选择,还演变成了人们的一种生活方式。随着国际旅游业的兴盛,越来越多的人跨越国界,体验不同文化的魅力。从城市繁华到乡村宁静,从自然景观到历史遗迹,旅游活动使得人们的生活更加丰富多彩。科技的进步推动了旅游业的不断创新,为人们提供了更加便捷、舒适的旅行体验。展望未来,旅游业将持续发挥重要作用,为人们的生活增添更多活力与色彩。

第二节 世界旅游发展趋势与前景

一、全球旅游:稳健步伐迈向繁荣未来

全球旅游,这一与世界经济脉搏息息相关的产业,其发展轨迹深受全球经济环境与国际政治格局的双重影响。无论是国家间的冲突与动荡,还是技术性灾难与自然灾

害突袭,全球旅游市场都会受到不同程度的冲击与考验。然而,正是这些挑战与波折,让旅游业展现出其坚韧与活力,不断攀登新的高峰。

尽管外部环境充满变数,但人们对于休闲度假的渴望,以及国际商务、文化交流等方面的需求,始终是推动旅游业发展的不竭动力。这种刚性需求使得旅游业在面临困境时能够迅速恢复,并展现出强大的生命力。

根据全球旅游组织的最新报告,未来几年内,全球旅游市场将继续保持稳健的增长态势。从当前的国际游客数量出发,预计到2033年,这一数字将迎来显著提升。这一增长趋势不仅彰显了全球经济在稳步发展,更体现了人们对于旅游需求的持续增长。

随着科技的飞速进步和全球化进程的加速推进,国际间的交流与合作将变得更加紧密和频繁,这将为全球旅游市场带来更多的机遇与挑战,推动其不断向前发展。未来,可以期待一个更加繁荣、多元且充满活力的全球旅游市场,为人们带来更加丰富多彩的旅游体验。

二、全球旅游:重心持续东移与南下

旅游业作为国民经济的重要组成部分,其发展水平与旅游客源市场的成熟度紧密相连,这从根本上取决于各国社会经济的发展水平。国际旅游业作为世界经济的一部分,其格局与走向同样受到全球经济形势的深刻影响。

世界旅游组织(已更名为联合国旅游组织)2023年的数据显示,全球旅游市场的重心仍在持续东移与南下。具体而言,欧洲地区虽然保持着在全球旅游市场中的领先地位,但其份额已有所改变。2023年,欧洲旅游在世界市场中所占的份额约为44%。与此同时,亚太地区旅游业的崛起势头不减,其市场份额达到27%,显示出强劲的增长势头。美洲地区作为全球旅游市场的另一重要板块,虽然其份额略有下降,保持在17%左右。而非洲、中东和南亚等地区的旅游市场虽然目前规模相对较小,但也在逐步发展壮大,其市场份额分别达到6%、5%和2%。

由此可见,全球旅游市场欧洲、亚太和美洲三足鼎立的格局依然稳固,但亚太地区的崛起速度不容忽视,其在全球旅游市场中的地位日益重要。同时,非洲、中东和南亚等地区的旅游市场也在逐步崭露头角,为全球旅游业的发展注入了新的活力。

三、新兴经济体国家正崛起为全球旅游接待的新星

全球旅游格局正经历一场深刻的变革,新兴经济体国家在国际旅游接待领域崭露头角,展现出强大的增长活力。多年来,世界旅游组织一直密切关注着发达经济体国家与新兴经济体国家在旅游发展方面的动态,而新的数据则为我们揭示了这一令人振奋的趋势。

2023年，新兴经济体国家在接待国际游客方面取得了令人瞩目的成绩。据统计，这些国家接待的国际游客数量已达到前所未有的规模，其年均增长率更是远超发达经济体国家。这一显著的增长不仅与亚太、中东和非洲地区旅游业的蓬勃发展相呼应，也进一步凸显了新兴经济体国家在全球旅游市场中的重要地位。

与此同时，新兴经济体国家的出境旅游消费也呈现出井喷式增长趋势。以中国、俄罗斯、巴西和印度等为代表的新兴经济体国家，在出境旅游消费方面的增幅均超过了发达经济体国家，显示出其强大的消费潜力和对国际旅游市场的浓厚兴趣。

尽管在国民人均出境旅游支出方面，新兴经济体国家与发达经济体国家仍存在一定差距，但这一差距正在逐步缩小。随着新兴经济体国家经济的持续增长和人民生活水平的不断提高，相信这一领域的差距将会逐渐缩小，新兴经济体国家在国际旅游市场的地位也将进一步巩固。

联合国旅游组织对未来几年新兴经济体国家在国际旅游接待方面的增长持乐观态度。预计到2030年，新兴经济体国家接待的国际游客人数将达到新的高峰，有望超越发达经济体国家，成为全球旅游市场的新领军力量。这一预测无疑为新兴经济体国家在全球旅游市场中的未来发展注入了强大的信心。

四、区域旅游一体化步伐提速，共谋繁荣新篇章

在全球化的浪潮下，区域旅游一体化正成为推动旅游业发展的强大引擎。这一进程致力于构建统一的旅游目的地，打造共同的旅游市场，并塑造完整的旅游经济区。其核心在于建立统一的市场规则与秩序，确保旅游资本、信息、企业、服务、游客和从业人员等要素能够自由流动、优化配置，从而推动区域旅游经济的协同发展。

区域旅游一体化以世界经济全球化、区域经济一体化、区域文化同构化为基础，是实现区域一体化的重要标志与推动力量。在这一进程中，各国或地区共同谋划旅游发展规划、统一服务标准、协同市场营销、共享旅游信息资源，并加强旅游人才培训等活动。此外，为方便公民出入境，各国或地区相互给予便利或免签、开放航线等优惠条件，并对区域旅游一体化外的国家公民实行共同的出入境免签、购物和其他优惠政策。

在欧洲地区，以欧盟为主体的区域旅游一体化进程不断深化，达到新的高度。在亚太地区，依托《亚太经合组织推动实现亚太自贸区北京路线图》的框架，全面、系统地推进亚太自贸区进程，鼓励各经济体采取更加便利的移民政策，促进区域内各类人员的自由流动。北美洲地区则在美国、加拿大、墨西哥北美自由贸易区的基础上，进一步推进区域旅游一体化，彰显出美洲地区经济区域集团化的明显趋势。中东和非洲地区的区域旅游合作也日益加强。金砖国家在世界旅游平台上的地位日益凸显，其影响力不容忽视。面对国际旅游市场的激烈竞争，各国已深刻认识到"单打独斗"并非长久之计，联合开展区域性合作与竞争已成为必然选择。

在这一新的时代背景下,区域旅游一体化正成为推动旅游业发展的新动力,各客源国和地区将携手并进,共谋旅游业繁荣发展的新篇章。

第三节　中国旅游业与中国旅游客源市场

一、中国旅游业:从封闭到开放的辉煌蜕变

自1978年改革开放的浪潮席卷全国以来,中国旅游业犹如一只浴火重生的凤凰,在历史的舞台上完成了从封闭到开放的辉煌蜕变。今日的旅游业,早已不再局限于单一的领域,而是一个涵盖吃、住、行、游、购、娱旅游六大要素的综合性产业。它如同一条巨龙,在经济的海洋中腾飞,与第一产业、第二产业、第三产业紧密相连,共同编织着中国经济社会发展的壮丽图景。旅游业的低消耗、高带动性特点,使其成为促进就业、改善民生的重要力量。2023年,我国旅游业总收入突破4.91万亿元大关,对国内生产总值的贡献率持续攀升,为经济社会发展注入了新的活力。

在接待对象上,中国旅游业也实现了从半封闭到全面开放的华丽转身。入境旅游、国内旅游、出境旅游三大市场齐头并进,共同推动着旅游业的繁荣发展。2023年,中国接待的入境旅游人数再创新高,国内旅游市场也呈现出勃勃生机,而出境旅游市场也在有序发展中,中国公民的出境旅游热情持续高涨。

产业规模的扩大,是中国旅游业蜕变的生动体现。从最初的几家旅行社、高档宾馆和餐馆到如今涵盖酒店业、旅行社、旅游交通、旅游商品等多个领域的庞大产业体系,中国旅游业的发展速度令人瞩目。旅游产品的丰富多样,旅游市场的竞争激烈,都为旅游业的繁荣发展提供了有力支撑。

在所有制构成上,中国旅游业也实现了从单一到多元的转变。国有、集体、民营、个体、股份、中外合资和外商独资等多种所有制形式并存,为旅游业的发展注入了新的活力。这种多元化的所有制结构,不仅激发了旅游市场的竞争活力并促进了创新,也为中国旅游业的国际化发展奠定了坚实基础。

旅游文化体系的完善,更是中国旅游业蜕变的重要标志。随着旅游活动的深入开展和旅游质量的不断提升,旅游的文化内涵日益丰富。旅游从业人员队伍的不断壮大和素质的提高,为旅游文化事业的发展提供了有力保障。旅游教育、科研、创意、咨询、宣传、出版、文娱等组成的旅游文化体系日益完善,成为推动旅游业发展的重要力量。

管理体制的变革,也是中国旅游业蜕变的重要一环。从政企合一的指令性计划管理到政企分开的市场经济型管理,中国旅游业的管理体制不断适应市场经济的发展要

求。相关法律法规的出台和实施,也为旅游业的规范化、法治化发展提供了有力保障。

在国际联系上,中国旅游业也实现了从封闭到开放的重大转变。加入多个国际旅游组织,积极参与国际旅游合作与交流,中国旅游的国际地位日益提升。入境游客人数、旅游外汇收入等指标的快速增长,彰显了中国旅游业的国际影响力。同时,中国公民出境旅游的热情高涨,也为世界旅游的发展注入了新的活力。

二、中国旅游业:迈向世界舞台中心的崭新篇章

中国社会科学院财经战略研究院、中国社会科学院旅游研究中心与社会科学文献出版社联合发布的《旅游绿皮书:2023~2024年中国旅游发展分析与预测》向我们展示了这一壮丽图景。2023年,国内旅游人数和旅游收入将达到惊人的54.07亿人次和5.2万亿元,恢复至2019年同期的九成以上。这一数据不仅彰显了中国旅游业的强劲复苏势头,更预示着其未来无限的发展潜力。

自2023年春节以来,旅游需求如雨后春笋般快速复苏,强劲增长。超过97%的受访者表示有旅游行为,家庭人均旅游花费也显著增长。这一个体消费层面的增长,反映到市场层面,将释放出巨大而显著的消费拉动效应。中国公民的国际旅游需求日益旺盛,将成为推动全球旅游业发展的重要力量。

展望未来,中国旅游业的发展蓝图更加宏伟。到2050年,中国将跻身初步富裕型国家的行列,实现从全面小康型旅游大国到初步富裕型旅游强国的新跨越。届时,中国旅游将全面实现现代化、信息化和国际化,成为引领世界旅游潮流的强国。通过持续提升旅游总量、品质、效益和综合贡献值,加强旅游从业者素质和游客文明素质的培养,提高旅游安全水平和科技利用水平,中国旅游业将展现出更加卓越的吸引力、创新力和个性特色。同时,中国旅游将积极参与国际竞争与合作,提升在全球旅游市场的影响力和话语权,为世界旅游业的繁荣与发展贡献中国智慧和中国方案。

在这一崭新的征程中,中国旅游业将继续发挥其在经济增长、社会和谐、文化交流和国际合作等方面的重要作用。通过建设世界一流的旅游城市、培育处于行业前沿的旅游企业、打造知名的旅游目的地、形成旅游强省强县、塑造世界级旅游品牌、开发世界级旅游产品、建设旅游院校和培养旅游人才队伍等措施,中国旅游业将不断夯实发展基础,提升国际竞争力。

三、中国入境客源市场概况

(一)中国大陆入境客源现状

中国大陆入境客源市场呈现出多元化的特点,主要由两大群体构成:一是以我国香港、澳门、台湾地区居民及海外华侨为主的群体;二是来自世界各地的外国人,其中也包括已加入外国国籍的华人。这一独特的入境格局,源于近现代中国历史的曲折发

展以及"一国两制"的实施。尽管香港、澳门已回归祖国,但这些地方依然保持着对本地事务的高度自治权,并拥有独立的关税区和货币体系。因此,民众往来,包括旅游活动,仍需要按照特定规定办理相关证件和手续,并使用相应的货币进行消费。因此,这样的往来,依然被定义为"入境旅游"和"出境旅游"。

长期以来,港、澳和海外华侨一直是我国大陆入境旅游市场的稳定支柱。特别是自1988年以来,随着海峡两岸关系的不断改善与发展,台湾同胞也逐渐成为入境旅游市场不可或缺的一部分。在入境游客构成中,我国港、澳、台地区居民占据了约4/5的比重,而外国人则占据了约1/5。

从地域分布来看,亚洲游客在中国外国游客市场中占据绝对多数,构成了国际客源市场的主体。欧洲市场紧随其后,而北美市场也占有一席之地。具体到2021年的数据,入境的外国游客(含相邻国家的边民)数量达到了一个新的高度,共计约5500万人次。其中,亚洲游客的占比依然最高,达到了78.2%,欧洲游客占13.1%,美洲游客占6.8%,大洋洲游客占1.6%,而非洲游客占0.3%。在前17位客源国中,除了传统的旅游大国(如韩国、日本、美国、俄罗斯等),东南亚国家(如缅甸、越南、马来西亚、菲律宾、新加坡等)也因其地理位置的邻近和文化交流的频繁而榜上有名。此外,印度、加拿大、澳大利亚等国家也都在前17位客源国之列。这些数据不仅反映了中国入境客源市场的多元化趋势,也凸显了其在全球旅游市场中的重要地位。随着对外开放程度的不断提高和旅游业的持续发展,相信未来中国入境客源市场将会更加繁荣和多元。

(二)中国大陆入境市场的发展前景

中国的入境客源市场,早已改变原有的"一体两翼"格局,如今正积极拓展至世界各地的更多角落,展现出一种前所未有的全方位、多元化的发展态势。中国的入境客源市场正经历着前所未有的变革,地域覆盖更加辽阔,市场规模持续壮大,游客群体与需求也在逐步迈向多元化与个性化。

亚洲地区,作为中国经济合作的重要伙伴,其旅游市场潜力巨大。日本,凭借其强大的经济后盾与成熟的旅游市场,始终是中国入境客源市场的中坚力量。而中韩之间的文化交流与经贸往来日益紧密,为两国旅游市场带来了无限商机。此外,中国、蒙古国、俄罗斯三国携手打造的"茶叶之路"国际旅游品牌,不仅为游客提供了全新的旅游体验,更彰显了三国间的深厚友谊与紧密合作。中国-东盟自由贸易区的建立,更是为东南亚地区的旅游市场注入了新的活力。东南亚国家与中国之间的外交、经贸、文化交流日益频繁,旅游合作也更加深入,共同推动着该地区的旅游市场不断向前发展。

大洋洲的澳大利亚与新西兰,其稳定的经济发展与增长的出境旅游需求,使得中国成为这两国游客的热门目的地之一。而欧洲市场,随着中国与欧洲各国经济合作的加深,以及中国旅游产品的不断升级,传统客源市场如英国、德国、法国等正迎来新的发展机遇。

美洲地区的美国与加拿大始终是中国的重要客源市场。而随着新航线的开通与经贸文化交流的加深，南美洲正逐渐成为中国的新兴客源地。

虽然中东地区与非洲地区目前仍是中国入境客源市场的薄弱环节，但中国正积极寻求与这些地区的合作机会，努力开拓这一潜力巨大的市场。

"一带一路"倡议的推进，为中国与亚、欧、非大陆国家的旅游交流提供了广阔的平台。随着经贸文化交流的加深，这些国家不仅将成为中国新的旅游客源地，也将成为中国旅游市场的重要合作伙伴。为了更好地满足不同客源市场的需求，中国正在制定一系列切实可行的营销计划与促销措施，旨在巩固传统市场、发掘潜在市场、开发新兴市场。同时，中国也在不断提升旅游产品的质量与服务水平，以吸引更多游客前来感受中国的魅力。

四、中国出境旅游市场概况

（一）中国大陆地区出境旅游现状

中国大陆地区公民的出境旅游目的地主要由两大部分构成：我国香港、澳门和台湾地区以及外国。过往，前往香港、澳门和台湾地区的游客数量长期占据主导比例，而前往外国的国际旅游者较少。近年来，前往外国的游客数量增长迅速，已接近一半的比例。

2021年的数据显示，出境游客数量达到了惊人的1.5亿人次，出境旅游总花费更是跃升至1300亿美元。同年，出境游客总数中，前往香港的游客达到5500万人次，澳门为2800万人次，台湾为300万人次，三者合计达到8600万人次。而前往外国旅游的游客数量则达到了约6400万人次。

中国大陆地区居民的出境旅游市场仍然以亚太地区为主导。2021年，前往亚太地区的游客占比仍高达87%，其中包含了港澳台地区。前往欧洲的游客占4.5%，美洲占3.2%，大洋洲占1.6%，非洲占0.6%，而其他地区则占2.9%。在出境旅游目的地排名中，中国香港、中国澳门、泰国、日本、越南、韩国、美国、中国台湾、马来西亚、新加坡、印度尼西亚、俄罗斯和澳大利亚稳居前列。

谈及出境旅游的目的，观光休闲依然排在首位，其次则是商务会展、探亲访友、文体/教育/科技交流以及健康医疗等。随着越来越多的国家开放自由行，选择自由行的游客比例也在逐年上升。

2021年的出境游客中，拥有大学和大专以上学历的游客依然占据七成，中高收入人群游客占六成；与家人一同出游的游客占五成半，与好友结伴的游客占三成半，选择参加旅行社组织的游客占六成半；入住中等价位酒店的游客占五成，选择经济型酒店的游客占三成半；单次旅游花费在1万元以上的游客占六成半，而花费在5000元至1万元的游客则占三成半。

在过去的40年里，因公出境游的比例持续降低，而因私出境游的增长速度则远超过因公出境游。这一趋势在2021年依然明显，显示了越来越多人选择出境旅游作为个人休闲和度假的方式。

我国的出境旅游目的地ADS协议制度，旨在通过与各国签订协议，确立官方认证的旅游合作框架，明确哪些地区成为中国公民的出境旅游目的地。这一制度特别指出，只有旅游团队而非个人能前往这些目的地，部分协议还规定了团队的最低人数，并强调整团出入境的要求。同时，双方共同筛选并确定经营中国公民出境旅游的旅行社，确保旅游业务的有序开展。

到2024年，我国与全球众多建交国家中的182个国家和地区建立了出境旅游目的地合作关系，这一数字的增长显著，凸显了我国出境旅游市场的蓬勃发展和我国与国际交流的日益紧密。

在亚洲，除了传统的热门旅游地（如泰国、新加坡和马来西亚）继续受到中国游客的欢迎，菲律宾、韩国和越南等国家也与中国深化了旅游合作。同时，印度、尼泊尔和印度尼西亚等新兴旅游市场逐渐崭露头角，成为中国公民出境旅游的新选择。

大洋洲的澳大利亚和新西兰依然是中国游客的热门之选。而北马里亚纳群岛联邦、斐济和瓦努阿图等国家的旅游市场也逐渐被发掘，成为新的热门出境旅游目的地。

欧洲更是中国游客出境游的主要目的地之一。除了法国、德国和意大利等传统旅游大国，英国和俄罗斯等国家也在旅游合作上取得了显著成果。同时，东欧和北欧国家，如捷克、波兰和瑞典等也逐渐受到中国游客的青睐。

非洲的旅游市场也在逐渐崭露头角。埃及和南非等国家的旅游资源得到了更好的开发，吸引了大批中国游客。肯尼亚和坦桑尼亚等国家的野生动物和自然风光更是成为中国游客向往的旅游胜地。

在美洲，古巴和墨西哥等国家的独特文化和风景吸引了大量中国游客。而美国和加拿大等传统旅游大国依然保持着对中国游客的吸引力。

（二）中国出境旅游的发展前景

当前，中国大陆地区出境旅游市场正迎来前所未有的繁荣期，尽管其国际化步伐尚需加快，但所蕴含的巨大潜力和广阔的发展空间却让人瞩目。出境旅游业的蓬勃发展，不仅为国际旅游市场注入了新的活力，更在推动亚太地区旅游业的崛起上发挥着举足轻重的作用。

2021年，中国大陆地区出境旅游市场继续保持高歌猛进的态势，对全球旅游业的繁荣发展起到了举足轻重的作用。它不仅引领了亚太地区旅游业的崛起，更促使世界旅游重心逐渐向这一区域倾斜。这一趋势不仅提升了中国旅游的国际影响力,加强了其在国际旅游舞台上的话语权,同时也为国民提供了更宽广的视野,提高了人们的国际交往能力,促进了人文交流和各国人民的友好往来。

在出境旅游目的地的选择上,中国大陆地区游客的视野日益开阔。虽然以亚洲为主体、欧美为两翼的出境旅游格局依然稳固,但前往欧洲、美洲、非洲和大洋洲的游客数量也在稳步增长。游客的足迹不仅遍布东亚,还延伸至南亚、中亚和西亚;在欧洲,从西欧到东欧的旅行潮流日益明显;在美洲,从北美洲到中南美洲的拓展步伐也在加快;而在非洲,越来越多的国家开始迎接来自中国大陆地区的游客,使得旅游活动触及了世界的更多角落。

在出境旅游的便利性方面,截至2023年,对中国公民实行免签或落地签政策的国家和地区数量已有所增加。例如,中国对法国、德国、意大利、荷兰、西班牙、马来西亚等国家实行了单方面免签政策,并且对新加坡、泰国等国家实现了互免签证。这些措施极大地简化了出境旅游的手续,提升了便利性。2023年,更多国家使用了电子旅游签证申请和签发系统。这种系统的普及使得签证申请流程更加高效和便捷,旅客可以在线提交申请并快速获得签证,避免了烦琐的纸质申请和长时间的等待。一些国家还延长了对中国公民的签证有效期和停留期,为旅客提供了更长时间的旅游和商务活动机会。这种延长不仅增加了旅游的灵活性,也促进了国际交流与合作。国家移民管理部门在2023年、2024年也继续优化了出入境服务,包括提升政务服务平台功能、延长申请人因私出入境记录查询时限等。这些措施为中外出入境人员提供了更优质的服务,进一步提升了出境旅游的便利性。

在旅游方式上,中国大陆地区游客的选择也日趋多样化。除了传统的团队包价游,自由行、个性化定制、"机票+酒店"半包价等出境旅游方式也很受游客青睐。深度旅游项目,如观看和参与节事活动、邮轮旅游、考察体验、定制出游等也变得越来越受欢迎。

在出境旅游的管理方面,也在逐步改进和完善。ADS协议在适宜的时间进行了调整,对必须采取团队旅游的方式进行了适时调整。同时,外资旅行社和中外合资旅行社经营中国公民自费出境旅游业务的进一步放开,也为出境旅游市场注入了新的活力。

此外,出境旅游的发展还带动了旅游企业的"走出去"。越来越多的服务企业开始在出境旅游的热点地区设立分支机构,开展跨国经营。这不仅提升了中国旅游企业的国际竞争力,也为境外消费的外汇回流提供了新的渠道。

在游客素质方面,随着出境旅游经验的不断丰富,中国大陆地区游客的旅游素质也在不断提升。游客的消费行为变得更加理性,从单纯的观光游览向文化体验和休闲度假转变。同时，出境旅游的客源产出地也在逐步从东部地区为主向中西部扩展，进一步推动了全国范围内的旅游产业发展。

第四节 世界主要旅游区

一、亚太旅游区

亚太旅游区，一个涵盖亚洲东部、南亚地区以及大洋洲的广阔地域，拥有丰富的自然与文化景观。在这片土地上，东亚和东南亚的众多国家与大洋洲的陆地共同构成了一个独特的旅游区域。大洋洲，这片位于广阔大洋中的陆地，自1812年由丹麦地理学家马尔特·布龙命名以来，便以其独特的魅力吸引着世界的目光。虽然大洋洲的陆地面积仅占世界陆地面积的6%，人口也仅占世界总人口的0.5%，但大洋洲以其独特的文化和自然景观，成为全球旅游的一个重要目的地。

二、中东旅游区

中东旅游区，这片充满神秘与传奇的土地，囊括了西亚的众多国家，如伊朗、巴基斯坦、以色列、叙利亚、伊拉克、约旦、黎巴嫩、也门、沙特阿拉伯、阿联酋、阿曼、科威特、卡塔尔、巴林、土耳其、塞浦路斯、格鲁吉亚、亚美尼亚、阿塞拜疆，以及北非的埃及、利比亚、突尼斯、阿尔及利亚、摩洛哥、马德拉群岛、亚速尔群岛和西撒哈拉等国家。中东地区自古以来便是欧、亚、非三大洲的要冲之地，它曾是世界文明的发源地之一，也是基督教、伊斯兰教和犹太教的圣地。这里独特的民族风情、宗教文化以及壮丽的自然景观，为中东旅游区赋予了无尽的魅力和神秘感。然而，石油问题、民族纠纷和宗教矛盾等复杂因素，使得这片土地长期饱受战争和恐怖活动的侵扰，严重制约了其经济和旅游业的发展。

三、欧洲旅游区

欧洲，这片广袤的大陆，承载着深厚的历史与文化底蕴，被誉为"欧罗巴洲"。在这片古老的土地上，分布着近50个国家和地区，按照地理位置，人们习惯将其划分为南欧、西欧、中欧、东欧和北欧五个区域。尽管近年来全球旅游市场格局不断变化，欧洲旅游市场接待的国际旅游人数和旅游创汇在世界总份额中的比例有所波动，但它依然稳坐全球旅游市场的头把交椅。《2022全球旅游业竞争力报告》显示，尽管欧洲地区偶发的安全事件给旅游业带来了一定的冲击,但其仍然吸引着大量游客前去探访。2022年,欧洲总计吸引了超过75亿人次的国际游客,占全球国际游客总数的近一半。

四、美洲旅游区

美洲,这片广袤的大陆,被赋予了一个响亮的名字——亚美利加洲。美洲通常被划分为北美地区、拉丁美洲和加勒比地区三大板块。值得一提的是,美洲拥有当今世界头号强国——美国,以及具有广泛影响力的北美自由贸易区。这些优势为美洲旅游业的发展提供了有力的支撑和广阔的空间。发展旅游业不仅对于美洲地区的经济增长具有重要意义,同时也为全球旅游业的繁荣做出了积极贡献。

五、非洲旅游区

非洲,全称阿非利加洲,源于希腊文的"阿非利加",寓意阳光灼热。的确,赤道横贯其中,使得非洲近3/4的土地沐浴在太阳的垂直照射下,这里年平均气温在20°以上的热带区域占据了非洲面积的95%,部分地区更是终年炎热,因此得名"阿非利加"。非洲大陆通常被划分为北非、撒哈拉沙漠以南非洲以及岛屿国家三大区域。在这片充满生命力的土地上,孕育了众多历史悠久、文化多元的国家,如埃及的金字塔与尼罗河文明、肯尼亚的马赛马拉国家保护区与壮观的动物大迁徙等。非洲拥有世界上壮观的自然景观,包括广袤无垠的撒哈拉沙漠、生机勃勃的热带雨林、壮丽的维多利亚瀑布以及丰富的野生动物资源,这些自然奇观为非洲旅游业的发展奠定了坚实的基础。发展旅游业对于非洲地区的经济增长、就业创造以及社会进步具有不可估量的价值。它不仅促进了非洲国家之间的文化交流与合作,还带动了基础设施建设、环境保护,以及文化遗产保护等多方面的发展。

六、极地旅游区

极地旅游区,一片充满神秘与奇迹的净土,涵盖了地球的两极——北极和南极。这里的冰川广袤无垠、冰山巍峨耸立、极光绚烂多彩,为游客呈现出一幅幅震撼人心的画卷。极地旅游区最大的魅力,莫过于那绚烂多彩的极光。在夜晚,当太阳风与地球磁场相互作用时,便会产生这如梦如幻的自然奇观,游客可以在极地地区观赏到这一壮丽景象,感受大自然的神奇与美丽。然而,极地旅游区的生态环境十分脆弱,游客在前往这里时必须严格遵守环保规定,保护这片净土不受污染。同时,由于极地地区的气候恶劣,游客在前往这里时也需要做好充分的准备,以确保自身的安全。

知识拓展 1-1

本章小结

本章介绍了世界旅游业和我国旅游业的产生和发展,从我国海外客源市场现状入手,着重分析了我国海外客源市场发展前景、出境旅游的发展前景,分析了旅游业发展中存在的问题并提出中国发展旅游相应的措施。

本章训练

论述题

1. 产业革命对近代旅游有哪些影响?
2. 中国出入境市场的发展趋势与特点是什么?

第二章
亚洲旅游客源国

教学目标

1. 使学生全面了解亚洲的地理、历史、文化和经济基本概况,形成对亚洲地区宏观的认知框架。
2. 使学生能够分析并理解亚洲旅游市场的发展特点、趋势及其影响因素,增强对旅游行业的敏感度和洞察力。
3. 使学生能够识别并解释亚洲不同国家(如日本、马来西亚、阿联酋、印度)的特色旅游资源、旅游政策和旅游业的挑战与机遇。

情感目标

1. 引导学生形成尊重文化多样性、包容不同价值观的情感态度。
2. 增强学生的国家意识和民族自豪感,同时培养国际视野和全球意识。

能力目标

1. 培养学生搜集、整理和分析亚洲相关信息的能力,提高信息筛选和整合的技能。
2. 锻炼学生的案例分析能力,使学生能够通过具体国家的旅游市场案例,理解并应用相关理论知识。

思政目标

1. 弘扬中华文化,传承中华优秀传统,同时学习与借鉴亚洲其他国家的先进文化和经验。
2. 引导学生树立开放、包容的心态,积极参与国际合作与交流,为推动构建人类命运共同体贡献自己的力量。

第一节 亚洲基本概况及旅游市场发展

亚洲,全称亚细亚洲,意为"东方日出之地",是七大洲中面积最大且人口最多的一个洲,其地域横跨寒带、温带和热带,覆盖地球总面积的8.7%(或相当于总陆地面积的29.4%)。亚洲的地形复杂多变,气候特征表现为多样性、广泛分布的大陆性气候以及显著的季风气候。

一、地理位置

亚洲的绝大部分区域位于北半球和东半球。它与非洲的分界明确,以苏伊士运河为界,运河以东即属亚洲。而与欧洲的分界则更为复杂,包括乌拉尔山脉、乌拉尔河、里海、大高加索山脉、土耳其海峡和黑海这一系列地理特征,乌拉尔山脉以东及大高加索山脉、里海和黑海一线以南的区域均为亚洲。

在地理坐标上,亚洲的东端延伸至白令海峡的杰日尼奥夫角,南端到达丹绒比亚,西端则至巴巴角,北端抵达莫洛托夫角,而亚洲的最高峰为珠穆朗玛峰。由于其跨越的经纬度范围极广,东西方向上的时差可达11小时。在西部,亚洲与欧洲相连,共同构成了地球上最大的陆地板块——亚欧大陆。

二、地形地貌

亚洲的地形极其复杂多样,山地、高原、平原、盆地等应有尽有。喜马拉雅山脉、昆仑山脉、天山山脉等世界著名山脉贯穿其中,青藏高原、帕米尔高原等高原地区广袤无垠。同时,亚洲还拥有许多著名的河流,如长江、黄河、恒河、湄公河等,这些河流不仅为亚洲的农业生产和人民生活提供了丰富的水资源,也形成了许多独特的自然景观。

三、气候特点

亚洲的气候类型丰富多样,从寒带到热带,从湿润的海洋性气候到干燥的大陆性气候,各种类型的气候都能在亚洲找到。这种多样化的气候特点,为亚洲带来了丰富多彩的生物种类和自然景观,也为亚洲的旅游业提供了得天独厚的条件。

四、旅游市场

近年来,亚洲旅游市场呈现出蓬勃发展的态势。随着全球经济的不断发展和人们生活水平的提高,旅游已成为人们休闲度假的重要方式。亚洲作为世界上极具吸引力的旅游目的地之一,其旅游市场也在不断扩大。

从历史发展来看,亚洲的主要旅游目的地包括中国的北京、西安、成都,日本的东京、京都,马来西亚的吉隆坡、马六甲,阿联酋的迪拜,以及印度的新德里、孟买等地。这些目的地不仅具有独特的自然景观,还拥有丰富的历史文化底蕴,吸引了大量的国内外游客前来观光游览。同时,亚洲的旅游类型也日趋多样化,除了传统的观光旅游,还出现了生态旅游、文化旅游、体育旅游等多种形式的旅游方式。

在旅游人数方面,亚洲的旅游市场也呈现出快速增长的趋势。随着亚洲各国经济的快速发展和人们生活水平的提高,越来越多的游客选择前往亚洲各国旅游。据统计,近年来亚洲的国际游客数量持续增长,旅游收入也呈现出稳步上升的趋势。

近年来,亚洲旅游市场的发展趋势也值得关注。随着科技的进步和互联网的普及,旅游市场的技术创新不断涌现。例如,在线旅行平台的兴起,使得游客可以更加方便地预订机票、酒店、旅游产品等;而人工智能和大数据技术的应用,也为旅游业提供了更加精准的市场分析和预测,提高了旅游服务的质量和效率。

此外,亚洲旅游市场的扩张也呈现出明显的趋势。一方面,亚洲各国纷纷加大旅游业的投入,提升旅游基础设施和服务水平,吸引更多的游客前来旅游;另一方面,亚洲各国也加强了旅游合作,共同打造旅游线路和产品,推动旅游市场的区域一体化发展。

展望未来,亚洲旅游市场的潜力和发展趋势依然十分可观。随着全球经济的不断发展和人们生活水平的进一步提高,亚洲旅游市场将继续保持快速增长的态势。同时,随着科技的不断进步和旅游业的不断创新,亚洲旅游市场也将迎来更多的发展机遇和挑战。

对于中国的旅游市场而言,亚洲旅游市场的发展将带来重要的机遇和影响。作为亚洲较大的国家,中国拥有丰富的旅游资源和深厚的文化底蕴,具有巨大的旅游发展潜力。同时,中国也是亚洲旅游市场的重要参与者和推动者之一,通过加强与亚洲其他国家的旅游合作和交流,可以共同推动亚洲旅游市场的繁荣和发展。

第二节 日 本

一、国家概况

(一)自然地理

日本,位于太平洋西岸,是一个由东北向西南延伸的弧形岛国,西隔东海、黄海、朝鲜海峡、日本海与中国、朝鲜、韩国、俄罗斯相望。日本陆地面积约37.8万平方千米,包括北海道、本州、四国、九州四个大岛和其他6800多个小岛屿。日本的国土约有3/4为山体所覆盖,富士山是日本海拔最高的山峰。

由于地处环太平洋火山带,日本从最北端到最南端有多个火山区。在所有的火山中,约有110座为活火山。尽管日本仅占世界陆地面积的1/400,但在全球1500座左右的活火山中,日本几乎占了1/10。

在气候上,日本属温带海洋性季风气候,终年温和湿润。气候的一大特征是四季气温变化分明,冬季受源自西伯利亚的季风影响,夏季受来自太平洋的季风影响。

日本森林面积占国土总面积的近2/3,森林覆盖率约67%,是世界上森林覆盖率较高的国家。其木材自给率仅为20%左右,是世界上进口木材最多的国家。

(二)行政区划

日本全国划分为1都(东京都)、1道(北海道)、2府(大阪府、京都府)和43县,下设市、町、村。

日本的都、道、府、县与中国的一级行政单位"省"是相对应的,都、道、府、县的政府所在城市分别叫作都厅、道厅、府厅或是县厅所在地,相当于中国的省会城市。日本绝大部分的地方县厅所在地和县名是相同的。例如,奈良县的县厅所在地是奈良市,埼玉县的县厅所在地是埼玉市等。

(三)国旗、国徽与国歌

1. 国旗

日本的国旗为日章旗,亦称太阳旗,呈长方形。旗面为白色,正中有一轮红日。白色衬底象征着纯洁,红日居中象征着忠诚。传说日本是太阳神所创造,天皇是太阳神之子,太阳旗来源于此。

2. 国徽

日本皇室的家徽"十六瓣八重表菊纹",即菊花纹章被广泛作为日本代表性的国家徽章而使用。内阁所使用的代表徽章"五七梧桐花纹",也常在国际场合及政府文件作为国家的徽章而使用。

3. 国歌

日本国歌为《君之代》。1999年,日本国会众参两院通过《国旗国歌法》,将《君之代》定为日本国歌。

(四)人口、民族与语言

日本的人口数量相当可观,约1亿2339万人(2024年1月)。日本人口分布并不均匀,大约80%的人口都集中在各岛的沿海地带及河谷地区,尤其是大中城市。其中,以东京、大阪、名古屋为中心的三大都市圈更是集中了全国一半的人口。这一现象也反映出日本城市化水平高度发达。

日本的民族构成相对单一,大和族是主体民族。大和族具有独特的文化特征,如重视礼仪、尊重传统等。此外,日本还有少数民族,如阿伊努族和琉球族。阿伊努族是日本的原住民,拥有自己的语言和独特的文化;琉球族则主要分布在冲绳地区,拥有不同于大和族的文化和生活方式。

日本的官方语言是日语,在一些地区,如北海道,还存在阿伊努语的使用者。此外,随着全球化的发展,英语在日本也变得越来越重要,许多日本人将其作为第二语言学习。

知识拓展 2-1

二、主要旅游目的地及其吸引力

(一)主要旅游城市及旅游景点

1. 东京

作为日本的首都,东京不仅是其政治、经济、文化中心和交通枢纽,更是一个充满活力和魅力的都市。东京的旅游资源丰富多样,吸引了无数游客前去探索。这里有着众多的神社和寺庙,如明治神宫和浅草神社,它们时常举行各种祭祀活动,其中神田祭更是日本三大祭礼之一,展示了日本深厚的宗教文化。

此外,东京还有许多标志性的建筑和景点。例如,高达333米的东京塔,灵感来源于法国的埃菲尔铁塔,与樱花、富士山一同成为日本的象征。东京的迪士尼乐园,不仅是日本最大的游乐场,也是亚洲第一座迪士尼风格的游乐园,为游客们带来了无尽的欢乐。银座大街是东京繁华的商业中心,这里名牌店铺林立,高档商品应有尽有。在假日里,这条大街禁止车辆通行,成为一个供人们购物和散步的天堂,被誉为"行者的乐园"。人们无论是站在高楼大厦的观景台,还是漫步在繁华的街头巷尾,都能感受到这座城市独特的魅力。

作为日本的国际和国内交通中心,东京的交通网络发达便捷。东京站汇聚了众多铁路线,包括东海道新干线等。成田国际机场是日本较大的机场,从这里可以前往国内外各个城市。此外,东京的海港也是连接日本各地的重要交通枢纽。

2. 京都

京都是位于日本西部、京都府南部的内陆城市,坐落在京都盆地(山城)的北半部和丹波高原的东部山区。作为京都府各县市中面积最大的一座城市,京都不仅是京都府府厅所在地,也是大阪都市圈之一。

京都地形多样,从盆地到山区,丰富的地形变化为这座城市增添了别样的魅力。同时,这里气候温和宜人、四季分明,每个季节都有其独特的风景和魅力。春天樱花盛开,夏天绿意盎然,秋天红叶烂漫,冬天雪景如画,使得京都成为一个四季皆宜的旅游胜地。

京都拥有大量的古建筑、神社、庭院和街道,每一处都充满了浓郁的日本文化气息。无论是古老的寺庙和神社,还是传统的日本庭园和街道景观,都让人流连忘返。此外,京都的美食、手工艺品以及传统节日等也是其独特的旅游魅力所在。游客们可以在这里品尝到正宗的京都料理,购买到精美的手工艺品,还能参与到各种传统节日的庆祝活动中,深度体验京都的文化魅力。

清水寺是京都著名的古刹之一,位于山顶,拥有壮观的景色和悠久的历史。其主体建筑清水舞台悬空而建,是京都的标志性景点之一。金阁寺是京都的一座重要寺庙,其外墙全部贴金,在阳光下熠熠生辉,非常壮观。寺内的池塘和倒影也构成了一幅美丽的画面。伏见稻荷大社是京都著名的神社之一,以千本鸟居闻名于世。游客可以在这里感受到浓厚的日本宗教氛围和独特的建筑风格。岚山是京都的一个著名风景区,拥有美丽的自然风光和众多的名胜古迹。岚山池塘、竹林小道等都是岚山的代表性景点。

3. 奈良

奈良是日本历史名城和国际观光城市,以其丰富的古寺神社、历史文物和美丽的自然风光而闻名。这里保存着大量的古代建筑、艺术品和文化遗产,如法隆寺、东大寺、春日大社等,都是世界著名的文化遗产。

奈良的旅游资源丰富多样,吸引了大量的国内外游客前去观光旅游。奈良整体上气候温和,全年都是适宜旅游的时节。奈良的景点众多,其中最为著名的是奈良公园,这里饲养着许多被视为"神的使者"的鹿,游客可以近距离接触和喂食这些鹿,体验独特的文化氛围。此外,奈良还有被誉为日本最大的赏樱胜地的吉野山,每年春天樱花盛开时,吸引了无数游客前去观赏。

4. 大阪

大阪是日本极具代表性的大都市之一,同时也是西部的金融中心、工业中心。这座城市以其强大的经济实力、便捷的交通、美食多样的繁华景象吸引了大量游客。大阪的旅游资源丰富,拥有众多大学、博物馆和图书馆,如大阪大学、大阪历史博物馆等,为游客提供了丰富的文化体验。此外,大阪的美食也是其一大特色,各种日式料理应有尽有,满足了游客的味蕾。

梅田空中庭园展望台是连接梅田蓝天大厦双塔的空中走廊,360°观景台让这里成为"日本夕阳百景"之一的人气观赏地。夜幕降临后,这里更是欣赏大阪繁华夜景的绝佳场所。通天阁被誉为大阪的"埃菲尔铁塔",是大阪的标志性建筑之一,游客可以在此俯瞰整个城市的美景。大阪城公园可以欣赏到古老的天守阁和美丽的公园风光。心斋桥是大阪的"购物天堂",这里聚集了众多商场、店铺和美食店,是游客们享受购物和美食的绝佳去处。日本环球影城是大阪的一大主题公园,拥有各种刺激好玩的游乐设施和精彩纷呈的娱乐活动,适合各个年龄段的游客。

5. 日本三景

"日本三景"分别指位于日本不同地区的三个著名自然景点,它们分别是位于宫城县宫城郡松岛町的松岛、京都府宫津市的天桥立以及广岛县西南的宫岛。这三处景点各具特色,魅力非凡,是日本自然风光与文化的杰出代表。早在德川幕府建立初期,"日本三景"便已在日本国内享有盛名,此后逐渐成为日本自然风光的象征,被编入民歌、教科书等资料中,为世人所熟知。每年,无数游客慕名而来,一睹这些景点的风采。

1) 松岛

松岛位于日本东北地区仙台市松岛湾内,是一处海湾与列岛的景致。这里的岛屿众多,大小岛屿共计260余个,它们组合成一幅绝美的画卷。岛屿上多黑松和红松,因此得名松岛。此外,松岛还有被誉为国宝的瑞严寺,是日本东北地区著名的古刹。游客们可以乘船穿梭于岛屿之间,欣赏碧波荡漾、白浪翻滚的海景,感受大自然的神奇魅力。

2) 天桥立

天桥立位于日本京都府西北部日本海宫津湾内,是一座天然形成的沙洲,形状如同桥梁,因此得名天桥立。这里位于旧时代的天皇、国家政府所在地,附近发现的古墓群及其挖掘出的陪葬品具有相当的历史研究价值。游客们可以在此欣赏到太平洋的壮丽海景,感受历史的厚重与自然的和谐。

3) 宫岛

宫岛又称"严岛",位于日本广岛县西南部、广岛湾西部。这里的海上鸟居是其最为惊艳的景点,吸引了无数游客的目光。此外,宫岛还有严岛神社等著名古迹,以及美丽的薰衣草、紫丁香、向日葵等花海景观。游客们可以在此领略到日本传统建筑的风貌,感受到日本文化的独特魅力。

6. 富士山

富士山是位于日本本州岛中南部的活火山,不仅是日本最高峰,也是世界上较大的活火山。富士山在日本文化和精神中占据着举足轻重的地位,被视为日本的象征之一。自古以来,富士山就是日本文学者讴歌的主题,也是日本人崇敬的圣地(见图2-1)。每年夏季,数以千计的日本人会登上山顶神社进行朝拜,这一活动已经成为宗教行为。2013年,富士山被联合国教科文组织列入世界文化遗产名录,成为日本第17个世界遗产。这一荣誉不仅彰显了富士山在自然和文化方面的独特价值,也进一步提升了其在全球旅游目的地中的知名度。

富士五湖是富士山脚下的五个湖泊——河口湖、山中湖、西湖、精进湖和本栖湖，是观赏富士山美景的绝佳地点。其中，河口湖人气最高，在晴天里，富士山的倒影会完整映照在湖面上，如诗如画。山中湖则以广阔的花都公园和令人羡慕的富士山景色而闻名。精进湖则是富士五湖中面积最小且最天然原始的一个。

对于喜爱惊险刺激设施的游客来说，富士急乐园是一个不容错过的地方。游客可以在乐园里尽情享受各种令人尖叫不已的游乐设施，同时欣赏到富士山的壮丽景象。

图 2-1　富士山

（二）特色旅游活动

1. 日本艺道旅游

日本艺道旅游是一种融合了日本深厚的文化传统与独特的艺术形式的旅游体验。艺道涵盖了多个领域，包括茶道、花道、武道等，每一项都代表了日本文化的精髓。这些艺道活动不仅让游客有机会亲身体验和感受日本的传统艺术，也能让游客更深入地了解日本的历史、哲学和生活方式。

1）茶道

茶道是日本艺道的重要组成部分，深受中国文化影响。游客可以参观茶道表演，学习如何沏茶、品茶，感受茶道所追求的"和、敬、清、寂"的精神境界。在茶室中，游客可以体验到一种静谧、和谐的氛围，这是茶道文化所特有的。

2）花道

花道即插花艺术，是日本女性文化的一种展现。在花道表演中，游客可以欣赏到各种精美的插花作品，学习如何运用不同的花卉和技巧来创造出美丽和谐的插花作品。花道强调的是一种"心学"，即通过插花来陶冶性情，达到心灵的宁静和美的追求。

3）武道

武道包括剑道、柔道、空手道等，是日本传统的武术形式。游客可以观看武术表演，感受武道的魅力，也可以参加一些体验课程，学习基本的武术技巧和动作。武道不仅强调身体的锻炼，更加注重精神的修养和内心的平和。

此外，日本的艺道旅游还包括书道、画道等其他艺术形式。书道即日本书法，游客可以欣赏到大师们的书法作品，学习书法的基本技巧；画道则是日本绘画艺术，游客可以参观绘画展览，了解日本绘画的发展历程和风格特点。日本各地都设有艺道体验馆、文化中心或传统工艺村，为游客提供了丰富的艺道体验和学习机会。同时，一些知名的艺道大师也会定期举办讲座和表演活动,让游客能够近距离地接触和了解这些艺道文化。

2. 日本传统体育

日本传统体育旅游是融合了日本深厚文化传统与独特体育活动的一种旅游方式,为游客提供了丰富多彩的体验和感受。日本的传统体育不仅具有高度的观赏性和竞技性,还蕴含着深厚的文化内涵和哲学思想,使游客在欣赏比赛的同时,也能更深入地了解日本的历史、文化和精神风貌。

1) 相扑

相扑是日本著名的传统体育运动之一,以其独特的规则和激烈的比赛场面吸引了众多游客。每年,日本都会举办多次职业相扑比赛,比赛场地通常设在专门的相扑场馆内,观众可以近距离欣赏到选手们的精彩表现。相扑不仅仅是一种体育竞技,它还体现了日本传统文化中的尊重、毅力和团队精神。

2) 柔道

柔道是日本另一项具有代表性的传统体育运动。它注重利用对手的力量和动作来制服对方,而非仅仅依靠自身的力量。柔道比赛不仅考验选手的技术和体力,更考验他们的智慧和心理素质。游客可以参观柔道比赛,感受这项运动的魅力,也可以参加柔道体验课程,学习基本的柔道技巧和动作。

3) 剑道

剑道是日本传统的击剑运动,它源于武士的武术训练。在剑道比赛中,选手们穿戴特殊护具,使用竹剑进行对决,以展示他们的技巧、速度和反应能力。剑道不仅是一种体育运动,更是日本武士道精神的一种体现。游客可以观看剑道表演和比赛,感受这种古老而庄严的武术形式。

除了上述几项传统体育运动,日本还有空手道、合气道等其他具有特色的体育项目。这些体育项目都蕴含了丰富的文化内涵和哲学思想,为游客提供了多样化的旅游体验。

三、旅游现状及服务

(一)中日两国旅游外交关系及签证政策

中日两国在旅游领域有着密切的合作关系。中国政府一直致力于推动两国之间的旅游交流,并采取措施促进双方旅游业的发展。这为两国游客提供了更多的便利和机会去体验对方国家的风土人情。

关于签证政策,除港澳台同胞以外的中国公民访问日本,均需提前办理好日本签证。申请签证需要满足一定的条件,并且需要按照规定的程序进行。具体来说,"外交""公务""公务普通"护照持有者必须通过中华人民共和国外交部指定的代办机构办理签证手续。其他申请人的签证手续也需通过日方指定的代办机构(可查询日本驻华使领馆网站)办理。对于公费留学生和在中国长期居留的日本人的中国籍配偶申请签证的情况,可以直接与日本驻中国大使馆领事馆签证处联系。

在签证种类方面,日本提供了多种类型的签证,包括外交、公用、教授、艺术、宗教、报道等。这些签证种类的设置旨在满足不同赴日目的的中国公民的需求。

在申办签证的程序方面,首先需要明确赴日的目的。不同的赴日目的对应不同的签证类型和申办程序。因此,在计划前往日本之前,要先了解相关的签证政策和程序要求,以确保顺利获得所需的签证。

(二)交通概况

1. 航空

中国各大城市均有直飞日本的航班,主要飞往东京、大阪、名古屋、札幌、冲绳等热门旅游城市。日本的机场交通便利,都有与城区相连的机场大巴和火车,方便游客快速抵达市区。

2. 铁路

日本的铁路系统发达且复杂,火车是游览日本的主要交通方式。火车分为国营和私营,列车根据速度分为不同的等级并有不同的票价。此外,日本还推出了不同地区的优惠套票,游客可以根据自己的行程购买。

3. 地铁与公交

日本的地铁系统尤为发达,特别是在大城市中,地铁是游客出行的首选。此外,公交车网络也非常完善,覆盖城市的各个角落。使用ICOCA或Suica卡可以方便地乘坐公交和地铁,也可以在手机上添加相关卡片进行支付。

4. 出租车

出租车在日本也是一种常见的出行方式,但价格相对较高,续乘费用按里程计算。因此,出租车更适合多人出行时分担费用。

5. 自驾租车

在日本,租车自驾也是一种可行的出行方式。但需要注意的是,日本的交通规则和国内有所不同,游客在租车前需要了解并遵守相关规定。

此外,日本还推出了旅游相关的手机应用程序,如Japan Travel,为游客提供详细的交通信息和线路规划。

需要注意的是,日本的交通状况可能会受到天气、节假日、大型活动等多种因素的影响,游客在出行前最好提前了解相关信息并做好规划。

（三）旅游线路推荐

1. 经典东京—大阪—京都线路

东京：游览东京塔，感受现代化都市的繁华；参观浅草寺，体验古老的日本文化；在新宿区享受夜生活。

大阪：品尝当地美食，如章鱼小丸子、寿司等；游览大阪城，感受历史底蕴。

京都：游览金阁寺、银阁寺等古寺，领略古都风情；体验茶道文化，感受日本传统生活方式。

2. 北海道自然与文化之旅

札幌：参观大通公园、札幌电视塔，感受都市气息；品尝北海道特色美食，如螃蟹、拉面等。

小樽：游览运河风光，体验浪漫氛围；参观古老的仓库建筑群，了解历史文化。

富良野：欣赏薰衣草花海和金色稻田，感受大自然的魅力；体验当地农场生活，亲近自然。

3. 关西文化深度游

奈良：参观东大寺、奈良公园，与可爱的小鹿互动；体验日本古代文化，感受历史厚重感。

京都：游览清水寺、伏见稻荷大社等名胜古迹；体验日本传统手工艺，如和纸制作、陶艺等。

神户：品尝神户牛肉和日式甜点；游览北野异人馆，了解西方文化与日本传统的融合。

4. 冲绳海岛风情游

那霸：游览首里城遗址，了解琉球历史文化；品尝冲绳特色美食，如冲绳拉面、苦瓜炒蛋等。

美之海水族馆：观赏世界上最大的鱼类——鲸鲨；体验海底隧道，感受神秘的海底世界。

海滩休闲：在美丽的海滩上享受阳光、沙滩和海水；参加水上活动，如浮潜、冲浪等。

5. 富士山与镰仓历史之旅

富士山：欣赏富士山五合目的壮丽景象；体验登山活动，感受大自然的挑战与魅力。

河口湖：游览河口湖地区的美景，体验湖畔的宁静与舒适；品尝当地湖鱼料理，享受美食之旅。

镰仓:参观镰仓大佛、镰仓高校前站等著名景点;体验镰仓的古老街道和传统文化氛围;品尝镰仓当地特色小吃,感受当地的风土人情。

(四)币种兑换

1. 兑换渠道

在日本,游客可以通过多种渠道兑换日元,包括银行、机场、酒店、兑换所等。银行通常提供较为稳定的汇率,但可能收取一定的手续费;机场和酒店虽然提供方便的兑换服务,但汇率通常不是最优且手续费较高;兑换所则可能提供更为灵活的兑换选项,但游客在选择时应确保其信誉和合法性。

2. 信用卡和移动支付

在日本旅游时,游客也可以考虑使用信用卡或移动支付方式进行消费。大部分酒店、餐厅和商店都接受信用卡支付,而移动支付在日本也得到了一定的普及。使用这些支付方式可以避免携带大量现金的麻烦,并享受更为便捷的支付体验。

3. 货币兑换注意事项

需要注意的是,在兑换日元时,游客应确保选择正规、合法的兑换渠道,避免受到欺诈或遭受损失。同时,游客在出行前也可以了解日本的货币使用习惯和相关规定,以便更好地适应当地的消费环境。

(五)票务与酒店预订

1. 票务预订

如果计划在日本境内进行长距离移动,新干线是一个高效的选择。对于来自海外的游客,购买JR Pass可能是一个经济的选择。JR Pass允许在一定时间内无限次乘坐JR集团的列车,包括新干线。可以在JR的官方网站或指定的旅行社购买JR Pass。在购买前,确保了解JR Pass的使用规则、适用范围和有效期限。

城市之间的交通除了新干线,还可以选择地铁、巴士或出租车在城市间移动。日本的地铁网络发达,是快速便捷出行的好选择。巴士则覆盖更广的区域,适合探索偏远地区。如果需要更灵活的服务,出租车也是一个选项,但日本的出租车费用相对较高。

注意提前规划与预订,尤其是在旅游旺季,如樱花季和红叶季,票务可能会非常紧张。可以通过各种在线平台或旅行社进行预订,也可以直接在车站或机场购买。

2. 酒店预订

日本有各种各样的住宿选择,从传统的日式旅馆到现代的酒店和民宿,可以根据自己的预算和需求选择合适的住宿类型。例如,如果想体验日本传统文化,可以选择日式旅馆;如果需要更现代化的设施和服务,可以选择常规酒店。

日本有许多在线平台可以预订酒店和民宿,如Booking.com、Agoda、Airbnb等,这些平台提供了丰富的住宿选择,可以根据价格、位置、设施等条件进行筛选。

第三节 马来西亚

一、国家概况

(一)自然地理

马来西亚,位于东南亚,国土被南海分隔成东、西两个部分。西马位于马来半岛南部,北与泰国接壤,南与新加坡隔柔佛海峡相望,东临南海,西濒马六甲海峡。东马位于加里曼丹岛北部,与印尼、菲律宾、文莱相邻。马来西亚国土面积约33万平方千米,全国海岸线总长4192千米。

马来西亚位于赤道附近,属于热带雨林气候,终年高温多雨,无明显的四季之分,一年之中的温差变化较小。马来西亚全年雨量充沛,年均降雨量为2000—2500毫米。每年10月至次年3月为雨季,4—9月为旱季。

马来西亚自然资源丰富,橡胶、棕油和胡椒的产量和出口量居世界前列。曾是世界产锡大国,因过度开采,产量逐年减少。石油储量丰富,此外,还有铁、金、钨、煤、铝土、锰等矿产。盛产热带硬木。

(二)行政区划

马来西亚全国分为13个州和3个联邦直辖区。

13个州分别是:西马的柔佛、吉打、吉兰丹、马六甲、森美兰、彭亨、槟城、霹雳、玻璃市、雪兰莪、登嘉楼以及东马的沙巴、沙捞越。

3个联邦直辖区分别是:吉隆坡、布特拉再也(布城)和纳闽。

(三)国旗、国徽与国歌

1. 国旗

马来西亚国旗又被称为"辉煌条纹",是大马国家主权象征之一。国旗呈横长方形,主体部分由14道红白相间、宽度相等的横条组成,原代表马来西亚的14个州,新加坡1965年独立后代表马来西亚的13个州和政府。

2. 国徽

马来西亚国徽图案分别代表国家元首和联邦的13个州。马来西亚国徽中间为盾形徽，盾徽上面绘有一弯黄色新月和一颗14个尖角的黄色星。

3. 国歌

马来西亚的国歌为《我的祖国》。

（四）人口、民族与语言

马来西亚的人口数量约为3370万人（2023年）。马来西亚是一个多民族、多元文化国家，拥有马来族、华族、印度族等多个民族群。

马来语为马来西亚的国语，通用语言为英语，华语使用较广泛。

二、主要旅游目的地及其吸引力

（一）主要旅游城市及旅游景点

1. 吉隆坡

吉隆坡，是马来西亚的首都和最大城市，是一座充满活力和多元文化的国际大都会（见图2-2）。它位于马来西亚半岛的西海岸，拥有得天独厚的地理位置和丰富的自然资源。吉隆坡不仅是马来西亚的政治、经济、文化和教育中心，还是东南亚地区重要的金融、商业和交通枢纽，汇聚了来自世界各地的企业和人才。这里有许多世界知名的大学和研究机构，吸引了大量的学者和学生。同时，吉隆坡也是众多国际会议的举办地，为各国政府和企业提供了交流和合作的平台。

图2-2 吉隆坡

吉隆坡的旅游资源丰富多样，既有现代化的购物中心和娱乐场所，又有充满历史韵味的古老建筑和寺庙。国油双峰塔是吉隆坡的标志性建筑，游客可以登上塔顶欣赏整个城市的美景。吉隆坡旧城区则保留了大量的历史遗迹和传统建筑，游客可以在这里感受到吉隆坡的悠久历史和独特文化。

吉隆坡的居民来自不同的民族和文化背景,这使得这座城市具有极高的文化多样性和包容性。在这里,游客可以品尝到各种美食,欣赏到各种艺术表演,参与到各种文化活动中,感受到这座城市的独特魅力和活力。

2. 槟城

槟城,位于马来西亚西北部,有着丰富的历史、文化、美食和自然景观。槟城以其多元文化的和谐共存而知名。这里不仅有马来人、华人、印度人等多元族群,还保留了各自独特的文化习俗和传统。在槟城,游客可以看到古老的庙宇、华丽的教堂和精美的清真寺,它们和谐共存,共同见证了槟城的历史变迁。

槟城的建筑风格也独具特色。街屋作为槟城建筑的代表,融合了东方的设计理念和美学观念。每栋房屋都有相对独立的前院和后院,外观由砖墙和木质构件构成,采用了传统的东方斗拱、飞檐和雕刻技术,展现了东方建筑的独特魅力。内部设计也注重实用性和美观性的结合,同时融入了丰富的东方文化元素。

槟城的美食同样令人陶醉。这里的美食种类繁多、口味独特,无论是传统的娘惹糕点,还是各种东南亚风味的菜肴,都能让人回味无穷。此外,槟城的白咖喱面也是一道不容错过的美食,以其独特的风味吸引了无数食客。

除了美食和建筑,槟城的自然风光也令人流连忘返。升旗山作为槟城的标志性景点之一,不仅提供了俯瞰槟城全景的绝佳视角,还是徒步旅行和户外活动的理想之地。此外,巴都丁宜海滩也是游客们喜爱的休闲胜地,洁净的沙滩和清澈的海水为游客们提供了放松身心的绝佳场所。

3. 马六甲

马六甲,这座位于马来西亚半岛西边的古老城市,拥有丰富的历史和文化底蕴。马六甲以其独特的位置和繁荣的贸易历史,成为东南亚地区的重要城市之一。

漫步在马六甲的古城区,可以看到许多古老的建筑和寺庙,它们见证了马六甲曾经的辉煌。其中,马六甲王朝皇宫博物馆是一座精美的木质建筑,内部被改造成为文化博物馆,展示着马来西亚的历史文化。此外,马六甲海事博物馆也是一处不可错过的景点,馆内陈设的航海用品和道具,让人仿佛穿越到了那个繁荣的海上贸易时代。

作为马来西亚古老的城市之一,马六甲的美食融合了各种文化和风味。椰浆饭是马六甲的代表性美食之一,用椰奶烹制的米饭口感香浓,是马来西亚的国菜之一。此外,娘惹叻沙也是一道令人垂涎欲滴的美食,其辛辣浓郁的味道让人回味无穷。在马六甲的街头巷尾,游客可以品尝到各种地道的马来西亚美食,感受这座城市的独特风貌。

马六甲的交通也十分便利。州内有马六甲国际机场,连接着国内外的主要城市。火车站点衔接西海岸线,巴士总站有马六甲巴士总站和亚罗牙也巴士总站,为游客提供了便捷的交通方式。此外,南北大道是马六甲与其他州属连接的主要公路,使得前往马六甲的旅程更加顺畅。

值得一提的是,马六甲在2008年被联合国教科文组织列入《世界遗产名录》,这是对马六甲丰富历史和文化价值的肯定。这一荣誉也使得更多游客对马六甲产生了浓厚的兴趣,纷纷前去探寻这座古老城市的秘密。

4. 吉隆坡双子塔

作为吉隆坡的标志性建筑,吉隆坡双子塔(即国油双峰塔)曾经是世界最高的摩天大楼,目前仍是世界上最高的双塔楼。其宏伟的外观设计融合了现代与传统的元素,吸引了无数游客前去参观。在这里,游客可以乘坐高速电梯直达观景台,俯瞰整个吉隆坡市区的壮丽景象。

5. 兰卡威岛

兰卡威是马来西亚著名的海岛度假胜地,由许多个大小岛屿组成。这里有绵延的白沙海滩、清澈的碧海、奇特的热带雨林和丰富的野生动植物,游客可以在这里尽情享受阳光、沙滩和海水,体验各种水上活动。

6. 亚庇海滩

亚庇是马来西亚著名的海滩旅游胜地,亚庇海滩拥有优美的海岸线和清澈的海水。在这里,游客可以尽情享受阳光和海浪,参加各种水上运动,如冲浪、潜水等。此外,亚庇的海鲜也是一大特色,新鲜的海鲜和多样的烹饪方式让人流连忘返。

7. 婆罗洲

婆罗洲作为世界第三大岛,在马来西亚的东部地区。这里的金马仑高原、姆鲁国家公园等地,拥有世界上古老的热带雨林和多样的动植物。游客可以在这里体验探险的乐趣,感受大自然的神奇魅力。

除了以上景点,马来西亚还有许多其他值得一游的地方,如槟城国家公园、乐高乐园、苏丹阿都沙末大厦、黑风洞等。无论游客是喜欢自然风光还是历史文化,都能在马来西亚找到适合自己的旅游项目。在规划行程时,建议根据个人兴趣和时间进行合理安排,以充分体验马来西亚的多元文化和美丽风光。

(二)特色旅游活动

马来西亚的传统体育项目丰富多样,每一种都融合了深厚的文化内涵和独特的民族特色。以下是其中一些传统体育项目的介绍。

1. 马来武术

马来武术也被称为"希拉",是马来民族用以自卫的一种武术。这种武术形式通过观察和模仿各种动物,如猴子、白鹰或老虎的动作而形成,其招式灵活多变,注重关节技和肘、膝的打击。马来武术不仅是一种自卫技能,更是一种舞蹈,几百年来一直在马来群岛中广为流传。在婚礼、国家庆典或武术竞赛中,常常可以见到马来武术的精彩表演。

2. 藤球比赛

藤球比赛是马来西亚非常受欢迎的传统体育项目之一。比赛时,双方队员在网两边相互踢击一个用天然藤条或塑料条编成的空心球,目的是使对方无法接住球,从而得分。藤球比赛融合了排球、足球和羽毛球的特点,需要运用脚腕、膝关节等部位同时夹球、顶球,是一项考验身体协调性和灵活性的运动。藤球比赛在马来西亚非常流行,也经常在国际赛事,如亚运会中亮相。

3. 风筝打斗

风筝打斗是马来西亚一项具有独特魅力的传统运动。参赛者不仅需要制作精美的风筝,还要在风筝的绳索上黏上碎玻璃粉末,以增加风筝的"切割能力"。比赛时,参赛者需要巧妙地操纵风筝,并借助风向,努力将对手的风筝绳索割断或使其从空中坠落。风筝打斗考验了参赛者的技巧、判断力和战略思维,是一项极具挑战性和观赏性的运动。

4. 马来传统舞蹈

马来传统舞蹈是马来西亚艺术中的一颗璀璨明珠。其中,久贾舞(Joget)作为马来西亚广为流传的传统舞蹈,具有节奏较缓慢和动作优雅的特点。这种舞蹈不论在舞步还是音乐上,都与恰恰舞极为相似,非常适合许多人一起跳,来宾或游客们通常都会被邀请加入舞蹈行列,共同享受舞蹈的乐趣。此外,烛光舞(Tarian Lilin)是一种优雅的少女舞蹈,讲述了少女遗失订婚戒指后,在烛光的照耀下通宵寻找戒指的故事。这些舞蹈通过优美的舞姿和动人的故事,展现了马来西亚文化的独特魅力。

5. 马来皮影戏

马来西亚的皮影戏也是一项独具特色的艺术项目,最早出现在吉兰丹地区,作为马来西亚文化的重要艺术代表被保留传承至今。表演皮影戏时,皮影师在幕后借助灯光的投射,配以各种鼓、木箫和锣镲的声响,在白布上用影子讲述传统的民间故事。吉兰丹皮影戏在马来西亚皮影戏传统中保留得最好、最为流行,也最经典,其历史起源、剧目选择和表演形式都独具特色。皮影戏这种艺术形式不仅展示了马来西亚人民的创造力和艺术才能,也为观众带来了独特的视觉和听觉享受。

三、旅游现状及服务

（一）中马两国旅游外交关系及签证政策

中国与马来西亚两国之间的旅游外交关系紧密且富有成果。作为东盟国家中与中国有着深厚友谊的成员国，马来西亚一直重视与中国的旅游交流与合作。在旅游方面，马来西亚拥有丰富的自然和文化资源，吸引了大量中国游客前往。同时，中国游客也为马来西亚旅游业带去了可观的收益，促进了当地经济的发展。在外交层面，双方通过旅游交流加强了人民之间的相互了解和友谊，推动了文化的多样性与包容性发展。

自2023年12月1日起至2026年12月31日，马来西亚政府对中国公民推出免签证措施，允许因旅游、探亲等短期访问目的的中国公民免签入境并停留30天。但请注意，对于赴马进行学习、工作等需事先获得马方主管部门批准的活动，或计划停留期超过30天的情形，仍需依据规定在入境前申请与访问目的相匹配的签证类型。

（二）交通概况

1. 航空

飞机是远距离出行的首选。马来西亚的国内航线网密集且便利，有多家航空公司，如亚航和马航提供服务。这些航空公司通常准时且服务周到，能够连接马来西亚各大城市，使得东西部之间的旅行变得轻松快捷。

2. 陆路

火车旅行在马来西亚也颇受欢迎。虽然火车不是主要的交通方式，但对于想要欣赏沿途美景的游客来说，火车旅行是一个很好的选择。马来西亚主要有两条铁路主干道，分为东海岸线和西海岸线。虽然火车旅程可能较长，但沿途的风景绝对值得一看。

公路交通在马来西亚同样发达，公交车和出租车是常见的出行方式。公交车线路遍布全国，为游客提供了经济实惠的出行选择。而出租车则更为灵活，特别是在不熟悉路况的情况下，游客可以选择出租车作为出行工具。此外，长途巴士也是连接各大旅游城市的重要方式，巴士座位舒适、收费合理，是游客出行的优选。

（三）旅游线路推荐

1. 吉隆坡城市探索

首先抵达吉隆坡国际机场，然后前往市中心的酒店安顿下来。在吉隆坡游览国油双峰塔，这是马来西亚的标志性建筑，同时也是购物和观光的绝佳场所。接着，前往独立广场和国家清真寺，感受马来西亚的历史和文化。此外，品尝当地的美食，如海南鸡饭和肉骨茶，体验真正的马来西亚风味。

2. 历史与文化之旅

从吉隆坡出发,前往马六甲。马六甲是马来西亚历史悠久的城市之一,游览马六甲古城,可以欣赏古老的建筑和文化遗产。此外,荷兰广场和圣保罗教堂也是不可错过的景点。在马六甲,可以品尝到各种地道的马来西亚美食,如沙爹和椰浆饭。

3. 自然与冒险之旅

前往云顶高原。这里不仅有美丽的自然风光,还有丰富的娱乐活动。可以游览博彩城和云顶度假村,体验高海拔地区的独特魅力。此外,还可以参加各种高原运动,如徒步和骑行,感受大自然的壮丽和神奇。

4. 海岛度假之旅

从云顶高原出发,前往槟城。槟城是马来西亚历史和文化非常丰富的城市之一,可以游览乔治市古迹区和槟城华人街,感受这座城市的独特魅力。接着,前往兰卡威,这是马来西亚极受欢迎的海滨度假胜地之一。可以在海滩上享受阳光和沙滩,参加各种水上运动,如浮潜和冲浪,感受海岛度假的乐趣。

5. 环滩岛探险

从兰卡威出发,前往环滩岛。在这里,可以尽情享受海洋的壮丽景象,参加潜水、浮潜等水上活动,探索海底世界的神秘和美丽。此外,还可以在岛上欣赏美丽的日落,感受大自然的宁静与和谐。

(四)币种兑换

马来西亚的官方货币是林吉特。游客在前往马来西亚之前,可以在国内的一些银行如中国银行提前兑换一定数量的林吉特。但需要注意的是,并非所有银行都能兑换到马币现金,因此需要提前打电话到银行网点进行预约,并确认是否可以兑换。

1. 在当地ATM机上取现

在马来西亚当地,游客可以通过多种方式兑换货币。常见的方式是在ATM机上使用银联卡取现。马来西亚的一些银行ATM机支持银联卡取款,每日有上限,且可能会收取一定的手续费。游客可以查询当地的银行信息,找到最近的ATM机进行取款。

2. 使用信用卡

游客还可以使用信用卡在马来西亚进行消费。马来西亚的一些商场、酒店和饭店接受信用卡结账,但一些路边摊和茶室小店可能只接受现金,因此建议游客随身携带一定数量的马币现金。需要注意的是,使用双币信用卡可能会有一定的汇率损失,不如使用现金合算。

3. 在兑换点或银行柜台兑换

游客也可以在当地的兑换点或银行柜台兑换货币。机场、酒店和一些主要的旅游景点都设有兑换点,但汇率可能不如市区的一些大型兑换点或银行柜台优惠。因此,如果不是急需用钱,建议游客到市区的兑换点或银行柜台进行货币兑换。

(五)票务与酒店预订

1. 票务预订

票务预订方面,游客可以选择多种方式进行预订。可以直接通过航空公司的官方网站或手机App应用进行预订。这种方式通常能提供最新的航班信息、价格优惠以及便捷的支付选项。其次,游客还可以使用第三方旅行预订平台,如Expedia、携程等。这些平台通常会提供多家航空公司的航班选择,并且能根据游客的偏好进行智能推荐。此外,对于某些特定的旅游活动或景点门票,游客还可以直接在活动官方网站或相关旅游平台上进行预订。

2. 酒店预订

酒店预订方面,同样有多种方式可供选择。游客可以通过酒店官方网站进行预订。这种方式能够直接了解酒店的详细信息、房间类型以及价格,并且能享受酒店提供的官方优惠和礼遇。游客还可以使用在线旅行预订平台,如Booking.com、Agoda等。这些平台通常涵盖了大量的酒店选择,包括各种价格区间和风格类型,游客可以根据自己的需求和预算进行筛选和预订。此外,一些旅行社或旅游代理也可以提供酒店预订服务,游客可以咨询当地的旅行社或代理,了解更多的酒店选择和优惠信息。

3. 预订注意事项

在预订过程中,游客需要注意以下几点。

(1)确保提供准确的个人信息和联系方式,以便顺利接收预订确认和后续的行程信息。

(2)仔细阅读并了解预订条款和条件,包括退改政策、付款方式等,以避免不必要的麻烦。

(3)建议游客在预订前对酒店或航班进行一定的了解和比较,选择信誉良好、评价较高的酒店或航班,以确保旅行的舒适和安全。

第四节 阿联酋

一、国家概况

(一)自然地理

阿联酋,全称阿拉伯联合酋长国,是一个位于阿拉伯半岛东部的国家,北濒波斯湾,西和南与沙特阿拉伯交界,东和东北与阿曼毗连。阿联酋国土面积83600平方千米,海岸线长734千米。

阿联酋沿海是地势较低的平原,半岛的东北部分属山地,横贯其间的哈杰尔山脉最高峰海拔2438米。此外,阿联酋绝大部分地区是海拔200米以上的沙漠和洼地。沙漠占阿联酋总面积的65%,其中有一些绿洲,以艾因地区的布赖米绿洲面积最大。

在气候方面,阿联酋属热带沙漠气候,全年分两季,5—10月为热季,最高气温可达50 ℃以上;11月至次年4月为凉季,最低气温可至7 ℃。偶有沙暴。平均降水量约100毫米,多集中于1—2月。

(二)行政区划

阿联酋由7个酋长国组成,包括阿布扎比、迪拜、沙迦、哈伊马角、阿治曼、富查伊拉、乌姆盖万。

(三)国旗、国徽与国歌

1. 国旗

阿联酋国旗呈长方形,由红、绿、白、黑四色组成。红色代表从前流血的奋斗历史,绿色代表丰饶的国土,白色代表纯洁与中立,黑色象征战斗。

2. 国徽

阿联酋国徽主体是一只黄白色的隼,翼羽黄白相间,尾毛为白色。隼胸前的圆形图案中,为一个绘有国旗图案的圆形,围以象征七个酋长国的七角星。

3. 国歌

阿联酋国歌是《祖国万岁》,由阿雷夫·阿尔·舍伊克·阿卜杜拉·阿尔·哈桑作词,穆罕默德·阿卜杜勒·瓦哈卜作曲。

(四)人口、民族与语言

阿联酋的人口和民族概况体现了其作为一个多元化社会的特点。阿联酋的总人口数量相当可观,其总人口约为1024万人(2024年7月)。这一数字反映了阿联酋作为一个具有吸引力的国家,吸引了大量外来人口前去居住和工作。

在民族构成方面,阿联酋的外籍人口占据了相当大的比例,达到了约88%。这些外籍人口主要来自印度、巴基斯坦、埃及等国,他们在阿联酋的各行各业中发挥着重要作用,为国家的经济发展做出了重要贡献。

阿拉伯语为阿联酋的官方语言,通用英语。

知识拓展 2-3

二、主要旅游目的地及其吸引力

（一）主要旅游城市及旅游景点

1. 阿布扎比

阿布扎比作为阿联酋的首都和最大的酋长国，是一个充满魅力与活力的城市。它坐落在波斯湾的一个"T"字形岛屿上，以其丰富的石油资源、壮丽的建筑和深厚的文化底蕴而闻名于世。阿布扎比的石油财富为城市的发展提供了强大的动力。作为全球第五大石油蕴藏地，阿布扎比的石油产业不仅带动了经济的繁荣，也为城市的现代化建设提供了资金支持。这使得阿布扎比在短时间内迅速崛起，成为一个现代化的国际大都市。

在阿布扎比，游客可以欣赏到许多令人叹为观止的建筑，谢赫扎伊德清真寺是其中的代表，以其宏伟的规模和精美的装饰而著称。谢赫扎伊德清真寺不仅是阿联酋最大的清真寺，也是世界上极为奢华的一座清真寺。此外，阿布扎比还拥有许多现代化的摩天大楼和购物中心，为游客提供了丰富的购物和娱乐选择。

除了建筑之美，阿布扎比还注重文化的传承和发展。这里有许多博物馆和艺术中心，为游客提供了深入了解阿拉伯文化的机会。阿布扎比卢浮宫博物馆就是其中的佼佼者，它收藏了来自世界各地的精美艺术展品，让游客在欣赏艺术的同时，也能感受到不同文化的碰撞与融合。

此外，阿布扎比还以其独特的沙漠风情而吸引着游客。在阿布扎比附近的沙漠中，游客可以体验骑骆驼、滑沙等传统的沙漠活动，感受大自然的神奇魅力。而在城市的中心地带，也有许多现代化的休闲场所，如水上乐园和民宿村等，为游客提供了放松身心的好去处。

2. 迪拜

迪拜这座充满活力的城市，以其现代化、奢华和创新精神闻名于世。作为阿联酋人口最多的城市，迪拜不仅是该国的经济中心，也是中东地区的金融、贸易和旅游枢纽。

迪拜的地理位置十分优越，它位于波斯湾沿岸，拥有得天独厚的海港和空港资源。这使得迪拜成为连接亚洲、欧洲和非洲的重要桥梁，吸引了来自世界各地的商人和游客。

迪拜以其高耸入云的摩天大楼、奢华的购物中心和独特的文化景观吸引着全球游客的目光。哈利法塔，作为迪拜的标志性建筑，不仅是世界极高的一座建筑，也是游客们争相参观的热门景点。在塔顶，游客可以俯瞰整个城市的美景，感受迪拜的繁华与活力。

除了建筑之美,迪拜还以其丰富的文化和艺术活动而闻名。从传统的阿拉伯音乐、舞蹈到现代的时尚表演,迪拜的文化活动多姿多彩,为游客提供了深入了解阿拉伯文化的机会。此外,迪拜还拥有众多世界级的博物馆和艺术馆,如迪拜艺术区等,为艺术爱好者提供了欣赏和学习的平台。

在迪拜,游客还可以体验各种奢华的休闲活动。从豪华游艇巡游到私人飞机旅行,从世界级的购物中心到五星级的美食餐厅,迪拜为游客提供了极致的享受和体验。

3. 沙迦

沙迦是阿联酋的第三大酋长国,以其丰富的历史、文化和现代化的城市景观而闻名。

作为阿联酋七个酋长国中唯一一个在阿拉伯海湾及阿曼湾都有海岸线的酋长国,沙迦的地理位置得天独厚。沙迦不仅是重要的国际交通枢纽,还拥有两个深水港和现代化的国际机场。这座城市不仅是政治、经济和文化中心,也是王室和主要政府部门的所在地。此外,沙迦还是阿联酋的文化首府,拥有众多博物馆、艺术中心和节日活动,为游客提供了深入了解阿联酋文化的机会。

4. 乌姆盖万

乌姆盖万是阿联酋另一个引人注目的城市,这里拥有一个国际标准的港口——拉希德港,为乌姆盖万的国际贸易提供了便利。乌姆盖万政府致力于建立轻工业单位,并提供了各种鼓励性条件以吸引外国公司。

此外,乌姆盖万还积极发展旅游业,其古代城堡、古塔等经典以及传统赛马和赛骆驼等项目都吸引了大量游客。乌姆盖万还建成了一个大型的综合娱乐中心,其中包含一个世界级的水上公园,为游客提供了丰富多样的娱乐活动。

5. 迪拜塔

迪拜塔又名"哈利法塔",高达828米,楼层总数为162层。这座摩天大楼不仅以其惊人的高度和雄伟的外观令人叹为观止,其内部设计也同样令人赞叹。塔内设有高速电梯,可快速将游客送达观景台,让游客能够俯瞰整个迪拜的壮丽景象。哈利法塔的建造耗费了巨额的资金和大量的人力物力,成为迪拜乃至整个阿联酋的骄傲。

6. 迪拜水舞间

迪拜水舞间是一场精彩绝伦的水上表演,由世界知名的太阳马戏团创始人Franco Dragone开创。整个表演舞台可以容纳大量的水,墙壁两旁瀑布倾泻而下,营造了大雨滂沱的效果。表演者在水上展示各种高难度的动作,如潜入水池或从高空跳入水中,令观众目不暇接。此外,表演大厅的墙壁和房顶也被充分利用,为观众提供了全方位的观赏体验。

7. 帆船酒店

帆船酒店即阿拉伯塔酒店,是一座七星级酒店。酒店外形酷似船帆,矗立在距离朱美拉海滩不远的人工岛上,内部设计奢华无比,拥有水族箱、中庭、直升机停机坪等令人瞩目的设施。酒店的房间数量有限,但每一个房间都配备了顶级的设施和服务,为游客提供了无与伦比的奢华体验(见图2-3)。

图2-3 帆船酒店

8. 迪拜音乐喷泉

迪拜音乐喷泉是世界较大的喷泉,由制造了美国拉斯维加斯Bellagio喷泉的WET公司设计。喷泉的总长度为275米,最高可以喷到150米的高度,相当于一栋50层楼的高度。喷泉的灯光可以在很远的地方看到,使其成为中东地区最亮的焦点。喷泉的喷射效果千变万化,配合着阿拉伯及世界各地的音乐,为游客呈现出一场视听盛宴。

9. 棕榈岛

棕榈岛是世界上较大的陆地改造项目,由朱美拉棕榈岛等多个岛屿群组成。整个岛屿工程耗资巨大,完全用沙子、岩石搭建成型,深入海湾地区。岛上建设有私人住宅、公寓、水下酒店、室内滑雪场和主题公园等设施,为游客提供了一个集休闲、娱乐和居住于一体的综合性旅游胜地。

(二)特色旅游活动

阿联酋的传统体育赛事丰富多彩,这些赛事不仅体现了阿联酋独特的文化和传统,也吸引了来自世界各地的观众和参与者。

1. 骆驼赛事

骆驼赛事是阿联酋历史悠久、极具特色的传统体育项目之一。比赛中的骆驼是纯种的阿拉伯骆驼,这种骆驼只有单一的驼峰,并且有着长颈和长腿,奔跑起来时轻快而迅捷。现代的骆驼赛已由人控制转变而成由机器人控制,整个比赛的安全性得到了提升。在迪拜皇家赛驼俱乐部,观众可以观赏到精彩的骆驼比赛,感受这项古老运动的魅力。

2. 骑马运动

骑马运动在阿联酋广受欢迎。骑马运动是阿联酋的国家体育项目之一,阿拉伯马是阿联酋的象征性动物,人们非常钟爱这种美丽而高贵的动物。阿联酋的骑马运动可以追溯到几个世纪前的贵族游戏,如今已经发展成为大众参与的运动项目。阿联酋的马术俱乐部设施完备,提供专业的训练和比赛场地,骑马爱好者们都可以在这里体验到马上飞驰的乐趣。

3. 沙地足球

沙地足球则是阿联酋特有的足球形式,也是当地一项非常受欢迎的传统体育项目。在这项运动中,球场是由沙漠沙地建成,球员们需要在不平坦的沙地上比赛。沙地足球在国际上也享有盛誉,有很多国际沙地足球比赛都在阿联酋举行。这项运动不仅考验球员的技术,还需要他们具备出色的耐力和适应能力。

除了以上提到的赛事,阿联酋还有许多其他传统体育赛事,如狩猎、射击、海底潜水等,这些赛事都展示了阿联酋人民对体育运动的热爱和执着。阿联酋的传统艺术项目丰富多样,这些艺术形式不仅承载了阿联酋深厚的历史文化底蕴,也体现了阿联酋人民独特的审美观念和艺术创造力。

4. 书法

书法是阿联酋传统艺术的重要组成部分。阿拉伯文字是世界使用范围第二广泛的文字系统,其装饰性的花体阿拉伯文字被称为"Khatt"。这种书法艺术将线条、设计和结构巧妙地结合在一起,形成了一种独特的视觉美感。阿联酋的书法家们通过精湛的技艺,将阿拉伯文字书写得既优雅又富有动感,展现出阿拉伯文化的独特魅力。

5. 陶艺

陶艺是阿联酋的传统艺术之一。早在5000年前,阿联酋的先民就懂得使用陶土制作工具。他们的陶艺作品不仅具有实用性,一些花瓶和熏香容器还极富有装饰性。此外,陶土容器还可以高效冷却饮用水,显示出阿联酋人民在生活中的智慧。这些陶艺作品不仅展现了阿联酋人民的精湛技艺,也反映了他们对生活的热爱和追求。

6. 编织艺术

编织艺术是阿联酋传统艺术的又一重要代表。传统的编织技艺被称作"Al-Sadu",是利用山羊毛、绵羊毛或骆驼毛织就的一系列日常用品,如皮带、马鞍、帐篷和篮子等。这些编织品不仅实用,而且色彩鲜艳、图案精美,充满了民族特色和艺术韵味。阿联酋的妇女们是编织艺术的主要传承者,她们通过灵巧的双手,将一根根毛线编织成精美的艺术品,为阿联酋的文化传承做出了重要贡献。

7. 舞蹈

舞蹈也是阿联酋传统艺术的重要组成部分。阿联酋的舞蹈形式多样,其中最著名的是阿亚拉舞。这种舞蹈是阿联酋地区的传统民间表演艺术形式,由不同年龄的男性组成。他们面对面排成两行,手持细长的黑色手杖,配合着口中的唱词,随着音乐节奏舞动。这种舞蹈不仅具有浓厚的民族特色,也体现了阿联酋人民的豪放和热情。

三、旅游现状及服务

(一)中阿两国旅游外交关系及签证政策

中国和阿联酋两国在旅游和外交关系方面有着密切的合作关系。

阿联酋主要签证种类有旅游签证、访问签证、工作签证、留学签证、家属签证等。

旅游、访问签证停留期为30日。2018年1月16日起,中国政府与阿联酋政府达成的互免签证安排正式生效。中国公民持外交护照、公务护照、公务普通护照和普通护照来阿联酋旅游、访问、探亲、商务、过境等,可免签入境阿联酋停留30天,并可前往阿联酋移民部门申请付费续签一次。

但需要注意的是,拟入境阿联酋从事工作、定居、新闻报道等需该国主管部门事先批准的活动,应在入境前办妥有关手续。工作签证须由阿联酋当地雇主办理,并在签发后60日内入境有效。同时,入境后须前往政府指定的医院进行体检并办理医疗保险,取得体检合格证明后前往劳工、移民部门申请居留签证。留学签证、家属签证签发后60日内入境有效,同样需要完成上述流程。长期居留签证的停留期一般为2年,期满后可申请续签。

(二)交通概况

阿联酋旅游的交通非常发达和便捷,为游客提供了多种出行选择。

1. 航空

阿联酋拥有世界级的国际机场,如迪拜国际机场和阿布扎比国际机场,连接了全球各大城市。从这些机场出发,游客可以方便地前往各个旅游目的地。同时,机场内设施齐全,提供了各种服务和便利设施,使游客的出行更加舒适和顺畅。

2. 陆路

在阿联酋境内,游客可以选择的公共交通工具包括地铁、巴士和出租车等。迪拜的地铁网络发达,覆盖城市的各个角落,是游客出行的高效选择。巴士网络也非常完善,有多条线路连接城市内外的景点和交通枢纽。此外,出租车在阿联酋也很常见,价格相对合理,为游客提供了灵活便利的出行方式。

除了公共交通工具,阿联酋还有发达的私家车交通系统。游客可以选择租车自驾游,探索阿联酋的美丽风光。在租车前,游客需要了解当地的交通规则和路况,以确保安全驾驶。

3. 水运

阿联酋还有丰富的水上交通资源。游客可以乘坐游艇、快艇等水上交通工具,在美丽的海湾和海域中畅游,欣赏迷人的海景。

(三)旅游线路推荐

1. 阿布扎比文化之旅

第一天:参观阿布扎比最著名的景点——谢赫扎伊德清真寺。这座清真寺规模宏大、装饰精美,建筑风格巧妙地融合了摩尔式、奥斯曼式和阿拉伯传统元素,充分展现了阿拉伯和伊斯兰艺术的独特魅力。参观时,需要注意遵守当地的宗教礼仪和游览规定,包括穿着得体、女性游客需佩戴头巾以示尊重。

第二天:游览阿布扎比卢浮宫,欣赏世界各地的艺术珍品;之后前往阿布扎比国家博物馆,了解阿联酋的历史和文化。

2. 迪拜现代都市之旅

第一天:参观迪拜塔,俯瞰整个城市的美景;游览迪拜购物中心,体验奢华购物的乐趣。

第二天:参观帆船酒店,感受奢华的住宿体验;晚上在迪拜海滩欣赏美丽的夜景。

3. 沙漠探险之旅

第一天:前往阿联酋的沙漠地区,体验刺激的冲沙活动;在沙漠营地享用传统的阿拉伯烧烤晚餐。

第二天:参加骆驼骑行活动,感受沙漠的宁静与壮美;参观沙漠中的传统村庄,了解当地人的生活方式。

4. 哈利法塔与棕榈岛之旅

第一天:参观哈利法塔,感受世界最高建筑的震撼;在塔下的迪拜喷泉旁欣赏壮观的喷泉表演。

第二天:前往棕榈岛,欣赏人工岛屿的奇特景观;在岛上的豪华酒店享受舒适的住宿体验。

5. 阿联酋自然风光之旅

游览阿联酋的自然保护区,欣赏壮丽的沙漠、山脉和海洋景观;参加野生动物观察活动,了解阿联酋的生态系统。

（四）币种兑换

1. 国内兑换

可以在国内进行兑换阿联酋迪拉姆。建议前往中国银行等金融机构进行预约和兑换，这样可以确保在出发前就有一定数量的阿联酋迪拉姆，以备不时之需。在国内兑换时，需要关注当时的汇率，并准备好相应的身份证明文件。

2. 机场兑换

到达阿联酋后，可以在机场内的兑换中心进行兑换。迪拜国际机场内设有货币兑换中心，可以选择直接前往换取，或者通过"网上预约，到地取钱"的方式进行。机场的兑换中心通常提供多种货币的兑换服务，并且兑换流程相对简便。

3. 酒店、商场和专门的货币兑换中心兑换

在阿联酋的市区内，游客也可以在酒店、商场和专门的货币兑换中心进行兑换。许多大型酒店和购物中心都设有兑换点，方便游客进行货币兑换。同时，游客也可以选择一些信誉良好的兑换所，如 Al Ansari、GCC、Sharaf、Al Fardan 等，它们通常提供较为合理的汇率和优质的服务。

4. 货币兑换注意事项

需要注意的是，在进行货币兑换时，一般需要出示护照复印件或身份证以及准确的联系方式。如果游客想使用旅行支票进行兑换，应提前联系兑换点并确认该地是否接受支票兑换方式。

阿联酋的大部分地区都接受信用卡支付，因此在兑换现金时不必过于紧张。但是，在某些地方，如路边停车收费等，可能只能使用迪拉姆硬币付款。因此，建议兑换时适当换取一些硬币，以备不时之需。

（五）票务与酒店预订

1. 票务预订

1）航空公司官网预订

可以直接访问阿联酋航空、卡塔尔航空等航空公司的官方网站，查看航班信息并进行预订。通常，航空公司官网会提供最新的航班动态和特惠信息，方便游客选择合适的航班。

2）旅行代理预订

如果自行预订较为烦琐，可以选择通过线上或线下的旅行代理进行预订。这些旅行代理通常会提供一站式服务，包括机票预订、酒店预订、行程规划等。

3）特价机票关注

阿联酋航空、卡塔尔航空等航空公司会不定期推出特价机票活动，可以关注官方

网站或社交媒体,以便及时获取优惠信息。

2. 酒店预订

1) 酒店官网预订

可以访问阿联酋各大酒店的官方网站,查看房型、价格等信息并进行预订。酒店官网通常会提供详细的酒店介绍和图片,帮助住客了解酒店情况。

2) 在线预订平台

携程、Booking.com、Agoda等都是知名的在线酒店预订平台,可以在这些平台上搜索并预订阿联酋的酒店。这些平台通常会提供丰富的酒店选择、用户评价和价格比较功能,方便人们找到性价比较高的酒店。

3) 旅行代理预订

与票务预订类似,可以通过旅行代理进行酒店预订。旅行代理通常会根据游客需求和预算推荐合适的酒店,并协助完成预订流程。

第五节 印 度

一、国家概况

(一) 自然地理

印度,是南亚次大陆最大的国家,东北部同中国、尼泊尔、不丹接壤,孟加拉国夹在东北国土之间,东部与缅甸为邻,东南部与斯里兰卡隔海相望,西北部与巴基斯坦交界。印度的国土总面积约为298万平方千米(不包括中印边境印占区和克什米尔印度实际控制区等),海岸线长5560千米。

印度北部是山岳地区,中部是印度河-恒河平原,南部是德干高原及其东西两侧的海岸平原。平原约占总面积的43%,山地只占28%。低矮平缓的地形在全国占有绝对优势,不仅交通方便,而且在热带季风气候及适宜农业生产的冲积土和热带黑土等肥沃土壤条件的配合下,大部分土地可供农业利用。

印度全境炎热,大部分属于热带季风气候,而印度西部的塔尔沙漠则是热带沙漠气候。夏天时有较明显的季风,冬天则较无明显的季风。印度气候分为雨季(7—9月)与旱季(4—5月)以及凉季(10月至次年3月)。

(二) 行政区划

印度的行政区划概况相当复杂且独特,其结构大致为中央直辖区、县、乡(市)、村

(镇)四级制,以及邦(一级行政区)、专区、县、乡(市)、村(镇)五级制并存。

印度主要的大城市有德里、孟买、加尔各答、金奈、海德拉巴和班加罗尔、艾哈迈达巴德等。

(三)国旗、国徽与国歌

1. 国旗

印度国旗由橙、白、绿三个相等的横长方形组成,正中心有一个蓝色法轮。橙色象征了勇气、献身与无私,也是印度教士法衣的颜色;白色代表了真理与和平;绿色则代表繁荣、信心与人类的生产力。法轮的24根轴条则代表了一天的24小时,象征国家时时都向前进。

2. 国徽

印度国徽图案来源于孔雀王朝阿育王石柱顶端的石刻。圆形台基上站立着三只金色的狮子(据说第四只狮子被隐藏了起来),台基四周有四个守卫四方的守兽——象、马、牛、狮子。

3. 国歌

印度国歌《人民的意志》是一首充满激情和希望的赞歌。

(四)人口、民族与语言

印度是一个人口数量非常庞大且仍在不断增长的国家,人口约14.4亿人(2023年)。

在民族方面,印度是一个多民族的国家,拥有众多不同的民族和文化群体。其中,印度斯坦族是印度最大的民族,占据了总人口的相当大一部分。此外,印度还有许多其他重要的民族,如孟加拉族、泰米尔族、马拉提族等,每个民族都有着自己独特的语言、文化和传统。这些民族之间的多样性和差异性,为印度社会带来了丰富的色彩和活力。

印地语是印度的国语,使用人口众多,主要分布在印度北部和中部各邦。印地语与梵语有深厚的渊源,被视为印度文化和传统的重要载体。此外,英语也被规定为行政和司法用语,与印地语同为官方语言。

二、主要旅游目的地及其吸引力

(一)主要城市及旅游景点

1. 新德里

新德里作为印度的首都,是全国的政治和文化中心。新德里还是印度较大的商业中心,吸引了大量的企业和金融机构入驻,为城市的经济发展注入了强大的动力。这里汇聚了众多的艺术机构、博物馆和文化活动,为市民和游客提供了丰富的文化体验。城市中的建筑风格多样,既有传统的印度教寺庙和清真寺,也有现代化的摩天大楼和商业街区,体现了印度文化的多元性和包容性。

2. 孟买

孟买位于印度西部滨海地区,是印度最大的港口城市和重要的经济中心。这座城市拥有得天独厚的地理优势,面临阿拉伯海,港口条件优越,承担着印度大量的进出口贸易。孟买的工业基础雄厚,特别是纺织业和制造业,为城市的经济增长提供了坚实的基础。作为印度的商业和娱乐业之都,孟买拥有众多的金融机构、公司总部和购物中心,是印度较富裕的城市。孟买还是印度电影产业(宝莱坞)的所在地,吸引了大量的电影制片人和演员,为城市的娱乐产业注入了活力。孟买的文化多元性也体现在其建筑风格上,既有传统的印度建筑,也有现代化的摩天大楼,为城市增添了独特的魅力。

3. 班加罗尔

班加罗尔则是印度南部卡纳塔克邦的首府,也是一个拥有庞大人口的现代化城市。高科技产业的蓬勃发展,使班加罗尔被誉为"印度的硅谷",成功吸引了国内外众多科技企业和创新人才的进驻。班加罗尔不仅是印度科技研究的枢纽,还拥有诸如印度科学学院等众多历史悠久的大学和研究机构。此外,其他重要的研究院,如印度天文物理学学院、拉曼研究学院、贾瓦哈拉尔·尼赫鲁高等科学研究中心、印度国家生物学中心和印度统计学院等,都为城市的科技发展提供了强大的支持。

4. 自然风光

喜马拉雅山脉是世界上海拔最高的山脉,横亘于印度的北部,与尼泊尔、不丹等国家接壤。山脉中的雪峰和冰川壮丽无比,与茂密的森林相映成趣,构成了令人震撼的自然美景。其中,阿兰恰尔山谷以其绚丽的自然美景和古老的印度文化而闻名,被誉为"苹果之都"。

恒河作为印度的圣河,恒河流经印度多个重要城市,是印度文化和历史的象征。恒河两岸的风景如画,河水清澈,与周围的农田、村庄和寺庙构成了美丽的田园风光。

泰米尔纳德邦的南部海滩是印度著名的海滩之一,拥有清澈的海水、细腻的沙滩和迷人的日落。游客可以在这里尽情享受阳光、海浪和沙滩带来的乐趣。

喀拉拉邦是印度的一个沿海省份,以其丰富的水上运动资源而闻名。游客可以在这里体验冲浪、皮划艇、帆船等各种水上运动,享受与大海亲密接触的乐趣。

拉贾斯坦邦的沙漠是印度较大的一个沙漠,这里的沙丘连绵起伏,景色壮观。游客可以在这里骑骆驼、观赏沙漠日落,体验独特的沙漠风情。

5. 人文风光

泰姬陵这座白色大理石建筑不仅是印度的标志,也是世界文化遗产之一。泰姬陵的建造充满了爱情故事,体现了古代印度人对爱情的执着追求。泰姬陵建筑风格独特、装饰精美,吸引了无数游客前来观赏(见图2-4)。

图2-4 泰姬陵

阿格拉堡这座古老的城堡位于泰姬陵附近,是印度古代建筑艺术的瑰宝。堡内的宫殿、庭院和塔楼都充满了历史的痕迹,让人仿佛穿越到了古代印度。

瓦拉纳西作为印度教的重要圣地,以其独特的文化氛围和古老的建筑风格吸引了大量游客。这里的恒河岸边,人们举行着各种宗教仪式,体现了印度教文化的深厚底蕴。

阿旃陀石窟位于马哈拉施特拉邦,是印度古代艺术的宝库。石窟内的壁画和雕塑精美绝伦,展现了印度古代佛教艺术的魅力。

(二)特色旅游活动

1. 印度的传统体育项目

印度的传统体育项目丰富多样,反映了其深厚的历史和文化背景。

1)瑜伽

瑜伽是印度古老和极具代表性的体育项目之一。它强调身心合一,通过体式练习、呼吸控制和冥想,达到锻炼身体、提高柔韧性和平衡感的目的。瑜伽在印度有着悠久的历史,如今已经在全球范围内广受欢迎。

2）板球

板球是印度非常受欢迎的体育项目，也是印度国内极具影响力的体育运动，印度板球队也在国际比赛中屡获佳绩。板球不仅是印度人民一项体育运动，还承载着印度人民的民族自豪感和团队精神。

3）曲棍球

曲棍球在印度有着悠久的历史，是印度传统的体育项目之一。虽然现代曲棍球起源于英国，但印度人在曲棍球运动中也取得过辉煌的成绩。

4）摔跤

摔跤在印度也是一种古老的传统体育项目。在印度古代，摔跤不仅是锻炼身体的手段，还是一种展示力量和技巧的竞技活动。

2. 传统民间艺术

印度的传统民间艺术是丰富多彩、独具魅力的，它们深深植根于印度的历史和文化之中，反映了印度人民的智慧、情感和创造力。这些艺术形式包括舞蹈、音乐、绘画、雕塑、手工艺等多个领域，充满了浓厚的艺术气息和民族特色。

1）印度舞蹈

印度舞蹈是印度传统民间艺术中的一颗璀璨明珠。印度舞蹈以其优雅的动作、丰富的表情和深邃的内涵而著称。其中，古典舞蹈如卡塔克舞、巴拉坎纳蒂亚姆舞等，以其独特的舞姿和韵律，展现了印度文化的深厚底蕴。此外，印度还有许多民间舞蹈，如掼踢舞、祭坛舞等，这些舞蹈形式通常与宗教仪式、庆典活动紧密相连，充满了浓郁的民族风情。

2）印度音乐

印度音乐也是传统民间艺术中的重要组成部分。印度音乐以其独特的旋律、节奏和音色而著称，既有北印度和南印度两大流派之分，也有众多民间音乐形式。印度音乐注重情感的表达和内心的沟通，常常与舞蹈、诗歌等艺术形式相互融合，形成独特的艺术风格。

3）绘画和雕塑

在绘画和雕塑方面，印度传统艺术同样具有独特的魅力。印度的绘画艺术源远流长，以细腻的画工、丰富的色彩和深刻的主题而著称。印度的雕塑艺术则以其精美的造型、生动的表情和深刻的寓意而备受赞誉。这些艺术作品不仅展示了印度人民的审美追求和艺术才华，也为人们了解印度历史和文化提供了宝贵的资料。

4）手工艺

印度的手工艺也是传统民间艺术中的一大亮点。印度的手工艺品以其精湛的工艺、独特的风格和丰富的文化内涵而享誉世界。无论是精美的纺织品、华丽的珠宝，还是独特的陶瓷、别致的木雕等，都体现了印度人民的智慧和创造力。

三、旅游现状及服务

（一）中印两国旅游外交关系及签证政策

中国和印度之间的旅游关系一直保持着良好的发展势头。两国之间的旅游资源互补性强，中国拥有悠久的历史文化和众多的自然景观，而印度则以其独特的宗教文化和人文景观吸引着大量游客。

为了促进两国之间的旅游合作，中国政府采取了一系列措施，以加强两国在文化旅游领域的合作和交流。此外，中国还积极推动与印度的航线开发、酒店建设等方面的合作，为两国游客提供更加便利的旅行条件。

中国去印度旅游的签证政策是中国公民赴印度旅游需要事先办妥签证。目前，印度并未对中国公民实施免签或落地签政策。中国公民在计划前往印度旅游时，需要向印度驻华使领馆申请相应类型的签证，如旅游签证。在申请印度签证时，申请人需要提供完整的申请材料，并按照规定缴纳签证费用。

（二）交通概况

1. 航空

飞机是远程旅行或时间有限游客的首选。印度拥有多个国际机场和国内机场，覆盖了大部分主要城市，使得飞行成为连接不同地区的快速便捷方式。不过，游客在预订航班时需要留意印度的航班可能会受到天气和政治因素的影响，因此，提前预订和关注航班信息至关重要。

2. 陆路

火车在印度旅游交通中占据重要地位。印度的铁路系统是世界上非常繁忙和复杂的铁路系统之一，提供了舒适、经济实惠且观赏风景的机会。游客可以根据自己的预算和需求选择不同类型的列车，包括普通列车、快速列车、豪华列车和卧铺列车。尽管火车的速度和准时性可能不太理想，但乘坐火车旅行仍然是体验印度风情和文化的一种独特方式。

在中短途旅行方面，大巴是一个经济实惠且相对便捷的选择。印度的巴士种类繁多，从普通巴士到豪华空调巴士都有，游客可以根据自己的需求选择合适的巴士类型。而在市区内，TUTU车是一种常见的交通工具，类似于小型的出租车，方便游客在市区内穿梭。

除了传统的交通工具，印度还提供了租车服务。游客可以在当地租车公司或旅行社预订租车服务，并选择提供当地司机的车辆，以确保旅行安全和便利。然而，由于印度的道路交通状况较为复杂，自驾旅行在印度并不常见。

印度的公共交通系统也相当发达。在城市中，游客可以使用公交车、地铁、出租车等多种公共交通工具。这些交通工具为游客提供了便捷出行的方式,同时也让游客有机会更深入地了解印度的城市文化和生活方式。

(三)旅游线路推荐

1. 金三角文化之旅

这条线路将带领游客领略印度三大世界遗产的风光。从德里出发,首先游览泰姬陵,这座白色大理石建造的陵墓是印度著名的古迹之一,被誉为"完美建筑"。接着前往阿格拉堡,欣赏壮丽的宫殿和古老的城堡。最后抵达法塔赫布尔西格里,这座废弃的古城是莫卧儿帝国时期的遗址,展现了印度丰富的历史与文化。

2. 南部古城探索之旅

这条线路将带领游客深入印度南部,探索金奈、浦那和海德拉巴等古城的魅力。在金奈,游客可以参观马德拉斯堡和圣托马斯教堂,感受这座城市的殖民历史。在浦那,游客可以游览历史悠久的寺庙和宫殿,领略印度教文化的独特魅力。在海德拉巴,游客可以参观历史悠久的海德拉巴堡和市场,体验当地的市井生活。

3. 阿萨姆邦自然之旅

阿萨姆邦是印度东北部的一个美丽地区,以其丰富的自然资源和独特的文化而闻名。在这里,游客可以前往阿萨姆邦国家公园,欣赏珍稀独角犀和其他野生动物的风采。此外,还可以参观茶园和当地村庄,了解阿萨姆邦的茶文化和民俗风情。

4. 瓦拉纳西与桑吉塔古城之旅

这条线路将带领游客走进印度教的圣地瓦拉纳西和桑吉塔古城。在瓦拉纳西,游客可以沿着恒河漫步,参观古老的寺庙和火葬场。在桑吉塔古城,游客可以探索丰富的历史遗迹,了解印度古代文明的发展脉络。

5. 北印度经典之旅

这条线路涵盖了北印度的多个经典景点。从德里出发,游客可以前往阿格拉参观泰姬陵和阿格拉堡。接着前往斋普尔,欣赏风之宫和琥珀宫等建筑奇迹。最后抵达拉贾斯坦邦,游览壮丽的宫殿和古堡,感受印度古代王朝的辉煌。

(四)币种兑换

去印度旅游时,兑换币种的方式主要有以下几种。

1. 在国内兑换

游客可以在国内的银行或外汇兑换机构提前兑换印度卢比。这种方式相对较为安全和方便,但需要注意汇率和手续费。此外,也可以考虑使用双币卡或银联单币卡进行境外取现,但请注意,取现可能会有额外的手续费和利息。

2. 在机场兑换

印度的机场通常设有货币兑换处，游客可以在抵达后直接进行兑换。但请注意，机场的汇率可能不是最优的，可能存在一定的汇率损失。

3. 在酒店或市区兑换

印度的一些中高档酒店也提供货币兑换服务，但同样需要注意汇率问题。此外，在市区的商业区或旅游景点附近，游客可能会找到一些专门的货币兑换点或私人兑换处，这些地方可能提供更为灵活的汇率，但请务必确保选择正规、安全的兑换渠道，避免遭遇诈骗或假钞。

4. 货币兑换注意事项

在印度，一些大型商场、高档餐馆和酒店可能接受国际信用卡支付。但请注意，在一些小商店或市场，可能更倾向于现金交易。同时，也可以在部分银行的ATM机上使用借记卡取现，但请注意，不是所有的ATM机都接受国际卡，且取现也可能产生手续费。

（五）票务与酒店预订

1. 票务预订

1）航班预订

可以选择国际知名的在线旅行代理网站或航空公司官方网站进行预订。这些平台通常提供详细的航班信息、价格比较，以及方便的预订流程。建议提前规划行程，并关注航空公司的促销活动，以获得更优惠的机票价格。

2）火车票预订

印度的铁路系统非常发达，火车是常见的出行方式。可以通过印度铁路公司的官方网站或相关旅行代理网站预订火车票。在预订时，需要注意不同火车类型（如普通列车、快速列车、豪华列车等）的座位等级和价格差异。

2. 酒店预订

1）在线预订平台

利用国际知名的在线酒店预订平台，如 Booking.com、Agoda、TripAdvisor 等，可以方便地搜索和比较不同酒店的价格、设施和客户评价。这些平台通常提供多种支付方式，并保障预订的可靠性。

2）酒店官方网站

一些知名酒店品牌有自己的官方网站，可以直接在网站上预订房间。这种方式可能更加直接和可靠，同时有时也能享受到官方网站提供的独家优惠。

3）当地旅行社

如果希望获得更加个性化的服务或更深入地了解当地文化，可以考虑联系当地的旅行社进行酒店预订。当地的旅行社通常会提供包括酒店、交通、导游等在内的一站式服务。

本章小结

本章简述了亚洲旅游业近年来发展状况,详细介绍了日本、马来西亚、阿联酋、印度等国家的自然环境、人文概况、主要节日、饮食、旅游资源等,让读者对这些国家有初步了解。

本章训练

论述题

1. 简述亚洲旅游业的主要特点。
2. 列举亚洲几个主要的旅游客源国,并简述其特点。
3. 马来西亚和阿联酋旅游资源的主要特点是什么?有哪些不同?

第三章
非洲旅游客源国

教学目标

1. 使学生能够掌握非洲的地理、历史、文化和经济基本概况,对非洲有一个全面的认识。
2. 使学生能够了解并比较非洲不同国家(如埃及、南非、肯尼亚、马达加斯加)的旅游特色和潜力。

情感目标

1. 激发学生对非洲文化的兴趣,培养跨文化交流和理解的能力。
2. 培养学生对非洲自然和人文景观的热爱,增强环保意识。

能力目标

1. 培养学生搜集、整理和分析非洲相关信息的能力,提高信息筛选和整合的技能。
2. 提升学生的团队协作和沟通能力,鼓励学生在小组项目中分享对非洲的认识和见解。

思政目标

1. 引导学生正确认识非洲的历史地位和发展现状,树立平等、尊重、合作的国际交往观念。
2. 引导学生关注非洲的可持续发展问题,培养学生的社会责任感和公民意识。

第一节　非洲基本概况及旅游市场发展

案例分析

非洲，承载着丰富的自然资源和深厚的文化底蕴，其地理位置、地形地貌、气候特点等基本信息，为旅游业的发展提供了得天独厚的条件。同时，近年来非洲旅游市场也展现出了蓬勃的发展态势，吸引了越来越多的国际游客。

一、地理位置

非洲，全称阿非利加洲，坐落于东半球的西部，位于欧洲之南、亚洲之西，东侧紧邻印度洋，西侧则面对着大西洋，其地域纵贯赤道南北。非洲的土地面积约为3020万平方千米，占据了全球总陆地面积的20.4%，是世界上面积第二大的洲。在地理位置上，非洲大陆的东端延伸至哈丰角，南端则到达厄加勒斯角，西端为佛得角，而北端则至吉兰角。

二、地形地貌

非洲大陆高原面积广阔无垠，其中海拔在500—1000米的高原占据了非洲总面积的60%以上，因此，非洲被誉为"高原大陆"。在这片高原之上，海拔超过2000米的山地高原又占据了非洲面积的5%，相比之下，海拔低于200米的平原则在沿海地带，虽然面积不足非洲总面积的10%，但却以其独特的魅力吸引着无数游客。非洲大陆地形复杂多变，既有广袤无垠的草原，又有茂密繁盛的雨林，更有巍峨挺拔的山脉和壮丽无垠的沙漠。

三、气候特点

非洲大陆纵跨赤道南北，气候类型丰富多样，从热带雨林气候到热带草原气候、热带沙漠气候、地中海气候等都有分布。这种多样化的气候特点使得非洲的自然景观丰富多彩，为旅游业的发展提供了丰富的资源。

四、旅游市场

在非洲旅游市场的历史发展方面，过去由于历史和政治原因，非洲的旅游业发展相对滞后。然而，随着政治局势的稳定和经济的逐步发展，非洲的旅游业开始逐渐崭露头角。近年来，非洲各国纷纷加大对旅游业的投入，提升旅游基础设施和服务水平，吸引更多的游客前来旅游。一些著名的旅游目的地，如埃及的金字塔、肯尼亚的野生动物保护区、南非的开普敦等都吸引了大量的游客。

在旅游类型方面,非洲的旅游业也日趋多样化。除了传统的观光旅游,生态旅游、文化旅游、冒险旅游等也逐渐兴起。游客可以在非洲的广袤大地上欣赏壮丽的自然风光,体验独特的非洲文化,感受刺激的冒险活动。

在旅游人数方面,近年来,非洲的国际游客数量呈现出稳步增长的趋势。越来越多的游客选择前往非洲旅游,探索这片神秘而充满魅力的大陆。

非洲旅游市场近年的发展趋势也值得关注。首先,技术创新在非洲旅游业中发挥了重要作用。随着互联网的普及和移动支付的发展,游客可以更加方便地预订机票、酒店和旅游产品,提高了旅游的便捷性和效率。同时,社交媒体的兴起也使得非洲的旅游资源得到了更广泛的传播和推广。

展望未来,非洲旅游市场的潜力和发展趋势依然十分可观。随着全球经济的复苏和人们生活水平的进一步提高,非洲旅游市场将继续保持快速增长的态势。同时,随着科技的不断进步和旅游业的不断创新,非洲旅游市场也将迎来更多的发展机遇和挑战。

对于中国旅游市场而言,非洲旅游市场的发展也将带来重要的机遇和影响。中国作为世界上较大的旅游客源国,与非洲的旅游合作具有广阔的前景。双方可以加强旅游资源的互补性合作,共同开发旅游线路和产品,推动双方旅游市场的繁荣发展。同时,中国游客对非洲的独特文化和自然风光也充满了好奇和向往,非洲将成为中国游客新的旅游目的地选择。

第二节　埃　　及

一、国家概况

(一)自然地理

从地理位置来看,埃及位于非洲的东北部,国土面积100.1万平方千米,横跨亚、非两大洲。埃及西连利比亚,南接苏丹,东临红海,并与巴勒斯坦、以色列接壤,北濒地中海,海岸线长约2900千米。这样的地理位置使得埃及成为连接非洲、欧洲和亚洲的重要桥梁,具有独特的战略地位。

地形地貌方面,埃及可以分为四个部分:尼罗河谷和三角洲地区地表平坦,开罗以南通称上埃及,以北为下埃及;西部的利比亚沙漠是撒哈拉沙漠的东北部分,为自南向北倾斜的高原;东部阿拉伯沙漠,西至尼罗河谷,东到红海海滨;西奈半岛大部分为沙漠,南部山地有埃及最高峰圣卡特琳山。

气候方面,埃及尼罗河三角洲和北部沿海地区属地中海型气候,平均气温1月12 ℃,7月26 ℃。其余大部分地区属热带沙漠气候,炎热干燥,沙漠地区气温可达40 ℃。

此外,埃及还拥有尼罗河这一重要的自然资源。尼罗河是世界上较长的河流,为埃及提供了丰富的水资源。它不仅是埃及农业灌溉的重要来源,也是埃及人民生活和经济发展的命脉。

(二)行政区划

埃及全国划分为27个省,包括:开罗省、吉萨省、盖勒尤比省、曼努菲亚省、杜姆亚特省、达卡利亚省、卡夫拉·谢赫省、贝尼·苏夫省、法尤姆省、米尼亚省、索哈杰省、基纳省、阿斯旺省、红海省、西部省、艾斯尤特省、新河谷省、亚历山大省、布哈拉省、北西奈省、南西奈省、塞得港省、伊斯梅利亚省、苏伊士省、东部省、马特鲁省和卢克索省。

(三)国旗、国徽与国歌

1. 国旗

埃及国旗呈长方形,自上而下由红、白、黑三个平行相等的横长方形组成,白色部分中间有国徽图案。红色象征革命,白色象征纯洁和光明前途,黑色象征埃及过去的黑暗岁月。

2. 国徽

埃及国徽为一只金色的鹰,称萨拉丁雄鹰。金鹰昂首挺立、舒展双翼,象征胜利、勇敢和忠诚,它是埃及人民不畏烈日风暴、在高空自由飞翔的化身。

3. 国歌

埃及国歌为《我的祖国》(或《祖国,祖国,祖国》)。

(四)人口、民族与语言

埃及的人口数量庞大且持续增长。截至2024年7月,埃及全国人口约1.04亿人。

埃及的主要民族是阿拉伯人,占总人口的绝大多数。由于埃及大部分领土为沙漠,因此人口主要集中在尼罗河沿岸和尼罗河三角洲等水资源丰富、土地肥沃的地区。

埃及的官方语言为阿拉伯语。

二、主要旅游目的地及其吸引力

(一)主要旅游城市及旅游景点

埃及拥有众多历史悠久的城市,这些城市不仅见证了埃及的辉煌历史,也展现了其丰富的文化和独特的魅力。

1. 开罗

开罗这座千年古都,不仅是埃及的首都,更是非洲及阿拉伯国家最大的城市。它横跨尼罗河,气魄雄伟,风貌壮观,是整个中东地区的政治、经济、文化和交通中心。

开罗历史悠久,自古以来就是埃及的政治中心。在这里,游客可以看到众多历史遗迹,如金字塔、阿布辛贝神庙等,它们见证了埃及古代文明的辉煌。同时,开罗也是阿拉伯文化的发源地之一,这里的博物馆、古迹和艺术品都充分展示了阿拉伯文化的深厚底蕴。

此外,开罗还是一座充满活力的城市。这里的市民热情好客,市场繁华热闹,各种商品琳琅满目。无论是品尝地道的埃及美食,还是购买精美的手工艺品,都能让游客深深感受到这座城市的独特魅力。

2. 亚历山大城

亚历山大位于尼罗河口以西,由马其顿国王亚历山大大帝建立,并以他的名字命名。作为古代和中世纪的名城,亚历山大曾是地中海沿岸政治、经济、文化和东西方贸易的中心,创造了灿烂的古代文化,至今仍保留诸多名胜古迹。例如,古代"世界七大奇迹"之一的亚历山大灯塔,尽管已经被地震摧毁,但其遗址上的盖特贝城堡如今已成为重要的历史遗迹。今日的亚历山大不仅是埃及的交通和工业中心之一,还以其优美的风景和宜人的气候被誉为"地中海新娘",是埃及的夏都和避暑胜地。

3. 阿斯旺

阿斯旺则位于埃及南部、尼罗河东岸,是埃及的南大门,也是一条由海上进入非洲腹地的通道。这座城市是埃及文化古城和阿斯旺省的首府,拥有丰富的历史文化遗产。阿斯旺以其干燥的气候和独特的地理位置而闻名,位于尼罗河第一瀑布以北,是埃及和努比亚之间的贸易重镇。

阿斯旺还是世界上非常干燥的地方,但尽管如此,这座城市依然以其整洁的街道和美丽的风景吸引着游客。阿斯旺的古迹众多,如阿布辛贝神庙等,是古埃及文明的见证。此外,阿斯旺附近的尼罗河上还筑有"世界七大水坝"之一的阿斯旺高坝,这一工程奇迹为埃及的农业和电力供应做出了巨大的贡献。

4. 卢克索

卢克索位于埃及南部、尼罗河东岸,是埃及的古城之一。卢克索是古埃及中王国和新王国的都城底比斯南半部遗址所在地,因此承载着丰富的文化遗产和令人叹为观止的古代建筑。卢克索因其众多的古迹和文物而被誉为地球上"最大的露天博物馆"。这里的古迹以神庙、冢墓和豪华宫殿为主,其中著名的包括卢克索神庙、底比斯神庙和卡尔纳克神庙等。卢克索神庙是埃及较大的古代宫殿,也是法老们奉献给阿蒙神的神庙,内部有庞大的庭院、圆柱廊和雕塑装饰等,展示了埃及古代建筑的壮丽和精湛的工艺。卡尔纳克神庙则是埃及中王国及新王国时期首都底比斯的一部分,因其浩大的规模而闻名,现今保存较为完好,是游客们必访的景点之一。

5. 吉萨金字塔群

吉萨金字塔群位于尼罗河三角洲的吉萨省,地理位置独特,是世界上著名的金字塔聚集区。其中,胡夫金字塔是最大的一座,其规模之宏大令人叹为观止(见图3-1)。卡夫拉金字塔和孟卡拉金字塔也是该区域的重要组成部分,它们与胡夫金字塔共同构成了古埃及文明的壮丽篇章。这些金字塔不仅是古埃及法老的陵墓,更是人类历史上伟大的建筑之一,展现了古埃及人民的智慧和才能。

图3-1 胡夫金字塔

6. 开罗博物馆

开罗博物馆位于埃及首都开罗,是世界上著名的博物馆之一。馆内收藏了无数珍贵的古埃及文物,包括法老雕像、珠宝、陶器等,每一件都凝聚着古埃及人民的智慧和艺术。这些文物不仅让人们能够更深入地了解古埃及的历史和文化,更让人们感受到古埃及文明的独特魅力和深远影响。博物馆的建筑风格独特、内部布局合理,为游客提供了一个良好的参观环境。

7. 红海

红海是著名的潜水胜地,以其清澈的海水和丰富的珊瑚礁而闻名于世。这里的海水透明度极高,使得潜水者能够清晰地看到海底的各种生物和景观。此外,红海的海底地形复杂多样,既有陡峭的崖壁,又有平缓的沙地,为潜水者提供了丰富的探索空间。在红海中潜水,不仅可以欣赏到美丽的珊瑚礁和五彩斑斓的热带鱼群,还有机会遇到一些大型的海洋生物,如海豚、海龟等,是一次难忘的潜水体验。

（二）特色旅游活动

1. 特色体育运动

1）游泳

游泳是埃及另一项普及广泛的传统体育项目。埃及拥有得天独厚的地理条件，地中海和尼罗河为游泳爱好者提供了绝佳的场地。在炎热的夏季，游泳成为人们消暑娱乐的首选。同时，埃及游泳选手在国际赛事中也表现出色，为国争光。

2）摔跤

摔跤也是埃及历史悠久的传统体育项目之一。在古代，摔跤不仅是锻炼身体的方式，更是展示勇气和力量的舞台。如今，摔跤在埃及仍然备受欢迎，各种摔跤比赛吸引了大量观众。选手们通过巧妙的技巧和力量对抗，为观众带来了精彩纷呈的比赛。

3）其他特色运动项目

除了以上几项传统体育项目，埃及还有许多独具特色的运动项目。例如，狩猎和射箭在古代埃及是贵族和勇士们的必备技能，如今虽然不再是生活必需，但仍作为传统体育项目得以保留。这些项目不仅考验参与者的技巧和体能，也体现了他们对自然的敬畏和尊重。

2. 传统艺术项目

1）舞蹈和杂技

舞蹈和杂技则是埃及传统文化中的璀璨明珠。这些项目融合了音乐、舞蹈、戏剧和体操等多种元素，通过优美的舞姿和惊险的动作展示了埃及人民的智慧和创造力。在古代，舞蹈和杂技是宫廷与神庙中的重要表演项目，如今则成为人们庆祝节日和娱乐休闲的重要方式。

2）绘画艺术

在绘画艺术方面，古埃及壁画是其重要代表。这些壁画通常出现在墓室和神庙中，以描绘神话、历史事件和人物肖像为主要内容。壁画色彩鲜艳、形象逼真，展示了古埃及人独特的审美观念。艺术家们通过细腻的笔触和生动的构图，将人物、动物和自然景观刻画得栩栩如生，充满了神秘和庄严感。

3）雕塑艺术

雕塑艺术也是埃及传统民间艺术的重要组成部分。古埃及雕塑以人物和神像为主，形态各异，栩栩如生。这些雕塑作品通常用于装饰神庙和陵墓，体现了古埃及人对于死亡和来世的信仰。雕塑家们通过精湛的技艺和丰富的想象力，将石材、木材等原材料打造成栩栩如生的形象，令人叹为观止。

4）传统民间艺术

埃及传统民间艺术还包括各种手工艺品和装饰品。例如，彩陶制作在埃及有着悠久的历史，其色彩鲜艳、图案精美，深受人们喜爱。金属工艺也是埃及传统民间艺术的代表之一,包括包金、镂金、镶金、错金、鎏金等技艺,制作出各种精美的饰品和器皿。这些手工艺品不仅具有实用价值,还蕴含着丰富的文化内涵和象征意义。

三、旅游现状及服务

(一)中埃两国旅游外交关系及签证政策

中国和埃及在旅游方面有着密切的关系。埃及是一个旅游资源大国,其旅游业是支柱产业之一。中国游客对埃及的旅游需求主要聚焦于历史文明、文化艺术、风土人情以及人文风俗等方面,注重知识性和趣味性。

为了吸引更多中国游客,埃及政府和相关部门已经采取了多项措施。例如,埃及旅游和文物部欢迎中国游客来埃旅游,对扩大对华旅游市场充满期待,并开展了细致的市场调研和制定了详细的营销计划。埃及旅游和文物部以及旅游促进局也多次向中方提出合作开展中文导游培训的建议,以提升导游的服务质量和水平。

中国出境游客人数不断增长,游客对一些周边国家和独具异域风情的旅游胜地产生了浓厚的兴趣。埃及作为其中之一,近年来吸引了大量中国游客的关注。中方将继续鼓励中国游客赴埃旅游,并希望埃方进一步加大对中国市场的开发力度,保障游客安全和提供便捷服务。双方主管部门也在探讨互办旅游年等合作方式,以推动两国旅游合作的进一步发展。

签证方面,持中国外交护照、公务护照者可免签入境埃及停留30天。公务普通护照及普通护照持有者需提前在埃及驻各国使领馆办妥签证,也可申办落地签证入境停留30天,但需准备往返机票、酒店订单、现金2000美元,以及落地签证费25美元。

(二)交通概况

埃及的旅游交通相对便捷,为游客提供了多种出行选择。

1. 航空

埃及拥有多个国际机场,其中,开罗国际机场是主要的国际航班起降点。从开罗国际机场出发,游客可以方便地前往世界各地。此外,埃及国内航班也覆盖了许多主要城市和旅游目的地,为游客提供了快速便捷的交通方式。

2. 陆路

在埃及境内,火车是另一种重要的交通方式。埃及铁路系统发达,火车班次频繁,且价格相对实惠,游客可以选择乘坐火车游览埃及各地,欣赏沿途的风景。

此外,公路交通也是埃及旅游的重要组成部分。埃及拥有较为完善的公路网络,道路状况良好,游客可以选择租车或参加旅行团,沿着公路前往各个景点。在埃及的一些主要城市,如开罗和亚历山大,出租车也是常见的交通工具,游客可以通过出租车方便地前往市区内的各个地点。

3. 水运

除了传统的交通方式,埃及还提供了水上交通的选择。尼罗河作为埃及的母亲河,沿途风景如画,是游客体验埃及文化的重要场所。游客可以选择乘坐游船或渡轮,在尼罗河上欣赏沿途的风景,感受埃及的独特魅力。

(三) 旅游线路推荐

1. 古埃及金三角线路:开罗—卢克索—亚斯文岛—阿斯旺—卢克索—开罗

这条线路将带领游客游览古埃及的主要遗迹群,如卢克索神庙、卡尔纳克神庙以及阿斯旺附近的菲莱神庙等。游客可以在这里感受到古埃及的神秘与盛况。

2. 尼罗河游轮线路:开罗—尼罗河游轮—卢克索—亚斯文岛

这条线路乘坐尼罗河游轮,欣赏两岸的风光,并在卢克索和亚斯文岛游览古埃及的遗迹,如阿布辛贝神庙等。

3. 开罗—红海线路:开罗—红海

在游览完开罗的主要景点后,这条线路前往红海,享受那里的美景与乐趣,进行潜水等水上活动。

4. 黑白沙漠探险线路:开罗—黑白沙漠—开罗

这是一条适合喜欢探险和户外活动的游客的线路。在黑白沙漠中露营,欣赏沙漠的日出日落,体验不一样的埃及风情。

5. 金字塔与尼罗河三角洲线路:开罗—吉萨金字塔群—尼罗河三角洲

这条线路以开罗为中心,辐射到尼罗河三角洲的周边,参观吉萨金字塔群,感受古埃及文明的魅力,同时也可以在尼罗河三角洲欣赏到美丽的自然风光。

(四) 币种兑换

1. 在中国境内兑换

游客可以在出发前前往中国银行或其他授权机构,用人民币直接兑换成美元或欧元。由于埃及通用的外币主要是美元和欧元,这样的兑换方式可以方便游客在抵达埃及后直接使用这些外币,然后再根据需要在当地兑换成埃及磅。

2. 在埃及境内兑换

一旦抵达埃及,游客可以在机场、酒店或指定的银行进行货币兑换。这些地方通常提供方便的兑换服务,游客可以用美元或欧元兑换成埃及磅。此外,在埃及的一些大城市,游客也可以使用国际性的信用卡在商场、酒店和旅馆进行消费。

3. 使用银联卡

如果游客的银行卡带有银联标志,那么在埃及境内的一些指定地段,游客可以使用银联卡在ATM机上提取埃及磅。银联卡在埃及的一些商户处也可以进行消费,不用支付额外的手续费。

（五）票务与酒店预订

1. 票务预订

如计划在埃及境内进行长距离移动,火车和飞机是常见的选择。埃及的铁路系统相对发达,尤其是连接开罗和亚历山大、卢克索等地的线路。对于长途旅行,飞机可能更为快捷。游客可以访问埃及国家铁路公司或各大航空公司的官方网站进行票务预订。

此外,如计划参观多个景点,购买旅游套票可能是一个经济且方便的选择。这些套票通常包括多个景点的门票,并可能附带一些额外优惠,可以咨询当地的旅行社或在景点官方网站上查询相关信息。

对于城市之间交通,埃及的出租车和公共汽车是常见的选择。出租车相对方便,但价格可能较高,而公共汽车则更为经济实惠。要确保与司机商定价格并确认路线,以避免不必要的麻烦。

2. 酒店预订

埃及拥有多种类型的住宿选择,从豪华的度假酒店到经济型旅馆和民宿。根据预算和需求,游客可以选择适合自己的住宿类型。例如,如果游客想体验埃及的传统文化,可以选择入住当地的民宿或酒店;如果游客需要更现代化的设施和服务,可以选择国际连锁酒店。

在预订酒店时,游客可以考虑使用在线预订平台,如Booking.com、Agoda、Expedia等。这些平台提供了丰富的酒店选择,游客可以根据价格、位置、设施和用户评价等因素进行筛选和比较。同时,确保选择信誉良好的酒店,以确保住宿的安全和舒适。

第三节　南　非

一、国家概况

（一）自然地理

南非共和国,简称南非,位于非洲大陆的最南端,东临印度洋,西濒大西洋,北邻纳米比亚、博茨瓦纳、津巴布韦、莫桑比克和斯威士兰,国土总面积1 219 090平方千米。其行政首都为比勒陀利亚,立法首都为开普敦,而司法首都则是布隆方丹。

气候方面,南非大部分属热带草原气候,年平均气温10—24 ℃。南非境内主要河流有两条:一条是自东向西流入大西洋的奥兰治河,另一条是主要流经与博茨瓦纳、津巴布韦边界并经莫桑比克汇入印度洋的林波波河。

南非矿产资源非常丰富,是世界五大矿产资源国之一,其矿产素以种类多、储量大、产量高而闻名于世。

(二)行政区划

南非共和国的行政区划相当细致和复杂,体现了其作为一个多元文化和地理特征丰富的国家的特色。全国共划为9个省,设有278个地方政府,包括8个大都市、44个地区委员会和226个地方委员会。9个省分别是北开普省、西开普省、东开普省、西北省、自由省、豪登省、夸祖鲁-纳塔尔省、普马兰加省(东德兰士瓦省)和北方省(北德兰士瓦省)。

(三)国旗、国徽与国歌

1. 国旗

南非国旗由红、绿、蓝、白、黑、黄六种颜色组成,象征着聚合不同的南非民族,共同发展,一起走向今后的道路。

2. 国徽

南非国徽启用于2000年。其中,太阳象征光明的前程;展翅的鹭鹰是上帝的代表,象征防卫的力量;万花筒般的图案象征美丽的国土、非洲的复兴以及力量的集合;取代鹭鹰双脚平放的长矛与圆头棒象征和平以及国防和主权;鼓状的盾徽象征富足和防卫精神;盾上取自闻名的石刻艺术的人物图案象征团结;麦穗象征富饶、成长、发展的潜力、人民的温饱以及农业特征;象牙象征智慧、力量、温和与永恒。

3. 国歌

1995年,南非正式通过新的国歌《南非国歌》。歌词用祖鲁语、哲豪萨语、苏托语、英语和南非荷兰语五种语言写成。

(四)人口、民族与语言

从人口数量上看,南非的总人口数量相当可观,达6200万人(2022年)。南非的民族构成极为多元,四大主要种族分别为黑人、有色人、白人和亚裔。在2022年的人口普查中,黑人占总人口的81%,是南非最大的民族群体。有色人占8.8%,主要是白人与当地黑人的混血后裔。白人占7.6%,主要是荷兰人和英国人,并包含大量德国和法国血统。而亚裔人口占2.6%,主要是印度人。

南非共有12种官方语言,其中,英语和阿非利卡语为通用语言,在南非的商业、教育、政府机构和媒体等公共领域中广泛使用。

知识拓展 3-2

二、主要旅游目的地及其吸引力

(一)主要旅游城市及旅游景点

1. 开普敦

开普敦是南非的第二大城市,也是南非的立法首都,以其壮丽的自然景观和丰富的文化遗产而著称。这座城市位于南非的西南端,拥有独特的地理位置和多元的文化背景,被誉为"世界最美的城市"之一(见图3-2)。

图3-2　开普半岛好望角

开普敦的自然风光是其一大亮点。它坐落在桌山的环抱之中,拥有美丽的海滩和海湾。桌山是开普敦的标志性景点,其独特的地形和平坦的顶部让人叹为观止。从桌山上俯瞰整个城市,美景尽收眼底,让人流连忘返。开普敦还有壮丽的悬崖和峡谷,以及丰富的海洋生物资源,为游客提供了丰富的户外活动选择。

除了自然风光,开普敦还拥有丰富的文化遗产。这座城市是南非多元文化的缩影,融合了非洲、欧洲和亚洲等多种文化元素。开普敦拥有许多历史建筑和博物馆,如南非国家博物馆和开普敦城堡,展示了南非悠久的历史和独特的文化。此外,开普敦还是南非的艺术中心之一,拥有众多艺术画廊和文化活动场所,为艺术家和文化爱好者提供了广阔的舞台。

开普敦还是南非的经济中心之一,拥有现代化的商业区和购物中心。这里汇聚了众多国际品牌和当地特色商品,吸引了大量游客前来购物和观光。同时,开普敦的餐饮业也十分发达,游客可以品尝到各种美食佳肴,体验当地独特的饮食文化。

2. 约翰内斯堡

约翰内斯堡是南非的经济中心，以其繁荣的商业、丰富的矿产资源和多元的文化而著称。这座城市位于南非高原上，是非洲较大的一个城市，以黄金开采业起家，逐渐发展成为全球重要的金融、工业和贸易中心。

在经济方面，约翰内斯堡拥有强大的制造业和采矿业基础，涵盖汽车、电子产品、纺织品和化工等多个领域。同时，这里也是南非的金融枢纽，吸引了大量国际金融机构和企业入驻。

在文化上，约翰内斯堡是一个多元文化的熔炉。来自世界各地的移民带来了各自的文化特色，与南非本土文化相互融合，形成了独特而丰富的文化氛围。游客可以在这里感受到不同文化之间的交流与碰撞。

3. 德班

德班位于印度洋沿岸，是南非的一座充满魅力的海滨城市和著名的国际会议之都，被誉为"非洲最佳管理城市"，拥有得天独厚的自然条件和丰富的旅游资源。德班的美丽海滩、温暖的气候和迷人的自然风光吸引了大量游客前来度假和观光。

在文化方面，德班是南非的文化中心之一，以其多元文化的特色而著称，拥有丰富的文学、艺术和音乐传统。德班的文化活动丰富多彩，既有传统的庆祝活动，也有现代的艺术展览和音乐会。这些活动不仅展示了德班的文化魅力，也为当地居民和游客提供了丰富的文化体验。

在经济上，德班是南非的重要港口城市之一，拥有繁忙的航运业和物流业。同时，这座城市也是南非的制造业中心，涵盖了汽车、电子产品、化工等多个领域。德班的经济发展迅速，为当地居民提供了丰富的就业机会和商业机遇。

4. 比勒陀利亚

比勒陀利亚又被称为"茨瓦内"或"茨瓦尼"，是南非的行政首都，位于豪登省北部。这座城市以其丰富的历史背景、政治地位以及优美的自然风光而著称。市内的公园和绿化带众多，鲜花盛开，特别是每年的蓝花楹盛开季节，整个城市都会沉浸在紫色的浪漫之中。

此外，比勒陀利亚还是南非的文化中心之一，拥有众多博物馆和艺术机构，展示了南非丰富的历史和文化遗产。这里的居民来自不同的文化背景，使得城市充满了多元文化的氛围。

5. 克鲁格国家公园

克鲁格国家公园位于南非的东北部，绵延于德兰士瓦省、普马兰加省和莫桑比克交界的地带，是南非最大的野生动物保护区，也是世界上自然环境保持较好的、动物品种较多的野生动物保护区。公园内的野生动物种类繁多，包括大象、狮子、犀牛、羚羊、长颈鹿、野水牛、斑马、鳄鱼、河马、豹、猎豹、牛羚、黑斑羚、鸟类等。其中,羚羊的种类尤其丰富,数量在非洲名列第一。此外,公园的植物种类也异常丰富,其中包括非洲独特的、高大的猴面包树。

对于游客来说,克鲁格国家公园是一个绝佳的观光胜地。每年的6—9月是旱季,也是游客入园观览旅行的最佳季节。此时,动物们会聚集在水源附近,游客可以更容易地观察到它们的生活习性。公园内还设有许多观察点和景点,游客可以在那里观赏到珍稀的野生动物,并通过专业导游和解说员的讲解,了解到有关动物的知识和保护工作的重要性。除了野生动物观察,克鲁格国家公园还为游客提供了丰富的户外活动选择。游客可以选择参加野生动物观察团,由专业的导游带领深入公园内部,近距离观察野生动物的生活。此外,游客还可以选择驾车游览,沿着公园内的道路自驾游览,感受非洲大草原的壮丽景象。

6. 罗本岛

罗本岛是西开普省桌湾的一座小岛,拥有悠久的历史和丰富的文化背景。1960年以后,罗本岛转变为南非当局关押政治犯的监狱,先后关押过3000多名黑人运动领袖和积极分子。著名的南非黑人总统纳尔逊·曼德拉就曾在此被囚禁长达18年之久。自1991年最后一批犯人被释放后,罗本岛结束了其作为监狱的历史,逐渐转型为一个热门的旅游胜地。1997年,罗本岛正式开放成为博物馆,以展示其历史上的重要地位。1999年,罗本岛被联合国教科文组织列为世界遗产,进一步凸显了其文化和历史的重要性。

游客在罗本岛可以参观博物馆,了解罗本岛的历史和政治背景,同时还可以欣赏到小岛独特的自然风光。此外,岛上的一些导游是曾经的政治犯或监狱看守,他们也可以为游客提供独特而深入的讲解,让游客能够更加真切地感受到罗本岛曾经的沧桑和变迁。

7. 花园大道

花园大道是一条沿着印度洋海岸线延伸的绝美自驾路线,从伊丽莎白港一直延伸至开普敦。这条大道以其沿途的壮丽自然风光和丰富多样的旅游景点而闻名于世。花园大道穿越了多个自然保护区,包括著名的齐齐卡马国家公园和奥特尼夸山脉。这些地区拥有茂密的原始森林、高耸的山脉、清澈的河流以及金色的海滩,每一处都充满了大自然的魅力。游客们可以欣赏到悬崖峭壁上的奇特景观,感受海浪拍打在礁石上的震撼,还可以在森林中徒步探险,亲近自然。

除了自然风光,花园大道还沿途经过了许多精致的小镇和村庄。这些地方充满了南非的独特风情,游客们可以品尝到当地的美食、购买手工艺品,还可以深入了解南非的文化和历史。

此外,花园大道还是观赏非洲野生动物的绝佳地点。游客们有机会近距离观察到非洲狮、豹、象等珍稀动物,感受非洲大陆的野性之美。

8. 索威托

索威托现包括30多个城镇,居住着祖鲁、科萨等南非多个黑人部族。这里不仅是南非诸多尖锐社会矛盾的缩影,也是种族大冲突历史最为典型的象征。游客可以参观到一些重要的历史遗迹和纪念地,如赫克托·皮特森纪念碑与雕像、曼德拉故居、维拉卡齐街等。这些地方都见证了索威托和南非历史上的重要时刻。

此外,游客还可以在这里感受到南非黑人的生活方式和文化氛围,品尝当地美食,购买手工艺品。

(二)特色旅游活动

1. 民族特色体育项目

1) 摔跤

南非的摔跤运动源远流长,尤其是南非黑人社区的摔跤活动。摔跤比赛通常在开阔的场地上进行,参赛者通过技巧和力量的较量来争夺胜利。这种体育项目不仅考验参赛者的身体素质,还考验他们的智慧和战略眼光。

2) 投掷比赛

南非的投掷比赛也是一项具有民族特色的体育项目,参赛者需要投掷特定的物品,如标枪、石块等,以距离或准确性作为评判标准。这种比赛不仅考验参赛者的力量和技巧,还体现了南非人民对自然环境的适应和利用。

3) 高跷舞

在南非的某些地区,高跷舞是一种非常受欢迎的民族体育项目。参赛者站在高高的木杆上,通过平衡和协调来完成各种复杂的动作与舞步。高跷舞不仅考验参赛者的平衡感和协调性,还体现了南非人民对生活的乐观和勇敢精神。

2. 特色民间艺术

1) 洞穴壁画和雕刻艺术

布什曼人,作为南非的原住民之一,以其独特的洞穴壁画和雕刻艺术闻名于世。这些壁画和雕刻记录了布什曼人从远古狩猎时代到现代原始部落生活的篇章,是人类原始艺术的瑰宝。壁画和雕刻中充满了生动形象的动物、人物和日常生活场景,色彩鲜艳且充满想象力,展示了布什曼人的艺术天赋和创造力。

2) 舞蹈

祖鲁族的舞蹈是南非民间艺术中的一颗璀璨明珠,舞蹈动作刚劲有力、节奏感强烈,常常伴随着激昂的鼓声和传统乐器的伴奏。祖鲁族的舞蹈不仅展示了祖鲁族人民的热情和活力,还体现了他们对生活的热爱和对祖先传统的尊重。

3）传统音乐

南非的传统音乐同样具有鲜明的特色。音乐节奏强烈多变、自由奔放,常常与舞蹈相伴,营造出丰富多彩的艺术氛围。南非的传统乐器种类繁多,包括各种鼓、吹奏乐器和打击乐器等,它们共同构成了南非传统音乐的独特音韵。

4）非洲风情编织家具

南非的非洲风情编织家具以其自由、色彩鲜艳、手感细腻的特点而广受欢迎。这些家具通常采用金属丝、玻璃珠子等材料制成,造型独特且充满创意。每一件作品都是纯手工制作,惟妙惟肖,充满了非洲大陆的原始风情和生命力。

5）手工陶瓷和绘画

南非的手工陶瓷和绘画也是其民间艺术的重要组成部分。手工陶瓷和绘画作品造型各异、色彩丰富,注重表现南非的自然风光和人文特色,既写实,也充满了想象力。

三、旅游现状及服务

（一）中南两国旅游外交关系及签证政策

中国和南非共和国之间的旅游关系一直保持着良好的发展势头。近年来,随着"一带一路"倡议的提出和实施,两国之间的文化交流及人员往来得以加强,中国人民对南非有了更全面、更立体的了解,这大大增加了他们对到访南非的兴趣。

同时,南非的旅游主管部门和企业也积极关注中国文化,推出一系列适合中国游客的旅游活动,如春节庆祝活动、中文导游服务等,以满足中国游客的需求。这些举措不仅有助于深化两国人民的友谊,也有助于推动南非旅游业的复苏和发展。

对于中国公民前往南非,中国外交、公务护照持有人(不包括公务普通护照)可以在南非免签停留不超过30天。持有其他护照类型的中国公民如需前往南非,需要办理相应类型的签证。申请南非签证需要提供一系列材料,如有效护照、签证申请表、机票预订单、酒店预订单或住宿证明、财务证明、旅行保险等。申请人需要根据护照签发地前往相应的签证申请中心提交申请。此外,根据具体情况,可能还需要提供其他材料,如工作证明、邀请函、学校在读证明等。

（二）交通概况

1. 航空

南非的航空交通网络发达,有多个国际机场与国内机场,如约翰内斯堡国际机场和开普敦国际机场等。这些机场都有定期的国际和国内航班,连接着世界各地的主要城市,使得游客能够方便地抵达南非的各个旅游目的地。

2. 陆路

1）铁路交通

南非的铁路交通也是一大亮点。例如，著名的"非洲之傲列车"就是南非旅游的一大特色。这种列车以其豪华的木制车厢和五星级的服务而著称，为游客提供了一种独特的、复古的旅行体验。

2）公路交通

南非的公路交通网络也非常发达。主要公路和高速公路四通八达，连接着南非的各个城市和景点。游客可以选择自驾游，租一辆汽车，沿着公路欣赏南非的风景。南非的租车服务也很完善，游客可以在机场或市中心的租车点方便地租到汽车。当然，在南非自驾游时，游客需要遵守当地的交通规则，如左侧行驶等。

3）公共交通系统

南非的公共交通系统也相当便捷。在主要的城市和旅游目的地，都有公共汽车、出租车等交通工具供游客选择。出租车在南非比较常见，但需要注意的是，有些地方的出租车可能需要提前电话预约。

总之，南非的旅游交通十分便利，游客可以根据自己的需求和喜好选择合适的交通方式。但无论选择哪种交通方式，游客都应注意安全，并遵守当地的交通规则和习惯。

（三）旅游线路推荐

1. 城市与文化之旅

约翰内斯堡：从约翰内斯堡国际机场入境，首先探访这座南非最大城市的经济和文化中心。参观市中心的市政厅、法院等建筑，感受城市的现代与历史交融。前往蒙地卡罗赌场体验一番，并在特色餐厅享用非洲"百兽晚餐"。

比勒陀利亚：前往此地观光，参观教堂中心广场及其周围的市政厅、先民博物馆和联合大厦。下午参观钻石工厂，了解南非钻石开采、切割和镶嵌的全过程。

2. 自然与野生之旅

克鲁格国家公园：从约翰内斯堡出发，前往南非著名的野生动物保护区——克鲁格国家公园。这里有各种珍稀野生动物，包括狮子、大象、长颈鹿和犀牛等，是观赏野生动物的绝佳之地。

开普半岛：前往开普敦，游览开普半岛。这里有海豹岛、企鹅岛等自然景观，还可以参观著名的开普角灯塔，欣赏大西洋的壮丽景象。

3. 奢华列车与高尔夫之旅

奢华列车之旅：从约翰内斯堡乘坐南非一流的奢华列车，如"非洲之傲"列车，前往开普敦，享受五星级的服务和沿途的风景。

高尔夫球场之旅：在开普敦及周边的乔治镇等地，有多个世界著名的高尔夫球场，如Fancourt Links球场、Pearl Valley球场等，是高尔夫爱好者的天堂。

4. 探险与海滩之旅

豪特湾海豹岛：从开普敦出发，乘船前往豪特湾，游览海豹岛，观赏大量的海豹和其他海洋生物。

德班海滩：前往南非东海岸的德班，游览德班海滩。这是南非非常受欢迎的一个海滩，在这里可以尽情享受阳光和海浪。

5. 植物园与生态之旅

开普敦植物园：游览开普敦植物园，这里种植了各种各样的植物，包括热带雨林植物、草原植物和花卉等，是植物爱好者的好去处。

斯泰伦博斯：前往西开普省的斯泰伦博斯小镇，这里是南非较早的葡萄酒酿造地，可以品尝到世界级的葡萄酒，并欣赏橡树遍地的美丽景色。

（四）币种兑换

南非的官方货币是兰特，在南非旅行期间，可以在商店、餐厅、酒店和其他服务场所使用兰特进行支付。出发前，可以在中国的银行或外汇兑换机构将人民币兑换成美元或其他主要货币。通常，在南非大城市和旅游热门景点可以直接使用美元，但需要支付一些汇率损失。

1. 在机场、酒店、商业银行或专门的外币兑换处兑换

抵达南非后，可以在机场、酒店、商业银行或专门的外币兑换处将美元或其他外币兑换成兰特。这些兑换点通常提供相对合理的汇率，但可能会有一些手续费。请注意，在兑换货币时，最好携带护照或其他有效证件。

2. 使用信用卡和借记卡

另外，在南非，信用卡和借记卡也是广泛接受的支付方式。主要的国际信用卡，在南非的大部分商店、餐厅和酒店都可以使用。因此，还可以考虑使用信用卡进行支付，以减少携带现金的风险和不便。

（五）票务与酒店预订

1. 票务预订

1）在线预订

在线预订是目前非常普遍和便捷的形式。游客可以通过各大航空公司的官方网站或在线旅行代理网站（如携程、去哪儿、Expedia等）进行预订。在线预订允许游客自主选择航班时间、舱位类型、中转站点等，并实时查看航班价格和座位情况。预订过程中，游客需要填写个人信息，如姓名、护照号码、联系方式等，并选择支付方式完成付

款。一旦预订成功，游客会收到电子机票或预订确认邮件，作为登机的凭证。

2）电话预订

对于不太熟悉网络操作的游客，电话预订是一个很好的选择。游客可以拨打航空公司或旅行社的客服热线，提供个人信息和预订要求，由客服人员协助完成预订。电话预订通常需要提供信用卡信息或银行转账等方式进行付款。预订成功后，客服人员会告知游客预订的航班信息和相关注意事项。

3）旅行社预订

游客还可以选择通过旅行社进行票务预订。旅行社通常会提供套餐服务，包括机票、酒店、导游等一站式预订。游客只需告知旅行社自己的出行日期、目的地和预算等信息，由旅行社负责规划和预订。旅行社预订通常更加省心，但可能需要支付一定的服务费用。

2. 酒店预订

1）在线预订

在线预订与票务预订类似，游客可以通过酒店官方网站或在线旅行代理网站进行酒店预订。在线预订允许游客查看酒店的详细介绍、展示图片、客户评价等信息，以便做出更加明智的选择。预订过程中，游客需要填写入住日期、离店日期、房型和数量等信息，并选择支付方式完成付款。预订成功后，游客会收到预订确认邮件或短信，作为入住的凭证。

2）电话预订

游客也可以拨打酒店的预订电话，提供个人信息和入住要求，由酒店工作人员协助完成预订。电话预订通常适用于对特定酒店有偏好的游客，或者需要咨询更多关于酒店服务和设施的信息。

3）现场预订

现场预订虽然较少见，但仍有游客选择到达南非后再进行现场预订。这种方式可能更加灵活，但也可能面临酒店房源紧张或价格较高的情况。现场预订通常适用于行程较为灵活或计划有所变动的游客。

第四节　肯　尼　亚

一、国家概况

（一）自然地理

肯尼亚，其自然地理丰富多彩，融合了多样的地形、气候和生态特色。该国位于非洲东部,国土面积582646平方千米,被赤道横贯其中部,东非大裂谷纵贯南北,为其自然地理特征赋予了独特的魅力。

肯尼亚沿海为平原地带,其余大部分为平均海拔1500米的高原。北部为沙漠和半沙漠地带,约占全国总面积的56%。中部高地的肯尼亚山是肯尼亚最高峰、非洲第二高峰,峰顶终年积雪。

在气候方面,肯尼亚全境位于热带季风区,大部分地区属于热带草原气候,沿海地区湿热,高原气候温和,3—6月和10—12月为雨季,其余为旱季。年降雨量自西南向东北由1500毫米递减至200毫米。全年最高气温为22—26 ℃,最低气温为10—14 ℃。

肯尼亚的生态系统也非常丰富,拥有众多的野生动植物种类,如狮子、豹、大象、犀牛、斑马、羚羊等,主要集中在国家公园和自然保护区内。肯尼亚政府也高度重视生态保护,制定了一系列保护倡议和措施,以推动可持续发展和生态环境保护。

(二)行政区划

肯尼亚的行政区划经历了多次调整和变化,根据2010年通过的新宪法进行的行政区划改革,现全国分为47个郡。新宪法规定行政区划由原有的中央、省、地区、分区、乡、村六级改为中央和县两级区划。

(三)国旗、国徽与国歌

1. 国旗

肯尼亚国旗是根据独立前肯尼亚非洲民族联盟的旗帜设计的,自上而下由黑色、红色(带白边)、绿色三个平行相等的横长方形构成。黑色象征肯尼亚人民,红色象征为自由而斗争,绿色象征农业和自然资源,白色象征统一与和平。

2. 国徽

肯尼亚国徽为一盾徽,以一枚与国旗色彩一致的梭形盾徽为中心,两侧各有一只金狮。后面中央持有斧头的白色公鸡,是肯尼亚非洲民族联盟的徽记。下面为肯尼亚山,长满了玉米、凤梨、剑麻、茶树、咖啡、除虫菊等农作物。

3. 国歌

肯尼亚的国歌为《造物之神》(或《啊,上帝,我们的力量》),是由国家任命的一个委员会根据一首肯尼亚民歌集体填词创作的。

(四)人口、民族与语言

人口方面,肯尼亚的人口总量持续增长。截至2024年,肯尼亚的人口数量约5244万人。肯尼亚作为一个人口稠密的国家,在全球人口分布中占据了一定的比重。

民族构成方面,肯尼亚是一个多民族国家,全国共有44个部族,主要包括基库尤族(17%)、卢希亚族(14%)、卡伦金族(11%)、卢奥族(10%)和康巴族(10%)等。此外,还有少数印巴人、阿拉伯人和欧洲人。

斯瓦希里语为肯尼亚的国语,和英语同为官方语言。

二、主要旅游目的地及其吸引力

(一)主要旅游城市及旅游景点

1. 内罗毕

内罗毕坐落在肯尼亚高原上,是东非地区较大、较国际化的一个都市。作为肯尼亚的首都,内罗毕不仅是其政治、经济、文化中心,更是一个充满活力和魅力的现代都市,高楼大厦、购物中心、豪华酒店等现代设施一应俱全,展现了这座城市的繁荣与活力。同时,内罗毕还保留着丰富的部落文化和传统艺术,使得这座城市在现代化的进程中依然保持着独特的非洲风情。

此外,内罗毕还是非洲重要的野生动物保护区之一。在这里,游客可以观赏到非洲象、狮子、长颈鹿等各种珍稀动物,体验非洲大陆的野性之美。内罗毕的国家公园更是世界上唯一位于国家首都的真正野生动物园,为游客提供了一个近距离接触野生动物的机会。

除了自然风光和野生动物,内罗毕的人文景观也值得一游。这里的博物馆、艺术馆和历史遗迹等文化场所,为游客提供了一个了解肯尼亚历史文化的窗口。此外,内罗毕的市集和夜市也是体验当地生活的好去处,游客可以在这里品尝到地道的非洲美食和购买到各种手工艺品。

2. 蒙巴萨

蒙巴萨是肯尼亚的第二大城市,坐落于肯尼亚东南沿海,紧临印度洋。这座城市拥有得天独厚的地理位置,不仅有美丽的海滨风光,还是非洲东海岸最大的海港,对于肯尼亚乃至整个东非地区的经济发展具有举足轻重的地位。

在蒙巴萨的文化组成中,斯瓦希里文化是极为主要的组成部分。斯瓦希里语作为该地区的通用语言,不仅在日常生活中广泛使用,还承载着丰富的口头文学、舞蹈音乐和建筑艺术等传统。此外,由于蒙巴萨的地理位置和历史背景,这座城市还深受阿拉伯文化、欧洲文化和印度文化的影响。这些文化的交融,使得蒙巴萨的文化面貌独具特色,既有非洲大陆的原始风情,又有世界各地的文化印记。

在经济方面,蒙巴萨作为肯尼亚的重要工商业中心,其港口对于国家的经济发展起到了至关重要的作用。大量的进出口货物通过蒙巴萨港转运至国内外各地,为肯尼亚的经济发展提供了强有力的支撑。同时,蒙巴萨还在积极推动经济特区的建设和发展,以期通过引进外资和技术,促进当地产业的升级和转型。

3. 基苏木

基苏木旧名"佛罗伦萨港",是肯尼亚的第三大城市、尼扬扎省的首府,也是该国西部地区的经济和交通中心。

基苏木紧邻美丽的尼安扎湖,以其独特的地理位置和丰富的部落文化而闻名。作为非洲部落文化的聚集地之一,这里汇聚了多种不同的部落,如马萨伊部落、卢欧部落、卡林金尼部落等。每个部落都拥有自己独特的文化传统和生活方式,使得基苏木成为一个展示非洲部落文化多样性的重要窗口。在马萨伊部落中,人们以牧民的方式生活,居住在传统的方形小屋里,以牛羊为生,同时也进行采集和农耕等生存方式。马萨伊人有着自己的语言、服饰和习俗,其中极具特色的是他们的节日和传统舞蹈,如战舞和婚礼舞等,这些舞蹈不仅展示了马萨伊人的热情和活力,也传递了他们对生活的热爱和对传统的尊重。

在交通方面,基苏木是肯尼亚西部地区的交通枢纽,拥有便捷的公路和铁路网络,连接着国内外的主要城市和地区。这使得基苏木成为物流和贸易的重要节点,也促进了当地经济的繁荣和发展。

4. 纳库鲁

纳库鲁是一座位于裂谷省的迷人城市,也是肯尼亚西南部高原上的一颗璀璨明珠。它坐落在梅南加伊火山口南麓,人口稠密,充满了生机与活力。

纳库鲁自然风光秀美,纳库鲁湖是这座城市著名的自然景观之一,是肯尼亚野生动物和自然保护区之一,也是非洲第一个保护鸟类的国家公园。这里的湖水盐碱度较高,适宜作为火烈鸟主食的浮游生物生长,因此吸引了大量的火烈鸟前来栖息。每年的特定时节,火烈鸟数量可达到惊人的200万只,占世界火烈鸟总数的1/3,使得纳库鲁湖成为观赏火烈鸟的最佳地点。纳库鲁湖还生活着其他众多的野生动物,如大象、长颈鹿、野牛、羚羊和鹈鹕等。此外,这里还栖息着非常稀有的白犀牛,为游客们提供了一个近距离观察这些珍稀动物的机会。

5. 马赛马拉国家保护区

马赛马拉国家保护区位于肯尼亚西南部与坦桑尼亚交界地区,是非洲著名的野生动物保护区之一,它与坦桑尼亚的塞伦盖蒂野生动物保护区相连,共同构成了一个庞大的生态系统。保护区内动物种类繁多、数量庞大,包括多种哺乳动物和鸟类,是狮子、斑鬣狗、豹、角马、羚羊、大象、长颈鹿、斑马等野生动物的家园。游客们可以在这里看到野生动物们在草原上自由奔跑、觅食和繁衍后代的场景,感受到大自然的原始与野性。

此外,马赛马拉国家保护区还以其独特的生态环境和美丽的风景而闻名。草原上的雨季与旱季分明,为野生动物提供了丰富的食物来源和栖息地。在这片广袤的土地上,游客们可以欣赏到连绵起伏的山丘、宽广的河流、美丽的湖泊以及壮观的风蚀地貌。值得一提的是，每年7—8月，上百万只角马会从塞伦盖蒂草原迁徙到马赛马拉，这一壮观的景象吸引了无数游客前来观赏（见图3-3）。同时，这里也是许多著名电视节目如《动物世界》的拍摄地，为观众呈现了一个真实而震撼的非洲野生动物世界。

图3-3　肯尼亚动物大迁徙

6. 桑布鲁国家保护区

桑布鲁国家保护区位于肯尼亚的中北部，是一个远离中央高地茂密森林的野生动物保护区。这个保护区地处半戈壁半沙漠地区，人迹稀少，为野生动物提供了一个相对未受干扰的栖息地。保护区的北部灌木浓密，南部树木茂盛，特别是河岸两边的树木高大，遮天蔽日，这种独特的地理环境为众多野生动物提供了理想的生存环境。在这里，游客可以欣赏到东非大象、狮群、长颈鹿、斑马等野生动物的身影，它们在这片广袤的土地上自由漫步，构成了一幅生动的自然画卷。

值得一提的是，从肯尼亚雪山上流经到地势低的桑布鲁的伊瓦索尼罗河，是桑布鲁的生命之源。这条宝贵的支流被当地人亲切地称为"桑布鲁之水"，因为水的颜色呈棕色，又被称为"棕色的水"。这条河流不仅为保护区内的野生动物提供了必要的水源，还吸引了成群的大象在河边嬉戏，鳄鱼在泥水里沐浴日光浴，成群的河马在河中匍匐，形成了独特而壮观的生态景象。此外，桑布鲁人的生活方式也极具特色。他们以4—10个牲口之家为小型的居住单位，用针树围墙围住小屋和每一户的牛园，这种独特的居住方式也反映了他们与大自然的和谐共生。

7. 内罗毕国家公园

内罗毕国家公园是世界上唯一位于国家首都的真正野生动物园。这个公园拥有丰富多样的野生动物资源，包括羚羊、斑马、猎豹、金钱豹、长颈鹿、角马、河马、犀牛、狮子等100多种珍贵动物。内罗毕国家公园是一个半开放式的公园，许多动物如角马、斑马、长颈鹿和羚羊等经常在公园内外迁徙。公园南部的开放边界就是这些动物迁徙的通道。这样的设计使得公园内的动物能够更加自由地生活，同时也为游客提供了一个近距离观察和了解非洲野生动物的机会。

8. 阿伯德尔国家公园

阿伯德尔国家公园位于肯尼亚中部,是肯尼亚的重要自然保护区之一。公园占地面积广大,拥有茂密的森林、深邃的峡谷、开阔的沼泽地等多种地形,为野生动物提供了丰富多样的栖息地。公园内的野生动物种类繁多,包括狮子、豹、非洲象、非洲野犬、山苇羚、水羚、非洲水牛等。这些动物在公园内自由漫步,游客可以近距离观察到它们的生活状态,感受大自然的魅力。

此外,阿伯德尔国家公园还是众多鸟类的家园,拥有超过250种鸟类,包括杰克逊的鹂鸪、雀鹰、苍鹰、太阳鸟和鸽等。这些鸟类在公园内繁衍生息,为游客呈现出一幅生机勃勃的自然画卷。

值得一提的是,阿伯德尔国家公园内还有著名的树顶旅馆。这座旅馆因英国女王曾下榻而闻名于世,吸引了众多国家元首和各界名人前来参观。游客在旅馆内可以欣赏到纯自然的野生动物,感受非洲大陆的野趣。

(二)特色旅游活动

1. 马拉松

马拉松是肯尼亚的传统强项,也是该国在国际赛场上的一张名片。肯尼亚的马拉松竞技起源于部落间的竞速比赛,现已发展成为一项全民参与的体育活动。每年的内罗毕马拉松都吸引着来自世界各地的参赛者,成为肯尼亚的一项盛事。肯尼亚的长跑选手在国际比赛中屡获佳绩,他们的训练方法和生活方式也备受关注,成为全球长跑爱好者学习和借鉴的对象。

2. 雷球比赛

雷球比赛是肯尼亚另一个独具特色的传统体育项目,在肯尼亚拥有广泛的群众基础。比赛由两支球队进行,目标是将球投向对方球员无法接到的位置。雷球比赛不仅考验运动员的技巧和体力,还带有一定的宗教仪式意义,在肯尼亚的一些传统庆典中,雷球赛事常常是重头戏。

3. 武术

近年来,武术在肯尼亚也逐渐兴起,成为一项备受关注的传统民族体育项目。肯尼亚武术协会积极推动武术在本国的普及和发展,通过举办各类武术比赛和活动,吸引了越来越多的年轻人参与到这项运动中。武术在肯尼亚的推广,不仅有助于增进中肯两国之间的友谊和文化交流,也为肯尼亚的传统民族体育项目注入了新的活力。

除了以上几个项目,肯尼亚还有许多其他的传统民族体育项目,如狩猎、摔跤、投掷等,这些项目都蕴含着肯尼亚独特的文化和历史背景,是肯尼亚人民智慧和勇气的结晶。

三、旅游现状及服务

（一）中肯两国旅游外交关系及签证政策

中国和肯尼亚于1963年建交以来，两国关系发展迅速，在政治上相互信任和支持。这种友好的政治氛围为两国开展旅游合作创造了有利的条件。两国在旅游领域开展了广泛的合作。

肯尼亚作为中国的重要旅游目的地之一，拥有丰富的自然资源和文化遗产。中国游客对肯尼亚的旅游产品和服务有着浓厚的兴趣。同时，随着中非合作的深入推进，两国在旅游领域的合作也呈现出更加紧密的趋势。双方共同推动旅游产品的开发和升级，提升旅游服务质量和水平，以满足日益增长的旅游需求。两国还通过互免签证、简化入境手续等方式，便利了中国公民前往肯尼亚旅游。这些措施进一步促进了人员往来和文化交流，增进了两国人民之间的友谊和理解。

自2024年1月起，所有计划前往肯尼亚共和国的游客（包括婴儿和儿童）必须在入境前获得经批准的电子旅行许可（eTA）。eTA申请应至少在旅行前3天提交，有效期为自签发之日起90天，游客必须在有效期内入境肯尼亚。

所有从肯尼亚陆地、机场或海港口岸入境的人员都必须接受检查。入境时，移民局官员将仔细核查入境者的身份证件以及《国际预防接种证书》（入境肯尼亚必须接种过黄热病疫苗），并现场拍照、留存指纹（外交护照持有者除外），最终决定是否准许入境。

（二）交通概况

1. 航空

航空交通是肯尼亚旅游的重要组成部分。肯尼亚首都内罗毕是非洲的主要航空枢纽之一，与伦敦、巴黎、阿姆斯特丹、法兰克福、迪拜、多哈、广州和长沙等城市都有直飞航线。肯尼亚航空公司和中国南方航空公司都提供了内罗毕至广州和长沙等的航班，使得中国游客前往肯尼亚变得更加便捷。

此外，肯尼亚还拥有较好的国内航空网络，包括肯尼亚航空公司、MOMBASA AIR SAFARI和REGIONAL AIR等航空公司，提供往返沿海地区、大型野生动物保护区和肯尼亚西部城市的航班。

2. 陆路

铁路交通也是肯尼亚旅游的一大亮点。肯尼亚铁路运输中，内罗毕至蒙巴萨线是游客们最常选择的线路。这条线路不仅连接了肯尼亚的两个主要城市，还穿越了美丽的自然风光，为游客提供了难忘的旅行体验。此外，由乌干达通往蒙巴萨港的铁路穿越查沃国家公园,乘坐列车可以饱览非洲草原的壮丽景象,这也是一种别样的旅游方式。

在公路交通方面,肯尼亚的公路网络发达,游客可以通过公路前往大部分的主要景区,尤其是马赛马拉与安博塞利等国际著名的景区。同时,由于一些地方铁路并不能到达,租车或包车游览也是游客们的常用选择。在肯尼亚,一些租车公司甚至不需要出示国际驾照就可以租车,为游客提供了更多的便利。

3. 水运

肯尼亚的水运交通也值得一提。蒙巴萨港是东中非最大的港口,具有强大的吞吐能力,为海上运输提供了便利。对于想要体验水上旅游的游客,这也是一个不错的选择。

(三)旅游线路推荐

1. 内罗毕—马赛马拉

首日从内罗毕出发,前往马赛马拉国家保护区。这里被誉为世界上极佳的野生动物保护区之一,游客将有机会亲眼见到数以千计的狮子、豹子、斑马、大象和羚羊等野生动物。在保护区内,游客可以参与公园巡游,近距离观察这些动物的日常生活,感受大自然的魅力。

2. 马赛马拉—奈瓦沙

在马赛马拉度过几天后,可以前往奈瓦沙。奈瓦沙位于安博塞利附近,是一个沙漠天堂。在这里,游客可以追寻传说中的黄金之日,欣赏壮丽的日出和日落,感受大自然的魔力。奈瓦沙的湖泊和沼泽地也是众多鸟类的栖息地,是观鸟爱好者的天堂。

3. 奈瓦沙—纳库鲁

从奈瓦沙出发,前往纳库鲁国家公园。这里是大裂谷湖区之一,曾经因火烈鸟的栖息之地而闻名海外。游客可以在纳库鲁湖欣赏到成群的火烈鸟在湖面翩翩起舞的壮观景象。此外,纳库鲁国家公园还是濒危物种黑犀牛和白犀牛的栖息地,游客有机会近距离观察这些珍稀动物。

4. 纳库鲁—肯尼亚山

从纳库鲁出发,驱车前往肯尼亚山。肯尼亚山是非洲第二高峰,也是肯尼亚人民心目中崇敬的高山。游客可以在这里欣赏到绝美的自然风光,感受高山雪域的神秘与壮丽。如果天气晴朗,游客还可以在山顶看到肯尼亚雪山的壮丽景象。

5. 肯尼亚山—安博塞利

最后,从肯尼亚山出发,前往安博塞利国家保护区。安博塞利是肯尼亚著名的野生动物保护区之一,也是非洲象的家园。在这里,游客可以近距离观察到大象在草原上悠闲漫步的情景,也可以欣赏到壮丽的非洲草原风光。此外,如果运气足够好,甚至可以看到非洲最高峰——乞力马扎罗山的壮丽景象。

(四)币种兑换

需要了解当前的汇率情况。可以通过查询银行、外汇兑换机构或在线货币转换平台来获取最新的汇率信息。

1. 在机场兑换

入境肯尼亚后,机场设有换钱柜台,但通常机场的汇率是最低的,不建议在此处兑换大量货币,但可以少量兑换应急。内罗毕国际机场的外汇柜台主要集中在1号航站楼,主要接受美元兑换。

2. ATM机取现

肯尼亚的ATM机支持银联卡,在ATM机上取款汇率是按照银联当天的现汇卖出价结算,这是一种既便捷又划算的方式。不过请注意,ATM机只能取出肯尼亚先令。

3. 在当地银行兑换

肯尼亚的银行通常营业时间为周一至周五的上午9点到下午3点,每月第一个与最后一个周六的上午9点到11点也营业。游客可以直接前往银行柜台进行货币兑换,但可能需要缴纳一定的手续费。

4. 在换汇机构兑换

内罗毕兑换货币的机构较多,游客可以选择信誉良好的机构进行兑换。这些机构通常营业时间较长,且手续费相对较低。

5. 找当地华人兑换

内罗毕的华人较多,他们可能会接受支付宝、微信转账,并愿意以人民币兑换肯尼亚先令。这种方式比较灵活,且中间价格相对合适。

(五)票务与酒店预订

1. 票务预订

1)机票预订

肯尼亚自2024年1月起对全球免签,游客无需再申请签证,但仍需通过肯尼亚政府开发的数字平台进行身份验证和电子旅行授权。在选择航班时,游客可以考虑直飞航班以减少转机时间和麻烦。肯尼亚航空是当地的主要航空公司,提供前往世界各地的航班,并享有良好的服务声誉。游客可以在其官方网站或相关旅行预订平台上查询并预订机票。此外,还可以关注一些特价机票信息,以获取更优惠的价格。

2）当地车票预订

在肯尼亚，火车是常见的交通工具之一。例如，从蒙巴萨到内罗毕的火车票可以在旅行代理或在线旅行平台上预订。预订时，请提供正确的护照信息和乘客姓名，并留意车票的确认时间和取票方式。此外，肯尼亚也有发达的公共交通系统，包括巴士和出租车，游客可以在当地车站或街头直接购买车票或使用打车应用。

2. 酒店预订

肯尼亚的酒店种类繁多，从豪华酒店到经济型酒店应有尽有。游客可以根据自己的预算和需求选择合适的酒店。一些知名的在线旅行预订平台，如Booking.com、Expedia等，提供详细的酒店信息、价格比较和客户评价，方便游客进行预订。同时，游客也可以考虑预订一些具有当地特色的民宿或度假村，以获得更独特的旅行体验。

第五节　马达加斯加

一、国家概况

（一）自然地理

马达加斯加，全称马达加斯加共和国，位于非洲大陆以东、印度洋西部，国土面积59.2万平方千米（包括周围岛屿），是非洲第一大岛、世界第四大岛，隔莫桑比克海峡与非洲大陆相望，海岸线长约5000千米。

从地形上看，马达加斯加中部是海拔在1000—2000米的中央高原地区，这里错落分布着平原、山丘、群山和盆地。东部则是起伏不平的山坡地形，山峦延绵不绝，与印度洋的海水交相辉映；西部和南部则主要是平原地区，地形相对平缓，为当地的农业和畜牧业提供了良好的条件；北部地区则以盆地为主，地形复杂，分布着火山和喀斯特地貌，其中察腊塔纳山为马达加斯加的最高峰。

马达加斯加地形独特，各地气候差异较大。东部属于热带雨林气候，终年湿热；中部高原属于热带高原气候，气候温和；西部处在背风一侧，降水较少，属于热带草原气候；南部属于半干旱气候。受季风影响，全岛4—10月为旱季，11月至次年3月为雨季。

马达加斯加的自然资源也十分丰富。全岛由火山岩构成，因此矿产资源丰富，包括石墨、镍、铬铁、铝矾土、石英、金等。同时，马达加斯加的土地肥沃，气候适宜，适合多种经济作物生长，如甘蔗、香草、丁香、胡椒、咖啡、可可等。沿海及河流、湖泊地区则盛产鱼虾、海参等，为当地的渔业发展提供了有力支撑。

（二）行政区划

马达加斯加的行政区划历史经历了多次变化。在2007年宪法公投后,原有的6个自治省被废除,重新划分为22个大区。2021年,马达加斯加进一步调整行政区划,将原瓦图瓦维-菲图维纳尼大区拆分为瓦图瓦维大区和菲图维纳尼大区,使大区数量升至23个。

（三）国旗、国徽与国歌

1. 国旗

马达加斯加国旗呈长方形,靠旗杆一侧为白色竖长方形,旗面右侧为上红下绿两个横长方形,三个长方形面积相等。其中,白色象征纯洁,红色象征主权,绿色象征希望。

2. 国徽

马达加斯加国徽呈圆形,圆面中间是马达加斯加国土轮廓,上部为旅人蕉(国树)枝叶,下部为稻田图案和水牛头。

3. 国歌

马达加斯加的国歌为《啊,我们亲爱的祖国》。

（四）人口、民族与语言

马达加斯加的人口约3030万人(2023年)。马达加斯加人占总人口的98％以上,由18个民族组成,其中较大的有伊麦利那(占总人口的26.1％)、贝希米扎拉卡(14.1％)、贝希略(12％)、希米赫特(7.2％)、萨卡拉瓦(5.8％)、安坦德罗(5.3％)和安泰萨卡(5％)等。各民族语言、文化、风俗习惯大体相同。在马定居的尚有少数科摩罗人、印度人、巴基斯坦人和法国人,以及部分华侨和华裔。

马达加斯加的民族语言为马达加斯加语(属马来-波利尼西亚语系),官方通用法语。

知识拓展 3-4

二、主要旅游目的地及其吸引力

（一）主要旅游城市及旅游景点

1. 塔那那利佛

塔那那利佛是马达加斯加的首都,地势崎岖,位于一个窄长的岩石山脊之上。市区依地势起伏而建,山顶有伊麦利王国时期的宫殿,政府和金融机构分布在稍低处,商业区则位于更低的地方。城市的西半部是工业区,涵盖了棉纺织联合企业、水泥、面粉、木材加工、制革、车辆装配、化工、食品罐头等各类企业。

此外,塔那那利佛还拥有一所大学,为这座城市注入了浓厚的学术氛围。在塔那那利佛,游客可以欣赏到具有亚、非、欧三大洲混合风格的城市风貌,高耸的教堂尖塔、挺拔的桉树、红瓦盖顶的民居和块石铺砌的路面,构成了一幅独特的城市画卷。独立大街是塔那那利佛最繁华的地方,马达加斯加人民的传统集市——"佐马"(星期五集市)就设在这条大街的广场上,是体验当地文化和生活的绝佳去处。

塔那那利佛还是一座拥有丰富历史文化遗产的城市。女王宫作为伊美利那王国女王统治权力的象征,是马达加斯加为数不多的入选联合国教科文组织世界文化遗产之一的建筑。此外,影像博物馆也是了解马达加斯加历史人文的好去处,这里收藏了从1860—1960年有关马达加斯加的照片,并将其数字化,游客能够直观地感受到马达加斯加的历史变迁。

2. 塔马塔夫

塔马塔夫位于马达加斯加东部沿海,是黑斯特角和丹尼阿角之间一个小湾内的港口城市,又名"图阿马西纳港",是马达加斯加的最大港口。作为马达加斯加的经济和政治中心之一,塔马塔夫在全国的进出口贸易中扮演着举足轻重的角色,全国一半以上的进出口贸易都在这里完成。

此外,塔马塔夫还是重要的工业中心,拥有炼油、水泥、纸浆等大型企业,以及肉类加工、船舶制造、制糖等工业,为当地经济发展提供了强大动力。

塔马塔夫也是一个充满故事的城市。它曾是古代海盗的常顾之地,也是东印度公司商船的定期停靠点,这些历史背景为塔马塔夫增添了丰富的文化色彩。如今,塔马塔夫依然保留着浓厚的非洲风情,游客可以在这里感受到马达加斯加独特的文化和民俗。

3. 安齐拉贝

安齐拉贝是马达加斯加海拔较高的城市,这座城市以其独特的地理位置、丰富的自然资源和深厚的文化底蕴吸引着众多游客。安齐拉贝坐落于安卡拉特拉山的东南麓,拥有高海拔带来的凉爽气候,是避暑的理想之地。作为重要的工商业中心,这里聚集了棉纺织厂、制烟、食品和水泥等多种工业,为城市的经济发展注入了活力。

在安齐拉贝,游客可以体验到深厚的文化底蕴。这座城市的街道非常整洁,风格宁静而幽雅,融合了欧洲风情和马达加斯加特色。其中,温泉酒店Hotel des Thermes是安齐拉贝的一大亮点,这座始建于19世纪后半叶的老建筑,是法国殖民时期的遗迹,至今仍然保留着当年的皇家气派,为游客提供了一个感受历史与文化的好去处。

安齐拉贝还以盛产宝石而闻名。这里的火山喷发形成了众多湖泊和山脉,为城市带来了丰富的矿产资源和温泉资源。游客可以在这里找到各种宝石,包括常见的各式水晶以及产量多、品相好的碧玺和刚玉等。

4. 昂达西贝国家森林保护区

昂达西贝国家森林保护区是马达加斯加较早建立的五个自然保护区之一，为众多的珍稀动植物提供了宝贵的栖息地。这里的植被以热带雨林为主，物种丰富，生态系统完整，为大量稀有动植物提供了绝佳的栖息环境。昂达西贝国家森林保护区内的狐猴种类多达11种，其中非常著名的是现存体型最大的短尾狐猴，其成年个体身长可达70厘米。此外，这里还生活着几十种鸟类和上百种爬行的两栖动物，以及大量的稀有植物，如野生兰花等。

昂达西贝国家森林保护区内还有两个特别吸引游客的小景点：狐猴岛和鳄鱼谷。在狐猴岛上，游客可以近距离接触狐猴，享受与这些可爱动物亲密接触的乐趣。而鳄鱼谷则是一个生态环境丰富的区域，这里的鳄鱼因没有天敌，个头比非洲大陆的鳄鱼还要大。

5. 女王宫

马达加斯加的女王宫又称"塔那那利佛王宫"，坐落于塔那那利佛的最高海拔山丘之上。这座王宫的历史可以追溯到古代，由娜拉瓦鲁那女王一世建造并成为其居住地。然而，在马达加斯加沦为法国殖民地后，王宫曾屡遭火灾，变为遗址。幸运的是，经过修复，这座王宫现已对外开放，供游客们参观。

王宫的建筑特色鲜明，为木质结构，建筑在石砌的台基上。室内陈设两张木床：一张为高脚木床，须登梯而上，是国王所用；另一张木床是王后所用。此外，沿墙还陈列着几个多层架，架上有菜刀、油灯和黏土制成的碟子等物品，还有当年作炉灶用的石头和烤肉架。2001年，安布希曼加的皇家蓝山行宫（包括女王宫）被联合国教科文组织列入《世界遗产名录》。这一认可不仅凸显了女王宫在马达加斯加历史和文化中的重要地位，也强调了其作为人类共同文化遗产的价值。

6. 科灵迪自然保护区

马达加斯加的科灵迪自然保护区是一处拥有丰富生物多样性的自然保护区，以其独特的动植物种群和原始的自然环境而闻名。该保护区位于马达加斯加岛西部和南部相接的地带，覆盖了广阔的热带雨林和草原，为众多珍稀动植物提供了宝贵的栖息地。在这里，游客可以欣赏到高耸或粗壮肥胖的"猴面包树"，这是科灵迪自然保护区独特的自然景观之一。

科灵迪自然保护区是马达加斯加动物资源非常丰富的地区，生活着数以千计的特有动物。这里的变色龙品种繁多，各种野生的猴群也在此繁衍生息。更为特别的是，这里还是许多珍稀动物的家园，如马达加斯加狐猴、达尔文树皮蜘蛛、彗星飞蛾等，它们都是马达加斯加独有的生物，为这片土地增添了无尽的魅力。

7. 诺西贝岛

诺西贝岛位于非洲东部印度洋上,是马达加斯加一个较大的海岛,与非洲大陆隔莫桑比克海峡相望。这座岛屿地理位置独特,坐落在印度洋的西部,与非洲大陆的东海岸平行。诺西贝岛拥有环岛200多千米的海岸线,其沙滩被誉为"世界上最美的沙滩"之一(见图3-4)。这里的沙滩沙白细软,天蓝海平,是海水浴的理想场所。与一般的海滩度假胜地不同,诺西贝岛没有过多的喧嚣和热闹,保持了其原始而宁静的风貌,没有过多的人工建筑或装饰,让游客能够真正感受到大自然的宁静与纯朴。

图3-4 诺西贝岛

除了美丽的自然风光,诺西贝岛还是马达加斯加著名的旅游胜地之一。这里的水下世界同样令人惊叹,是潜水爱好者的天堂。诺西贝岛周边海域拥有丰富的海洋生物,包括鲸鲨、海龟、鳐鱼、海豚等。游客在潜水时,不仅可以欣赏到五彩斑斓的珊瑚群,还有机会与这些海洋生物亲密接触。诺西贝岛还因其丰富的香料作物而闻名,如华尼拉果和依兰依兰等,被称为"香岛"。这里还产咖啡、椰子、甘蔗、胡椒等农产品,为游客提供了丰富的当地特色美食。

8. 安道尔鲁国家公园

马达加斯加的安道尔鲁国家公园位于马达加斯加中部,公园的建立,旨在保护这片土地上的独特生物和生态系统,为游客提供了一个亲近大自然的难得机会。安道尔鲁国家公园拥有丰富的动植物资源,堪称马达加斯加的生物多样性宝库,游客在这里可以见到大象鼻树、变色龙、卡拉卡哇狐猴等珍稀物种。大象鼻树是一种独特的植物,其枝条形状酷似大象的鼻子,非常引人注目。而变色龙则是一种善于变色的爬行动物,它们的颜色随着情绪和环境的变化而变化。安道尔鲁国家公园的自然环境也极为优美,风景如画,游客可以在这里欣赏到壮丽的森林、草原、河流和湖泊等自然景观,感受大自然的宁静与和谐。

（二）特色旅游活动

1. 特色民族体育项目

马达加斯加拥有丰富多样的特色民族体育项目，这些项目不仅反映了当地人民的生活方式和文化传统，还体现了他们对体育的热爱和创造力。

1）巴洛巴洛

这是一种非常独特的传统舞蹈和体育竞技活动，融合了舞蹈、音乐、戏剧和竞技元素。参与者通常穿着彩色服饰，随着鼓声和节奏，模仿各种动物的动作和姿态，展现出极高的身体协调性和灵活性。这种活动不仅是体育竞技，也是当地文化的重要表现形式。

2）传统摔跤

马达加斯加的传统摔跤比赛具有浓厚的民族特色。摔跤手们通常赤手空拳，穿着传统的摔跤服饰，在泥泞的场地上进行激烈的对抗。摔跤比赛规则灵活，强调技巧和策略的运用，观众常常为选手们的精彩表现而欢呼。

3）竹棍舞

这是一种以竹棍为道具的舞蹈和体育表演项目。参与者手持竹棍，通过敲击、旋转和跳跃等动作，展示身体的柔韧性和节奏感。竹棍舞通常在节日或庆典活动中表演，为现场氛围增添欢乐和喜庆。

4）摩洛科

摩洛科是一种类似于板球的传统体育项目。比赛双方各持一块木板，用球击打对方场地上的目标。这项运动需要团队协作和精准的击打技巧，考验了参与者的力量和智慧。

2. 特色民族演艺项目

马达加斯加的特色民族演艺项目丰富多样，充分展现了该国独特的文化魅力和艺术传统。以下是一些具有代表性的特色民族演艺项目。

1）蒙巴莱音乐节

这是马达加斯加一项重要的传统歌舞表演活动，集结了该国丰富的传统艺术形式。在蒙巴莱音乐节上，观众可以欣赏到马达加斯加各个地区的传统舞蹈，这些舞蹈以其独特的舞步和节奏感展示了马达加斯加人民的热情和活力。除了舞蹈，蒙巴莱音乐节还突出展示了马达加斯加的传统乐器，如独特的竹制吹管乐器"瑟拉费"和弦乐器"瓦洛哈"等，这些乐器的声音与舞蹈的节奏相互呼应，让整个音乐节充满了动感和活力。

2）传统戏剧表演

戏剧表演通常融合了歌唱、舞蹈、对白和戏剧动作，以富有表现力的方式展现角色的情感和冲突。观众在欣赏这些戏剧表演时，不仅能够感受到马达加斯加文化的独特魅力,还能够深入了解当地人民的生活方式和价值观。

3) 传统音乐演奏

马达加斯加的传统音乐具有独特的旋律和节奏,反映了当地人民的生活和情感。传统乐器,如马林巴琴、鼓和口琴等,在演奏中发出悦耳动听的声音,营造出浓厚的文化氛围。音乐家们通过演奏传统曲目,传承和弘扬马达加斯加的音乐文化,让观众感受到其独特的艺术魅力。

三、旅游现状及服务

(一)中马两国旅游外交关系及签证政策

中国重视发展与包括马达加斯加在内的非洲国家双边关系,增进中国与非洲国家人民之间的友谊与了解,以便中国公民更多地了解非洲、走进非洲,推动旅游人员的双向流动。中国和马达加斯加在旅游领域的合作体现了两国之间的友好关系和相互尊重,也展示了中国在推进"一带一路"倡议和构建人类命运共同体过程中的积极行动。

中马两国签订《中华人民共和国政府与马达加斯加共和国政府关于互免持外交、公务护照人员签证的协定》,已于2023年11月4日生效。根据协定,中华人民共和国持有效的中华人民共和国外交、公务护照的公民和马达加斯加共和国持有效的马达加斯加共和国外交、公务护照的公民,在缔约另一方入境、出境或者过境,自入境之日起不超过90日,免办签证(协定所述的中华人民共和国公务护照包括公务普通护照)。

关于落地签证:马政府为促进旅游,自2010年初开始,马达加斯加出入境当局为持中国护照并持有返程或离境机票的入境者办理落地旅游签证。需要注意的是,申请人须准备本人有效期超过6个月的护照、住宿证明(或酒店订单或旅行社提供的行程单)及往返机票;申请人须事先填妥入境卡;抵马前6日内曾前往黄热病流行国家的申请人须出示有效的黄热病疫苗接种证书。

关于电子签证:自2019年10月1日起,访马游客使用www.evisamada.gov.mg在线申请马旅游签证,系统设有中文页面。拟访马游客可于出发前6个月内在线申请,最迟应在抵马72小时前办理。用户直接登录网站建立新账户,录入相关个人信息及拟在马停留天数,提交后系统将在72小时内发送签证获批确认。

(二)交通概况

1. 航空

航空方面,马达加斯加有定期航班飞往欧洲、非洲和西南印度洋诸岛国。全国有大小机场100多个,其中6个国际机场,但仅首都伊瓦图国际机场、塔马塔夫和诺西贝岛机场可以停靠大型飞机。从中国出发,广州有直飞马达加斯加首都的航班,也可以选择经香港—毛里求斯或泰国线到马达加斯加。

2. 陆路

公路交通在马达加斯加也非常重要。该国以普通公路为主,主要交通工具是机动车,左舵驾驶为主。但需要注意的是,中国驾照在马达加斯加不能直接使用,需要向马交通部证件处提出申请,并持有相关证件进行更换。此外,马达加斯加的公路状况可能较为颠簸泥泞,因此乘坐巴士可能会比较耗时,对于游客来说,租车或者包车可能是更为舒适和便捷的选择。

至于铁路,马达加斯加的铁路交通并不发达,因此在旅游交通中并不占据主导地位。

在选择交通方式时,游客可以根据自身的行程安排、预算和喜好进行选择。同时,为了保障旅行的顺利进行,建议游客在出行前做好充分的准备,了解当地的交通规则和路况信息,确保旅行的安全和舒适。

(三)旅游线路推荐

1. 首都塔那那利佛市区观光线路

第一天:抵达塔那那利佛,参观市区的主要景点,如国家博物馆、政府大楼等,感受这座城市的独特氛围。

第二天:前往阿奴西湖,欣赏湖光山色,享受宁静的自然环境。

2. 西线探险之旅

第一天:从塔那那利佛出发,前往穆龙达瓦,途中欣赏美丽的乡村风光。

第二天:在穆龙达瓦参观女王宫,体验当地的文化和历史。

第三天:前往莫桑比克海峡,欣赏壮丽的落日景色,感受大自然的震撼之美。

3. 自然生态之旅

第一天:从塔那那利佛前往安齐拉贝,参观火山湖和天然温泉,感受大自然的神奇魅力。

第二天:前往附近的自然保护区,观赏珍稀的动植物,体验生态之旅的乐趣。

4. 文化体验之旅

第一天:在塔那那利佛参观当地的传统市场,感受马达加斯加独特的市井文化。

第二天:前往当地的村庄,与当地居民交流,了解他们的生活方式和习俗。

第三天:参观当地的工艺品制作工坊,亲手制作一些纪念品,体验当地的手工艺文化。

5. 环岛之旅

从塔那那利佛出发,沿着马达加斯加的海岸线前行,途经多个城市和景点,如美丽的海滩、壮观的瀑布、神秘的森林等。

这条线路适合喜欢长时间旅行和探险的游客,可以深入体验马达加斯加的多样性和魅力。

(四)币种兑换

目前,马达加斯加的货币单位是阿里阿里。在消费时,务必弄清楚是使用阿里阿里还是其他货币进行计算。

1. 在机场兑换

在机场,通常设有兑换货币的办事处。此外,大部分的星级酒店和银行也能提供货币兑换服务。但请注意,尽管在景点内也可能有人提供兑换服务,但由于环境不熟悉,可能存在被骗的风险,因此建议尽量避免在这些地方进行交易。

2. 携带外币注意事项

当游客携带外币入境马达加斯加时,有一些规定需要遵守。例如,超过1000欧元的外币应向海关申报,并提供外汇兑换处或指定中介机构出具的兑换证明。在出境时,如果携带未使用完的外币现钞,应出示入境时的申报证明,且出境额度上限为1万欧元。未遵守相关规定可能会导致金额被没收。

3. 使用信用卡

使用信用卡在马达加斯加也是一种常见的支付方式,大部分餐厅、酒店和商店都接受。

(五)票务与酒店预订

1. 票务预订

1)机票预订

前往马达加斯加的机票预订可以通过多种方式完成。游客可以选择直接联系航空公司进行预订,如马达加斯加航空等,或者通过在线旅行代理网站,如携程、去哪儿网等进行预订。这些平台通常提供丰富的航班选择和优惠价格,方便游客根据自己的行程和预算进行选择。在预订机票时,应了解航班的起飞和降落时间、中转站点以及行李限制等信息。此外,提前预订通常能够享受更优惠的价格,因此建议游客尽早规划并预订机票。

2)当地车票预订

在马达加斯加,公共交通系统可能不如一些发达国家完善,但游客仍然可以通过当地旅行社或在线平台预订车票。这些平台可能提供长途巴士、火车或出租车等交通工具的预订服务。如果游客计划进行自驾游,可以在当地租车公司租一辆车。在租车前,应了解当地的交通规则和路况,以确保行车安全。

2. 酒店预订

马达加斯加拥有多种类型的住宿选择，从豪华酒店到经济型旅馆应有尽有，游客可以通过在线旅行代理网站或酒店预订平台进行预订。这些平台通常提供详细的酒店信息、价格比较和客户评价，帮助游客找到最适合自己的住宿选择。在预订酒店时，要考虑酒店的位置、设施、服务以及价格等因素。如果游客有特殊需求或偏好（如无烟房间、早餐服务等），要在预订时提前告知。

注意，在预订机票、车票和酒店时，务必确认自己的旅行日期和行程安排，以避免不必要的麻烦。此外，为了确保旅行顺利进行，建议游客提前了解当地的文化和风俗习惯，并遵守当地的法律法规。

本章小结

本章简述了非洲旅游发展概况及相关旅游资源，详细介绍了埃及、南非、肯尼亚、马达加斯加等国家的自然环境、人文概况、特色旅游活动、旅游资源等，让读者对这些国家有初步了解。

本章训练

论述题

1. 简述非洲旅游业对当地经济的贡献。
2. 为什么说埃及是非洲极具历史意义的旅游国家之一？
3. 简述肯尼亚旅游业发展的驱动力、面临的挑战。

第四章
欧洲旅游客源国

教学目标

1. 了解欧洲旅游市场的发展状况,包括旅游资源、旅游政策、市场趋势等方面的内容。
2. 比较和分析不同欧洲国家(如英国、法国、芬兰、瑞士)的旅游特色和市场表现。

情感目标

1. 增强学生的全球视野和跨文化交流的能力,理解欧洲文化在世界文化中的重要地位。
2. 培养学生对欧洲历史、艺术、建筑等方面的欣赏能力,提升审美水平。

能力目标

1. 锻炼学生的案例分析能力,使学生能够通过具体国家的旅游市场案例,理解并应用相关理论知识。
2. 提高学生的沟通能力和团队合作能力,鼓励学生在团队项目中分享对欧洲的认识和见解。

思政目标

1. 引导学生正确认识欧洲的历史地位和发展现状,树立平等、尊重、合作的国际交往观念。
2. 培养学生的国际视野和全球意识,增强对构建人类命运共同体的理解和支持。

案例分析

第一节　欧洲基本概况及旅游市场发展

一、地理位置

欧洲，全称欧罗巴洲，位于东半球的西北部，北临北冰洋，西临大西洋，南临大西洋的属海地中海和黑海。欧洲大陆东至极地乌拉尔山脉，南至马罗基角，西至罗卡角，北至诺尔辰角，面积约1017万平方千米。欧洲是人类生活水平较高、环境以及人类发展指数较高且适宜居住的大洲之一。

二、地形地貌

欧洲是世界上地势最低的一个大洲，平均海拔只有340米，海拔在200米以下的平原约占欧洲总面积的60％。欧洲的平原西起大西洋沿岸，东起乌拉尔山麓，绵绵数千千米，没有间断，形成横贯欧洲的大平原。欧洲山地所占面积不大，高山更少，海拔2000米以上的高山仅占欧洲总面积的2％。欧洲的地形，大体上可以以波罗的海东岸至黑海西岸一线为界分为东、西两个部分：东部以平原占绝对优势，地形比较单一；西部则山地和平原互相交错，地形比较复杂。欧洲流经数国的大河有莱茵河、多瑙河、易北河、奥德河等。此外，主要河流还有法国境内的塞纳河、卢瓦尔河、加隆河，俄罗斯境内的伏尔加河、第聂伯河、乌拉尔河，英国境内的泰晤士河，以及意大利境内的波河等。除了河流，欧洲还有许多湖泊。其中，冰河所遗留下的冰蚀湖使芬兰被称为"千湖之国"。

三、气候特点

欧洲大部分为温带海洋性气候，也有地中海气候、温带大陆性气候、极地气候和高原山地气候等。其中，温带海洋性气候最为典型，欧洲的气候多样性使得不同季节和月份适合不同类型的旅游活动，最佳的旅游季节通常是春季和秋季，特别是5月、6月和9月；南方地区还可以包括4月和10月。欧洲的旅游季节选择应结合个人偏好和旅行目的地的气候特点。无论是追求宁静的春季，还是热闹的夏季，或是色彩斑斓的秋季和温暖的冬季，欧洲都有其独特的魅力等待发现。

四、旅游市场

自17世纪以来，欧洲逐渐成为世界经济中心之一。18世纪，欧洲爆发人类第一次工业革命,欧洲成为当时世界经济发展的有力推动者之一。但经历20世纪的两次世界大战,欧洲逐渐衰落。欧洲经济发展水平居各大洲之首,工业、交通运输、商业贸易、金融保险等在世界经济中占有重要地位。欧洲在科学技术的若干领域内也处于世界较领先水平,这与欧洲是近代工业发源地,以及15—16世纪地理大发现是分不开的。

欧洲的世界遗产主要分为文化遗产、自然遗产以及文化与自然双重遗产。文化遗产包括历史悠久的城市、古迹、建筑、考古遗址等,它们见证了欧洲丰富的历史和文化发展。自然遗产包括独特的自然景观和生物多样性,如国家公园、自然保护区,它们展示了欧洲自然环境的多样性和独特性。文化与自然双重遗产包括著名的阿尔卑斯山脉等。此外,在这些遗产中,有些是跨国遗产,由多个国家共同拥有和管理。例如,喀尔巴阡山脉和欧洲其他地区的古代和原始山毛榉森林就是一项跨国遗产,它涵盖了斯洛伐克、乌克兰、波兰、罗马尼亚、匈牙利、奥地利和斯洛文尼亚等国家。

欧洲近几年的国际旅游者接待情况显示出恢复的趋势。2018年,欧洲共接待了7.10亿入境游客,创造了5700亿美元的收入。这一数据显示了欧洲旅游业的强大吸引力和重要经济贡献。中国作为一个重要的出境旅游市场,数据显示,2018年中国赴欧洲的人数超过600万人次。东欧地区作为"一带一路"国家聚集地,吸引了大量的中国游客,其出境人数在欧洲的占比最高,达到36.3%,超过了西欧、北欧和南欧的比例。同时,欧洲在2023年成为接待入境休闲游客较多的地区,接待的游客人次仅比2019年下降了3%,这表明欧洲旅游业已经几乎恢复到2019年的水平。尽管游客人次略有下降,但入境休闲消费额却比2019年上升了19%,这一显著增长反映出游客的消费能力和旅游活动的增加。

第二节　英　国

一、国家概况

(一)自然地理

英国,全称大不列颠及北爱尔兰联合王国,位于欧洲西部,是由大不列颠岛(包括英格兰、苏格兰、威尔士)、爱尔兰岛东方北部和一些小岛屿组成,隔北海、多弗尔海峡、英吉利海峡与欧洲大陆相望,海岸线总长11450千米,国土面积24.41万平方千米(包括内陆水域)。

英国属温带海洋性气候,全年温和湿润,四季寒暑变化不大。通常最高气温不超过32 ℃,最低气温不低于−10 ℃,平均气温1月4—7 ℃,7月13—17 ℃。年平均降水量约1000毫米。每年2—3月最为干燥,10月至来年1月最为湿润。

(二)行政区划

英国分为英格兰、威尔士、苏格兰和北爱尔兰四部分。英格兰划分为9个地区,下辖伦敦、56个单一管理区政府、201个非都市区和36个都市区政府。苏格兰下设32个区,威尔士下设22个区,北爱尔兰下设11个地方市郡。

(三)国旗、国徽与国歌

1.国旗

英国国旗被称为"米字旗",由深蓝底色和红、白色"米"字组成。

2.国徽

英国国徽即英王徽。中心图案为一枚盾徽,盾面上有三只金狮,象征英格兰;右上角为金底上半站立的狮子,象征苏格兰;左下角为蓝底上金黄色竖琴,象征北爱尔兰。

3.国歌

《天佑女王》是英国的国歌,一般只唱第一段。如在位的是男性君主,国歌改为《天佑吾王》。

(四)人口、民族与语言

英国人口总数6702.6万人(2021年),主要包括英格兰人、苏格兰人、威尔士人、爱尔兰人等四个民族,这些民族都带有凯尔特人的血统,融合了日耳曼人的成分。

英国的官方语言为英语,威尔士北部还使用威尔士语,苏格兰西北高地及北爱尔兰部分地区仍使用盖尔语。

知识拓展 4-1

二、主要旅游目的地及其吸引力

(一)主要旅游城市及旅游景点

1.伦敦

伦敦是英国的首都,是世界金融和经济中心之一、欧洲最大的城市。伦敦不仅是英国的金融资本和贸易中心,还是英国的文化、教育、体育和科技中心。伦敦的博物馆、图书馆、电影院和体育场馆数量众多,是目前世界上唯一的一个举办过三次奥运会的城市,有电影节、音乐节、时装周及数量众多的高等教育机构。

伦敦还是知名的旅游城市,主要景点有泰晤士河、伦敦塔桥、瑞士再保险塔、威斯敏斯特宫、伊丽莎白塔、千禧桥、伦敦眼、格林尼治天文台、金丝雀码头、千年穹顶和圣保罗大教堂等。

伦敦作为时尚之都,有非常多的购物街区和市集值得选择,这里熙熙攘攘,从当地风味到国际美食,应有尽有。牛津街是英国首要的购物街,是伦敦西区购物的中心,每年吸引了来自全球的3000万游客到此观光购物,长约2千米的街道上云集超过300家的世界大型商场。

2. 爱丁堡

爱丁堡是英国苏格兰首府、联合国教科文组织创意城市网络的首批加盟城市,也是世界上第一个被联合国教科文组织命名为"文学之城"的城市。

爱丁堡有着悠久的历史,许多历史建筑亦完好保存下来,是仅次于伦敦的英国第二大旅游城市。爱丁堡主要的旅游景点有亚瑟王座、爱丁堡城堡、苏格兰国家博物馆、荷里路德宫、圣吉尔斯大教堂、爱丁堡动物园、爱丁堡地下城、爱丁堡巧克力馆等。其中,爱丁堡的旧城和新城一起被联合国教科文组织列为世界遗产。

爱丁堡文化活动类型多样,有充满活力和艺术气息的爱丁堡艺穗节、爱丁堡国际艺术节、爱丁堡皇家军乐节,还有具有教育意义的爱丁堡科学节、亲子游乐的爱丁堡国际儿童节等文化活动。爱丁堡诞生过沃尔特·司各特的《艾凡赫》、柯南·道尔的《福尔摩斯探案集》、罗伯特·史蒂文森的《金银岛》、J.K.罗琳的《哈利·波特》等许多著名文学家和文学作品。王子街作为爱丁堡最繁忙的商业大道和交通动线,整条街都是购物商店、百货公司等,游客可以在这里购买到高端品牌服饰。

3. 加的夫

加的夫又译作"卡迪夫",是英国西南部的重要港口和工业、服务业中心,以及商业和文化中心。作为威尔士的首府,加的夫是该地的文化中心,市内现代化街道、建筑物与旧式街道、古老教堂并存,戏剧、音乐会演出不断。

加的夫也是一个喜庆的城市,夏季时有长达一个月的"Street Festival""Music in the Bay",以及在圣大卫礼堂举行、市民十分关注的固定比赛"Cardiff Singer of the World"。加的夫著名的景点包括加的夫堡、威尔士国家博物馆、千禧中心剧院,以及威尔士国民议会大楼等。加的夫的音乐遗产保存完好,许多歌唱家出生于此。加的夫世界歌手大赛是世界上重要的歌剧比赛。这里还拥有威尔士国家歌剧院、BBC威尔士国家管弦乐团等。

加的夫人热爱运动,这里每年举办各种全国性或国际性著名的体育赛事,位于市中心的威尔士国家体育场是欧洲较大的室内运动场。

4. 曼彻斯特

曼彻斯特是英国重要的交通枢纽与商业、金融、工业、文化中心,以及英国的棉纺织业中心,也是国际化大都市。

曼彻斯特属于温带海洋性气候,气候潮湿,终年温和多雨,降水持续时间长,降水强度小,常在1个小时以上,因此被称为"雨城"。曼彻斯特的夏季天气凉爽、日照时间长,非常适合足球运动。8月中旬,英超联赛会吸引非常多的球迷前往,机票与饭店都会涨价。每年10月到次年5月天气很冷,冬季日照时间较短,还会不停下雨。

5. 利物浦

利物浦是英国著名的商业与文化中心,还是一个美丽的港口城市,被联合国教科文组织授予"音乐之城"的称号。它是英国境内除了伦敦,拥有最多博物馆和画廊收藏的城市。披头士乐队在此声名远扬,著名的 Waterfront 是 Albert Dock、披头士、Tate 美术馆和航海博物馆的故乡,内陆有迷人的 Croxteth 国家公园和 Speke 厅。市内建筑独具风格,有著名的大教堂、市政厅、圣乔治大厅、大剧院 Philharmonic 音乐厅。

众所周知,利物浦还一直是英国的"影视基地",是著名的影视拍摄、制作地点。多年来,利物浦制作或参与了各类电影、电视、广告和短片等上百部作品的制作,更是产出了《速度与激情》《神奇动物在哪里》《哈利·波特》《夏洛克·福尔摩斯》《蝙蝠侠》等风靡全球的作品,而影视行业也成了利物浦一张亮丽的名片。

2023年,利物浦获得"英国第六大最佳城市""英国第二友好城市""世界最佳100个城市"之一等荣誉称号。根据国际知名旅游指南 Time Out 发布的"2024年全球最佳城市"排名,利物浦惊艳上榜,获得第七名的荣誉。

6. 巨人堤道

巨人堤又被称为"巨人之路",位于北爱尔兰北部大西洋海岸线上。它是北爱尔兰唯一被联合国教科文组织列为世界遗产的景点,包括低潮区、峭壁,以及通向峭壁顶端的道路和一块高地。巨人之路是这条海岸线上最具有特色的地方,是由约4万根多边形石柱组成的8千米海岸。巨人堤最主要的景点是多边形石柱形成的阶梯状堤道和石柱群。除了核心的堤道景观,海岸线各处还分散着许多"有故事的石头",如超大号的巨人靴、圆形石柱构成的宝座许愿椅、骆驼形状的骆驼石。

除了有张力的自然景观,巨人堤也是动物爱好者的天堂。游客能在这里看到仅次于鲸鲨的世界上第二大鱼类姥鲨以及海豹、海豚、翻车鱼、虎鲸。也有各种鸟类在这里聚集,如鸬鹚、管鼻藿、塘鹅、海鸠等。

7. 巨石阵、埃夫伯里和相关遗址

巨石阵、埃夫伯里和相关遗址位于英格兰西南威尔特郡的埃夫伯里,是世界上最大的巨石林,也是欧洲最大的史前古迹(见图4-1)。巨大的石建筑群位于一个空旷的原野上,主要由许多整块的蓝砂岩组成。20世纪50年代中期,考古人员研究发现,巨石阵在史前时代分为三个时期建造,前后将近1000年。巨石阵、埃夫伯里和相关遗址在1986年被联合国教科文组织作为文化遗产列入《世界遗产名录》。

图 4-1　巨石阵

8. 伦敦塔

伦敦塔是英国伦敦一座具有标志性的宫殿、要塞，位于伦敦泰晤士河北岸、伦敦塔桥附近。伦敦塔的官方名称是"女王陛下的宫殿与城堡，伦敦塔"，塔群建筑包括国王王宫、威克非塔、圣托马斯塔等众多塔楼以及核心防御措施——白塔，还有"叛离者之门"等建筑。伦敦塔是英国各个时代智慧的结晶，经过两代君主的扩建和整修，它反映着英国不同时代的不同风格，曾被当作堡垒、军械库、国库、铸币厂、宫殿、刑场、公共档案办公室、天文台、避难所和监狱使用。1988年，伦敦塔被联合国教科文组织作为文化遗产列入《世界遗产名录》。

9. 达勒姆大教堂和城堡

达勒姆大教堂和城堡位于英格兰东北部的达勒姆郡首府达勒姆市。威尔河则自北面流经达勒姆，并围绕住该地的东、南、西方，形成一个状似半岛的小河套。大教堂有900多年的历史，内部供奉有诺森布里亚的福音传道者圣卡斯伯特和圣比德的遗物，显示了早期本笃会修道士的显赫地位。达勒姆大教堂是西方世界至今存留的最早的拥有宽大石头拱顶的教堂，是英国最典型的诺曼底式教堂。此外，众所周知的系列电影《哈利·波特》中的很多场景都是在达勒姆大教堂拍摄的。

（二）特色旅游活动

1. 伦敦建筑开放日

伦敦建筑开放日通常在每年的9月，是一个庆祝伦敦建筑和设计的节日。在这一节日期间，众多平日不对外开放的建筑物会向公众敞开大门，包括住宅、花园、遗产保护建筑等。游客可以深入了解伦敦丰富的建筑遗产和设计，现场还有建筑师和专家导览讲解。

2. 伦敦时装周

伦敦时装周每年举行两次,分别在春夏季和秋冬季。伦敦时装周是"全球四大时装周"之一,每次活动为期一周,吸引了来自世界各地的设计师、时尚专业人士、名人和媒体代表。伦敦时装周展示的时装风格大胆前卫、设计多元,为才华横溢的年轻设计师提供了展示自己作品的平台和发展机会。

3. 艺术展览

英国拥有众多世界级的博物馆和美术馆,经常举办各类艺术展览,如梵·高画展等。这些展览不仅展示了世界级艺术大师的作品,还通过精心的布局和多媒体展示,深入分析作品背后的创作灵感和故事,为艺术爱好者提供了难得的观赏和学习机会。

4. 英国皇室的换兵仪式

英国皇室的换兵仪式是伦敦极具标志性的免费参观的活动之一。在白金汉宫前,卫兵们身穿传统的红色束腰卫衣,头戴黑色熊皮帽,新卫兵和老卫兵的交接仪式氛围盛大庄严,充满了皇室传奇色彩。

5. 诺丁山狂欢节

诺丁山狂欢节通常在每年的8月底的最后一个周末举行,它是欧洲规模最大的街头文化艺术节,以加勒比海地区的音乐、舞蹈和美食为主题,活动包括游行、音乐会、钢鼓比赛等,吸引了来自世界各地的游客和当地居民参与。

6. 街头市集和露天食品市场

伦敦拥有许多街头市集和露天食品市场,如博罗市场等,这些市场提供了多样化的美食和手工艺品选择,游客可以在这里品尝到来自世界各地的美食,购买到各种特色纪念品。

三、旅游现状及服务

(一)中英两国旅游外交关系及签证政策

中英两国之间有着长期稳定的双边关系。自1972年正式建立大使级外交关系以来,两国在政治、经济、文化等多个领域都保持着密切的合作与交流。这种友好的外交关系为两国间的旅游发展奠定了坚实的基础。

按英国法律规定,持中华人民共和国普通护照的人员入境或过境英国,均需事先办妥签证。申请人一般须就近向英国驻华使领馆在北京、武汉、沈阳、济南、重庆、成都、上海、杭州、南京、广州、深圳、福州、西安、昆明、长沙等地的外包签证中心申请。除特殊豁免和未满5周岁儿童外,一般须提供相应的指纹等生物信息。

持中国香港和澳门特别行政区护照的人员,如系来英探亲旅游、从事商务等活动,且在英停留不超过180天的,无需办理签证。

英国内政部自2008年起启用了移民计分制签证制度(PBS),将原本80多种工作、学习签证简化为五个层级的签证种类。如申请工作签证,一般需要提供英国境内雇主出具的担保人资质证明(COS),申请学生签证需要提供学校电子录取通知书(CAS)。

此外,为了进一步加强旅游合作,中英两国还会不定期地举办各类文化交流活动、旅游推广活动等,以增加两国人民之间的相互了解和友谊,推动旅游业的共同发展。

(二)交通概况

1. 航空

截至2023年10月,中国北京、上海、广州、成都、重庆、青岛、长沙、西安、武汉、深圳、香港、台北有直达航线到伦敦,北京、香港有直达航线到曼彻斯特。旅客们也可以通过欧洲大陆和中东地区的主要城市转机往来于中英之间。伦敦周边有5个主要客运机场,其中,希思罗国际机场是世界上非常主要的一个航空枢纽,连接着世界90多个国家约180座城市。伦敦市中心距希思罗国际机场约34千米,公共汽车、地铁、"希思罗特快"城铁专线来往于市区与机场间,另有M4号高速公路通向机场。除了伦敦,曼彻斯特、爱丁堡、格拉斯哥、利物浦、贝尔法斯特、伯明翰、纽卡斯尔等英国主要城市也有国际机场。

2. 陆路

英国铁路和公路交通十分发达。火车线路通达全国各地,班次密集;长途汽车和市内公共交通也极为便利。此外,英国与欧洲大陆(特别是法国、荷兰、比利时等国家)主要城市间也有"欧洲之星"Eurostar火车和长途汽车连接。英国火车与长途汽车的正点率较高,基本可以依据时刻表安排长途旅行。

此外,在英国购买车票比较方便,既可当场购买,也可从网上或电话订购。英国租车公司众多,一般都能在互联网查到客服热线。英国交通规则与中国有所不同,机动车靠左行驶,即使较轻微的违反交规行为都可能面临刑事处罚。交通事故严格按照当事人的过错比例划分责任。

(三)旅游线路推荐

1. 英国哈利·波特主题游

跟随《哈利·波特》的脚步,探访电影拍摄地及灵感来源地。

(1)伦敦:参观国王十字车站的"9¾站台",游览伦敦动物园、千禧桥等地,感受《哈利·波特》的魔法氛围。

(2)哈利·波特制片厂:深入了解电影制作过程。

(3)拉文纳姆&格洛斯特小镇:寻找电影中的场景。

(4)牛津:参观基督教堂学院,这是霍格沃茨大厅的灵感来源。

(5)约克和杜伦:探访对角巷的原型肉铺街及杜伦大教堂。

(6)爱丁堡:寻找J.K.罗琳的足迹。

2. 英国南部深度游

深入探索英国南部的自然风光与历史遗迹。

(1)斯特拉福德:探访莎士比亚故居。

(2)剑桥:游览剑桥大学及其著名景点。

(3)牛津:参观牛津大学及其著名景点。

(4)巴斯:享受古罗马浴场和皇家新月楼的宁静与幽雅。

(5)侏罗纪海岸:探索独特的自然地貌。

(6)布莱顿:感受海滨城市的活力与色彩。

3. 英国苏格兰高地自驾3日游

自驾穿越苏格兰高地,领略壮丽的自然风光。

(1)从爱丁堡出发,前往苏格兰高地,沿途欣赏湖光山色。

(2)游览格伦芬南高架桥、尼斯湖等著名景点,体验高地风情。

(3)返回爱丁堡,途中可以探访其他小镇或自然景点。

注意:自驾游需提前规划路线,了解当地交通规则,并确保车辆保险和驾驶证件齐全。

4. 伦敦深度游

全面体验伦敦的历史、文化与现代都市风貌。

(1)白金汉宫、特拉法加广场、大英博物馆等经典景点游览。

(2)乘坐泰晤士河游船,欣赏两岸风光。

(3)在科文特花园、中国城等地购物休闲。

(4)参观泰特现代美术馆、自然历史博物馆等。

(5)在伦敦西区观看音乐剧或戏剧。

(四)币种兑换

英国的法定货币是英镑。外币在英国不流通,英国主要机场、商业区都有银行或外币兑换所。大多数机场外币兑换所24小时营业,格拉斯哥和爱丁堡机场外币兑换所可能只营业到晚上8时。

(五)票务与酒店预订

英国的机票和酒店预订也可以通过多种途径进行。

1. 在线旅行社网站

像 Expedia、Booking.com、Hotels.com 等在线旅行社网站提供了丰富的英国机票和酒店选择。这些网站通常提供详细的酒店和航班信息,以及用户评价和价格比较,方便游客做出决策。

2. 航空公司和酒店官方网站

如果游客已经确定了要乘坐的航空公司或入住的酒店,可以直接访问其官方网站进行预订。这样通常能够获取更直接的服务和更详细的信息。

3. 旅游预订应用程序

许多旅游预订应用程序,如 TripAdvisor、Kayak、Skyscanner 等,都提供了英国机票和酒店的预订服务。这些应用程序通常可以在手机或平板电脑上使用,方便游客随时随地进行预订。

此外,游客也可以直接通过电话或电子邮件联系选择的酒店或航空公司进行客房或票务的预订。

第三节 法 国

一、国家概况

(一)自然地理

法国,位于欧洲西部,本土呈六边形,三边临水,国土面积55万平方千米(不含海外领地)。法国地势东南高西北低,平原占总面积的2/3。主要山脉有阿尔卑斯山脉、比利牛斯山脉、汝拉山脉等,主要河流有卢瓦尔河、隆河、塞纳河等。

法国的气候特点是海洋性气候、大陆性气候、地中海气候和山地气候并存。西部属温带海洋性气候,南部属亚热带地中海气候,中部和东部属大陆性气候。1月平均气温北部1—7 ℃,南部6—8 ℃;7月北部16—18 ℃,南部21—24 ℃。虽然夏天气温有时超过30 ℃,但总体来说,气候较为舒爽宜人。

(二)行政区划

法国行政区划分为大区、省和市镇。本土划为13个大区、96个省,还有5个海外单省大区、5个海外行政区和1个地位特殊的海外属地。全国共有34935个市镇(2024年1月)。

(三)国旗、国徽与国歌

1. 国旗

法国国旗为蓝、白、红三色旗,它是法国大革命时巴黎国民自卫队队旗。其中,白色代表国王的神圣地位,蓝色、红色代表巴黎市民,是王室和巴黎资产阶级联盟的象征。蓝、白、红三色也分别代表自由、平等、博爱。

2. 国徽

法国没有正式国徽,但传统上采用大革命时期的纹章作为国家的标志。纹章为椭圆形,由带有古罗马军团勋章的环带饰品所环绕。

3. 国歌

法国国歌为《马赛曲》,表达了法国人民争取民主、反对暴政的坚强信心和大无畏精神。

(四)人口、民族与语言

法国人口6837万人(2024年1月),主要为法兰西民族,也称为"高卢人"。其中,法兰西人占全国总人口的83%,少数民族有阿尔萨斯人、布列塔尼人、科西嘉人等,大约占人口总数的7.9%,还有约8%的人口来自非洲和欧洲其他国家的移民。

法国的官方语言为法语,但本土地方语言有20多种。

二、主要旅游目的地及其吸引力

(一)主要旅游城市及旅游景点

1. 首都巴黎

巴黎是法国的首都,地处法国北部,地势低平,平均海拔约为178米。巴黎不仅是法国最大城市,还是法国的政治、经济、文化和商业中心,以及世界五个国际大都市之一(其余四个分别为纽约、伦敦、东京、香港)。巴黎的主要旅游景点有卢浮宫、巴黎圣母院、凯旋门、埃菲尔铁塔、巴黎迪士尼乐园、圣母拜堂、圣日耳曼广场等。

巴黎还拥有被称为"法兰西第一大道"的街道香榭丽舍以及两段风格不同的香街,在这里,能享受购物的畅快。坐落于市中心奥斯曼大道的春天百货,是法国时尚、奢侈品、美容和生活方式的领导者之一,百货大楼整栋建筑是法国的文化遗产。巴黎还有汇聚法国多种知名品牌的巴黎河谷购物村,以及被誉为"巴黎购物天堂"的歌剧院商业区等。此外,还有世界知名的感受时装风尚的巴黎时装周。

2. 马赛

马赛位于法国东南部,是法国第二大城市,也是一座古老的城市,现为法国南部行政、经济、文化和交通中心,被评为"欧洲文化之都""欧洲体育之都"。马赛主要的旅行景点有伊夫岛、贾尔德圣母院、马赛美术馆、马赛旧港、欧洲和地中海文明博物馆等。马赛拥有长约57千米黄金海岸线及历史悠久的古迹,其历史古迹景点集中在老港周围。这里长期举办体育活动和赛事活动,以及各种音乐节和庆典活动,如马赛国际音乐节、马赛狂欢节等。

3. 里昂

里昂是法国古老的城市之一,其城市的形成可溯源至公元前6世纪,1998年被联合国教科文组织列为世界人文遗产城市。里昂是法国重要的工业城市,拥有20余所高等院校和科研机构,常被认为是法国的第二大都市区。

里昂也是法国乃至欧洲重要的文化与艺术中心,以丝绸贸易而闻名。里昂主要的旅游景点有里昂老城、里昂歌剧院、里昂市政厅、里昂美术馆、商业交易所、白莱果广场等。里昂艺术和文化气息浓厚,每年秋天里昂都会举办盛大的国际艺术节活动,还会开展灯光秀表演。2019年,里昂被GYBrand列为"全球500强城市"之一。

4. 波尔托湾

波尔托湾这个自然保护区是科西嘉地区自然公园的一部分,属斑岩地貌的多石地带。科西嘉岛是世界著名的旅游胜地,它是继西西里岛、撒丁岛、塞浦路斯岛之后的地中海第四大岛。这里是地质结构比较复杂的地区,已经历了两次明显的火山活动周期,地表有许多斑岩、玄武岩柱,经过海潮的严重侵蚀,一些年代久远的变质、变形、变态岩石出现。波尔托湾海岸线以约900米高的红色悬崖、沙滩、岬角——像开普奥萨尼和埃尔博半岛而闻名,被列为世界自然遗产。

5. 新喀里多尼亚潟湖

新喀里多尼亚潟湖是世界上较大的潟湖,主要旅游特色在于其全世界结构最为多样的珊瑚礁。这里生活着多个海洋生物群落,体现了主要的珊瑚礁多样性及相关的生态系统,也是世界三大珊瑚礁生态系统之一。潟湖中,生活着大量的大型鱼类,其种类极为丰富,而掠食动物的数量适当。此外,这里完整地保留着山地和海洋的原始风貌,拥有着许多当地独有的物种,通常被描述为"世界尽头的天堂",并因其卓越的丰富多样性而被联合国教科文组织列入《世界遗产名录》。

6. 沙特尔大教堂

沙特尔大教堂是法国著名的哥特式教堂之一,也是欧洲较大的哥特式教堂。教堂主体建筑气势恢宏,色彩斑斓,美轮美奂。此外,教堂内的雕塑和管风琴也是不可错过的景点。沙特尔大教堂通常被描述为一座充满神秘和浪漫色彩的教堂,是法国的代表性景点之一。教堂的玫瑰窗和哥特式建筑风格成为其标志性的形象,吸引了无数游客前往参观。

7. 凡尔赛宫及其园林

凡尔赛宫及其园林位于巴黎西南部的凡尔赛镇,是欧洲较大的王宫,也是"世界五大宫殿"之一(其他四大宫殿为北京故宫、英国白金汉宫、美国白宫、俄罗斯克里姆林宫)。凡尔赛宫及其园林于1979年被联合国教科文组织列入《世界遗产名录》,被认为是法国和欧洲的重要历史文化遗产。

8. 巴黎圣母院

巴黎圣母院又名"巴黎圣母主教座堂""巴黎圣母院大教堂",位于巴黎市中心城区,与巴黎市政厅和卢浮宫隔河相望。巴黎圣母院是世界上第一座完全意义上的哥特式教堂,建筑本体的雕刻艺术、绘画艺术及堂内珍藏的大量艺术珍品具有极高的历史文化价值和蜚声中外的世界声誉,它是法国巴黎的象征、世界主流宗教基督教圣地(见图4-2)。1991年,巴黎圣母院被联合国教科文组织列入《世界遗产名录》。

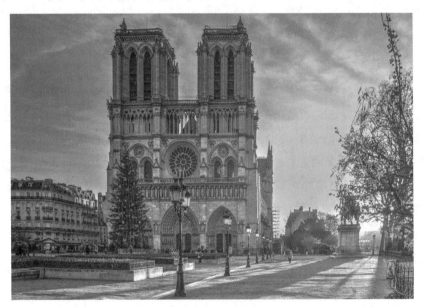

图4-2　巴黎圣母院

(二)特色旅游活动

1. 元旦

元旦在法国也被称为"新历年"。法国人会选择在元旦这一天回家与家人团聚,享受一顿丰盛的晚餐。在法国的一些城市,还会举行各种庆祝活动,如烟花表演、音乐会、舞会等。法国在元旦还有一个特殊的活动,那就是冬泳。一些人认为,在元旦这一天进行冬泳可以给新的一年带来好运和健康。

2. 圣诞节

圣诞节在法国又称"耶诞节",是西方传统节日,起源于基督教。这个节日是纪念耶稣基督诞生的日子,也是庆祝和感恩的时刻。在西方国家,圣诞节是一个重要的公共假日,人们通常会在这个时候与家人团聚,一起度过这个特殊的节日。节日期间,一般会有特殊的庆祝活动,如圣诞游行、烟花表演等。

3. 里昂灯光节

里昂灯光节是法国里昂市每年举办的一场盛大的文化活动,也是全球较大的灯光节。节日期间,里昂市中心的各处重要建筑和广场都会被点亮,其绚烂多彩的灯光景观,吸引了数以百万计的游客前往观赏。每年的11月底到12月末,里昂市的大街小巷都会被装饰成灯光海洋,这是参加里昂灯光节的最佳时节。

4. 戛纳电影节

戛纳电影节全称"戛纳国际电影节",亦译为"坎城国际电影节",是当今世界上极具影响力、极为顶尖的国际电影节之一。戛纳国际电影节与柏林国际电影节、威尼斯国际电影节并称为"世界三大国际电影节",其最高奖项为"金棕榈奖"。它在每年5月举办,为期12天左右,其间除影片竞赛外,市场展也同时进行。第77届戛纳国际电影节于2024年5月14日至5月25日举办。

5. 尼斯狂欢节

尼斯狂欢节在每年的2月中旬或下旬举行,通常持续2周左右,是法国尼斯市每年举办的一项盛大节日活动,也是"世界三大狂欢节"之一。在尼斯狂欢节期间,整个城市变得热闹非凡,各种庆祝活动、游行、音乐和舞蹈表演等层出不穷。人们穿着各式各样的奇装异服,戴上五彩斑斓的面具,走上街头。尼斯狂欢节不仅是一个庆祝活动,更是一个展示尼斯市文化、艺术和历史的盛会。许多艺术家和表演者都会在这个舞台上展示自己的才华和创意,吸引来自世界各地的游客和当地居民。

三、旅游现状及服务

(一)中法两国旅游外交关系及签证政策

1964年1月27日,中法两国建立大使级外交关系。建交后,两国关系总体发展顺利。2019年,我国是法国在亚洲的最大游客来源国,法国是最受中国游客欢迎的欧盟国家。2019年,我国公民出境游首站赴法73.56万人次,法国公民访华49.10万人次。2023年10月,中国驻巴黎旅游办事处在巴黎国际旅游专业展设立中国展台,并首次推出"你好!中国"旅游推广标识。2023年3月15日起,中国旅行社及在线旅游企业恢复经营中国公民赴法国团队旅游业务。2023年12月1日起,中国对法国持普通护照人员来华经商、旅游观光、探亲访友和过境,实行15天内单方面入境免签政策。2023年1—

9月,中国公民首站访法18.64万人次,法国公民访华10.18万人次。截至2024年,两国间已有友好城市和省区113对。

根据法国法律规定,中华人民共和国普通护照持有者(不含港澳台居民)入境或过境法国,均需事先办妥签证,法国不为中国公民办理落地签证。申请人可以就近向法国驻华使领馆在北京、广州、成都、上海、沈阳、武汉、长沙、南京的签证中心申请。

中国公民赴法签证主要分为短期居留签证,停留期小于或等于90天,"统一申根短期居留签证"每5年采集一次指模。2024年3月31日起,办理一个申根签证可以畅游29个申根国家。外交、公务和公务普通护照持有者应通过外交部领事司或其他被授权单位递交签证申请(持外交护照非常驻人员在包括法国在内的欧盟成员国每180天内停留最长不超过90天的,免办签证)。各类签证申请材料等具体信息可登录法驻华使领馆网站及各签证受理中心查询。如向其他申根国家申请申根签证但从法国入境,应能证明当事人主要停留国为签证签发国,以备入境时边防警察查问。

(二)交通概况

1. 航空

目前,北京、上海、广州、深圳、厦门、重庆、香港、台北至巴黎均有定期直航航班,旅客也可以通过欧洲和中东地区的主要城市转机往来于中法之间,有关航班信息可查询国航官网、东航官网、南航官网、海航官网、厦航官网、国泰官网、法航官网等相关航空公司网站。巴黎有两个主要国际机场,即戴高乐机场和奥利机场。除了巴黎,里昂、马赛、尼斯等法国主要城市也有国际机场。

2. 陆路

火车是在法国出行的首选交通工具。法国铁路网非常发达,高速火车(TGV)或TER(地区快速列车)连接了所有主要城市。火车票价实行浮动制,价格差异主要取决于座位舒适度(一等座和二等座)和出行时间(是否高峰时段)。在法国境内,火车订票及优惠信息可以通过法国铁路公司网站或TGV INOUI、SNCF等App查询。车票尽量提前预订,上车之前必须在检票机上(橘黄色的检票机一般安放在站台入口处)检票,越来越多乘客选择使用手机TGV INOUI、SNCF等App的二维码乘车。如果无票或没有检票,会被查票员罚款。

法国的公路网也非常发达,总里程超过100万千米,其中约12000千米为高速公路。法国高速公路收费可使用银行卡的近场支付功能支付,沿途有服务区,在书店和加油站,还可以买到各种道路指南和交通图。

（三）旅游线路推荐

1. 巴黎经典之旅

（1）参观埃菲尔铁塔，欣赏巴黎的城市风光，晚上在铁塔附近的餐厅品尝法式美食。

（2）游览卢浮宫，欣赏《蒙娜丽莎》《米洛斯的维纳斯》等世界名画和雕塑。

（3）漫步香榭丽舍大街，感受巴黎的时尚气息，前往巴黎歌剧院欣赏演出。

（4）参观巴黎圣母院，了解其哥特式建筑的历史和文化。

（5）前往凡尔赛宫，欣赏镜厅、大特里亚农宫等法国皇室的奢华与荣耀。

（6）在蒙马特高地参观圣心大教堂，俯瞰整个巴黎的城市风光。

（7）来到奥赛博物馆，沉浸在印象派和后印象派的艺术世界中。

2. 诺曼底与卢瓦尔河谷城堡群之旅

（1）参观莫奈花园，欣赏印象派大师的作品与自然风光的完美结合。

（2）游览象鼻山，体验自然奇观的魅力。

（3）来到圣米歇尔山，欣赏"海洋金字塔"，探索中世纪修道院的神秘与美丽。

（4）游览圣马洛，感受中世纪海港城的风情。

（5）深入卢瓦尔河谷，游览香波堡、舍农索城堡等文艺复兴时期的建筑杰作，体验法国贵族的历史气息。

（6）到波尔多品酒，了解法国葡萄酒文化。

3. 南法度假之旅

（1）在尼斯海滩上享受阳光和沙滩。

（2）漫步埃兹小镇，参观香水博物馆和"鹫巢"空中花园。

（3）游览摩纳哥，感受地中海小国的奢华与魅力。

（4）到达戛纳，参观戛纳电影节宫和海滨大道。

（5）来到格拉斯小镇，探索"香水之都"的秘密。

（6）抵达圣特罗佩和马赛，体验南法的海滨风情与历史文化。

（7）在圣十字湖和韦尔东大峡谷进行户外活动，享受大自然的宁静与壮美。

（四）币种兑换

法国通用货币为欧元，主要商业银行有巴黎银行、兴业银行、农业信贷银行等。此外，中国银行、中国工商银行、中国建设银行等国内银行在法国设有分支机构。法国是欧洲银行业较为发达的国家，信用卡使用较为普及。国内银行发行的银联卡在当地可以使用，有些付款无须输入密码。部分中国人经常光顾的商店也可以支付宝、微信支付。出于安全考虑，建议不携带大量现金。

（五）票务与酒店预订

1. 票务预订

旅行社、在线的旅游代理网站和航空公司或酒店的官方网站、客服中心是法国预订机票和酒店的常见方式。建议提前通过航空公司官网、在线旅行代理或旅行社查询并预订机票，注意选择航班时间、了解行李规定及签证要求，同时考虑购买旅行保险。

2. 酒店预订

对于酒店预订，可以根据旅游行程选择位置便利、价格合适的酒店，通过在线预订平台或直接联系酒店进行预订，务必确认取消与变更政策、支付方式以及入住与退房时间，以确保旅途顺利无忧。

第四节　芬　兰

一、国家概况

（一）自然地理

芬兰，国名的含义为"湖沼之国"。芬兰位于欧洲北部，首都是赫尔辛基，芬兰与瑞典、挪威、俄罗斯接壤，南临芬兰湾，西濒波的尼亚湾，地势北高南低。芬兰有"千湖之国"之称，全国1/3的土地在北极圈内。

芬兰属温带海洋性气候，冬季平均气温零下14 ℃至零下3 ℃，夏季13—17 ℃，年均降水量600毫米。

芬兰森林覆盖率约76%，面积约2241万公顷，人均4.2公顷，居欧洲第一位、世界第二位，木材储积量25亿立方米。水利资源丰富，矿产资源中铜较多，还有少量铁、镍、钒、钴等。泥炭资源丰富，已探明储量约690亿立方米。重视核能开发利用，电能生产量的1/3和消费量的1/4来自核能。

（二）行政区划

芬兰实行两级行政体制，即行政区和市镇，包括18个行政区和奥兰岛自治区及309个市镇。这种体制有效促进了地方自治与国家管理的平衡。市镇作为基本行政单位，负责地方事务，享有征税权，体现了芬兰的分权治理模式。奥兰岛自治区享有高度自治权，使用瑞典语，保留独特文化习俗，彰显了芬兰对民族和语言多样性的尊重。

（三）国旗、国徽与国歌

1. 国旗

芬兰国旗名为白底蓝色十字旗。蓝色代表湖与天，白色代表雪。

2. 国徽

芬兰国徽为红色盾徽。盾面上为一只头戴王冠的金色狮子，前爪握着一把剑，脚踩着一把弯刀。九朵玫瑰花点缀在狮子周围，据推测代表的是芬兰历史上的九个省，但玫瑰的数量几经变化。

3. 国歌

芬兰的国歌是《我们的国家》。

（四）人口、民族与语言

芬兰人口总数561.4万人（2024年5月）。其中，芬兰族约占84.9%，瑞典族人约占5.1%，其余为萨米族人等。

芬兰语和瑞典语均为芬兰的官方语言。

二、主要旅游目的地及其吸引力

（一）主要旅游城市及旅游景点

1. 赫尔辛基

赫尔辛基位于芬兰湾北岸的维洛尼埃米半岛上，三面被波罗的海包围。赫尔辛基是全国文化、金融和经济活动中心，也是芬兰最大的工业中心，交通便利，科教文化事业发达，著名景点有赫尔辛基大学、芬兰国家剧院、赫尔辛基大教堂、西贝柳斯纪念碑、岩石教堂、芬兰堡要塞等。

2. 图尔库

图尔库位于芬兰国境西南端海岸、波的尼亚湾畔，是仅次于赫尔辛基的重要的文化中心。图尔库的著名景点有图尔库大教堂、中世纪的瑞典语话剧院、希腊正教教堂、海事博物馆等。

3. 罗瓦涅米

罗瓦涅米是芬兰北部拉普兰省省会，也是世界上唯一设在北极圈上的省会，是芬兰北部政治、经济、文化与旅游中心。罗瓦涅米的主要景点有圣诞老人村、萨米人驯鹿养殖园等。

4. 拉赫蒂

拉赫蒂位于芬兰南部、派延奈湖南端，是芬兰的著名冬季运动之城。每年冬天，这里都会举行芬兰全国和国际性的滑雪、跳雪比赛。拉赫蒂也是一个工业、商业和旅游城市，主要景点有城市文化馆、克让斯教堂、拉赫蒂理工学院等。

5. 拉彭兰塔

拉彭兰塔位于芬兰东南角的塞马湖畔，是芬兰最大的内陆港，毗邻通往俄罗斯的塞马运河，曾是瑞典女皇的边境要塞之地，小城处处洋溢着异国风情。拉彭兰塔的主要名胜包括 Linnoitusniemi 半岛古要塞上的旧城区、东正教教堂、胡高夫庄园博物馆、塞马运河博物馆等。

6. 劳马古城

劳马古城位于波特尼亚海湾，为芬兰古老的港口之一，著名景点有中世纪遗留下来的石板街上用窄木板制造的古老大宅、14世纪的中古圣十字教堂与改为劳马博物馆的市政厅等。联合国教科文组织于1991年将劳马古城作为文化遗产列入《世界遗产名录》。

7. 佩泰耶韦西古教堂

佩泰耶韦西古教堂位于芬兰中部，整个建筑由原木建成。1994年，佩泰耶韦西老教堂被联合国教科文组织作为文化遗产列入《世界遗产名录》。佩泰耶韦西古教堂是一座典型的斯堪的纳维亚东部的传统建筑，它将文艺复兴时期主要的教堂风格与源于哥特式建筑穹形天花板的古老形式结合在一起。

8. 赫尔辛基大教堂

赫尔辛基大教堂位于赫尔辛基市中心，为新古典主义风格，能容纳1300人。赫尔辛基大教堂有一个绿色的大圆顶，周围是四个小圆顶，构成赫尔辛基市中心的一道独特风景。这座教堂既举行日常的礼拜，也举行婚礼等特别活动。

9. 芬兰国家博物馆

芬兰国家博物馆坐落在赫尔辛基市中心，俗称"高塔"，其主塔楼模仿了图尔库大教堂的风格。博物馆共有四层，藏品丰富，囊括了芬兰170年来考古学、历史学、古钱币、人种学等方面的发现，展示了芬兰从史前文明到当今社会的发展历程。

10. 芬兰堡

芬兰堡建在赫尔辛基外海上的一座小岛上，是现存世界上较大的海防军事要塞，也是芬兰著名的景点。芬兰堡还有教堂、军营、城门等名胜古迹，有世界上不可多得的海上军事遗迹，以及各式各样的趣味博物馆。1991年，芬兰堡被联合国教科文组织列入《世界遗产名录》。

11. 圣诞老人村

圣诞老人村(见图4-3)位于拉普兰地区罗瓦涅米以北8千米处的北极圈上,地图上标有66°32′35″字样的白色标线就是北极圈的纬度,北极圈正好横穿村庄而过。来此游玩时,可以找到画有北极圈纬度的白色标线,还可以领取一份跨越极圈的认证书。圣诞老人村是一组主打圣诞特色景观与体验的木质建筑群,每年有大量游客来这里一睹"圣诞老人"的风采。

图4-3 圣诞老人村

(二)特色旅游活动

1. 独立日

12月6日为芬兰的独立日。1917年12月6日,芬兰脱离沙俄统治,成为独立国家。独立日这一天,人们会参加各种庆祝活动,包括政治集会、音乐会和烟花表演。人们会穿着芬兰国旗的颜色——蓝色和白色的服装,庆祝芬兰的独立和自由。

2. 五一节

芬兰的五一节庆祝活动在五一节前一天开始。通常,人们会去公园野餐,整个氛围就像一场规模宏大的盛宴。美食包括漏斗蛋糕和甜甜圈,以及作为搭配的芬兰蜜酒。

3. 仲夏前夜和仲夏节

芬兰的仲夏前夜和仲夏节在每年的6月19日—26日的周五和周六。这个节日象征着驱逐邪恶和迎接夏季的到来。人们会在湖边或海滩上举行篝火晚会,围绕着篝火唱歌、跳舞和享受美食。

4. 圣诞节

12月25日的圣诞节是芬兰的传统节日,人们在这一天会庆祝"圣诞老人"的到来。

在罗瓦涅米的圣诞老人村里，每当圣诞节来临之际，"圣诞老人"会用多种不同的文字给世界各地的小朋友发出圣诞贺信。

5. 芬兰赛鹿节

每年3月，拉普人都要在北部最大的湖泊——伊纳里湖上举办一年一度的赛鹿活动。这是一项具有浓郁民族风情的传统比赛项目，既能锻炼人们勇敢顽强的精神，也能检验驭手的驯鹿技艺。

6. 追极光

在芬兰，极光一般在9月底至次年4月初可以观测到，其中冬季是最佳观赏季节。芬兰北部地区的极光观测条件非常好，如罗瓦涅米等地。在这些地方，游客可以在寒冷的夜晚欣赏到美丽的极光，体验这一自然奇观带来的震撼。

7. 雪地活动

芬兰的雪地活动丰富多彩，包括狗拉雪橇、驯鹿雪橇、雪地摩托、冰钓等。这些活动让游客能够充分体验芬兰冬季的冰雪乐趣。雪地活动一般要在10月中旬之后开始，靠北的地区一般10月开始降雪，11月至次年1月是降雪最多的季节。

三、旅游现状及服务

（一）中芬两国旅游外交关系及签证政策

芬兰于1950年10月28日与中国建交。建交以来，中芬关系稳定发展，在政治、经贸、科技、文化等领域的交往与合作取得显著成果。

自2000年以来，前往芬兰旅游的中国游客数量保持持续增长，平均每年增长15%。2019年，芬兰接待了20多万人次中国游客，在芬兰留宿间夜数达44万。随着签证办理及航班运力的放宽与恢复，2020年，正值中芬两国建交70周年，中国和芬兰旅业伙伴的合作进一步加深。2023年冬季，中国市场的恢复态势迎来较为显著增长。

芬兰于2001年3月加入"申根协定"。根据该协定规定，在任何一个申根国驻华外交代表机构取得入境签证，可同时免签到其他25个申根国家旅行。中国与芬兰缔结互免签证协定，中国公民持有外交护照、欧盟通行证前往芬兰短期旅行通常无需签证。虽然持有申根签证能免签到其他申根区国家旅行，但应首先赴主要目的地国家（即在外停留时间最长的国家）的驻华使领馆申请签证。如果在各申根国家的停留天数相同，应赴第一个抵达国家的驻华使领事馆申请签证。依据访问次数，中国公民可以在芬兰驻华使领馆申请一次入境、两次入境和多次入境签证。其中，一次入境和两次入境签证有效期最多为6个月，最长可停留90天；多次入境签证有效期最多为12个月，6个月内最长可停留90天。

(二)交通概况

1. 航空

中国与芬兰之间的航线由芬兰航空公司和上海吉祥航空公司经营。赫尔辛基-万塔国际机场是芬兰最繁忙、最重要的现代化空港,每天大约有120架国际航班抵达,它距离赫尔辛基市中心有19千米,开车约需30分钟。2018年5月13日,芬兰航空开通赫尔辛基—南京航线。2019年4月8日,西藏航空赫尔辛基—济南—拉萨航线顺利开通,西藏航空成为首家执飞芬兰的中国航空公司。2020年7月,芬兰航空公司恢复每周一班飞往上海的航班。

2. 陆路

芬兰主要大城市之间都有列车线路,包括北部的拉普兰地区。首都地区拥有优良的本地通勤火车网络。此外,赫尔辛基每天都有开往莫斯科和圣彼得堡的火车。

(三)旅游线路推荐

1. 夏季(5—9月)芬兰旅游线路推荐

(1)来到赫尔辛基,参观赫尔辛基大教堂、芬兰堡等景点。
(2)到达罗瓦涅米,探访圣诞老人村,与"圣诞老人"合影,感受浓厚的圣诞氛围。
(3)参观驯鹿农场,亲近这些可爱生灵。
(4)参与进山采浆果等活动,体验芬兰的乡村生活。
(5)来到凯米坎加斯国家公园,进行徒步和皮划艇体验。
(6)乘船游览凯米河,欣赏两岸美景。
(7)参观凯米冰雪城堡(夏季可能开放为其他形式的娱乐设施)。

2. 冬季(10月至次年4月)芬兰旅游线路推荐

(1)来到罗瓦涅米,探访圣诞老人村,体验驯鹿雪橇、邮寄明信片等服务。
(2)入住芬兰玻璃屋,躺着追极光。
(3)前往希尔克内斯等地,体验雪地摩托、狗拉雪橇等雪地活动。
(4)追寻极光的脚步,享受芬兰冬季的浪漫。
(5)参观凯米冰雪城堡,感受冰雪世界的魅力。
(6)乘坐破冰船,体验北冰洋浮潜(视天气情况而定)。

(四)币种兑换

芬兰货币现在使用的货币为欧元,主要支付方式包括银行转账和信用卡支付。

(五)机票与酒店预订

在线的旅行代理网站、航空公司或酒店的官方网站、客服热线是芬兰预订机票和酒店的主要方式。在网上填写出发地、目的地、日期等信息后,系统就会展示各种可选择的机票和酒店。

赫尔辛基、罗瓦涅米、凯米等城市是芬兰旅游的主要目的地,这些城市拥有众多酒店供游客选择。直接通过酒店官网预订可以享受酒店提供的会员优惠和积分累积等福利。同时,携程旅行网等,这些网站会提供多家酒店的比价服务,游客可以方便地查询并预订性价比较高的酒店。

第五节 瑞 士

一、国家概况

(一) 自然地理

瑞士,位于中欧的内陆国,与奥地利、列支敦士登、意大利、法国和德国接壤,总面积41284平方千米。瑞士全国地势高峻,西北部的汝拉山区、中部的平原及南部的阿尔卑斯地区构成三个自然地形区。连接欧洲南北的主要干线穿越瑞士的阿尔卑斯山。最低点位于阿斯科那市(海拔196米),最高点是杜富尔峰(海拔4634米)。

瑞士地处北温带,受海洋性气候和大陆性气候交替影响,四季分明,气候变化较大,年平均气温9℃。在瑞士,几千米内的土地上会看到完全不同的景色及气候条件。

瑞士矿产资源匮乏,仅有少量盐矿、煤矿、铁矿和锰矿。生产生活所需能源、工业原料主要依赖进口。水力资源丰富,利用率达95%。瑞士的淡水资源占欧洲总量的6%。欧洲三大河流——莱茵河、罗纳河和因河均发源于瑞士。

(二) 行政区划

瑞士的行政区划分为三级,即联邦、州、市镇。全国由26个州组成(其中6个州为半州):苏黎世、伯尔尼、卢塞恩、乌里、施维茨、上瓦尔登(半州)、下瓦尔登(半州)、格拉鲁斯、楚格、弗里堡、索罗图恩、巴塞尔城(半州)、巴塞尔乡(半州)、沙夫豪森、外阿彭策尔(半州)、内阿彭策尔(半州)、圣加仑、格劳宾登、阿尔高、图尔高、提契诺、沃州、瓦莱、纽沙泰尔、日内瓦、汝拉。

(三) 国旗、国徽与国歌

1. 国旗

瑞士国旗呈正方形,旗底为红色,正中一个白色十字。白色象征和平、公正和光明,红色象征奋斗和爱国热情,国旗的整组图案象征国家的统一。

2. 国徽

瑞士国徽为盾徽。图案和颜色与国旗的相同,意义也与国旗的一致。

3. 国歌

《瑞士诗篇》是瑞士的国歌,作者为列昂哈尔德·维德美尔。

(四)人口、民族与语言

瑞士的总人口873.8万人(2024年1月),其中外籍人口约占26.5%。瑞士的人种主要是欧罗巴人种,其中日耳曼瑞士人占74%,法兰西瑞士人占20%,意大利瑞士人占4%,雷托罗曼人占1%。

德语、法语、意大利语及拉丁罗曼语四种语言均为瑞士的官方语言。

二、主要旅游目的地及其吸引力

(一)主要旅游城市及旅游景点

1. 伯尔尼

伯尔尼是瑞士的首都,也是瑞士古老的城市之一,被联合国教科文组织列为世界文化遗产。伯尔尼位于瑞士伯尔尼高地,是仅次于苏黎世、日内瓦和巴塞尔的第四大城市。

伯尔尼始建于1191年,1848年成为瑞士联邦的政府所在地。阿勒河把该城分为两半,西岸为老城,东岸为新城,横跨阿勒河的几座宽阔大桥把老城和新城连接起来。伯尔尼的建筑风格多为哥特式和文艺复兴式,有着浓厚的中世纪氛围。伯尔尼的著名景点有伯尔尼大教堂、联邦宫、钟楼、熊坑等。伯尔尼还是一个充满活力的城市,有着丰富的文化和艺术活动,以及多样的餐饮和娱乐场所。伯尔尼也是一个让人感到温馨和舒适的城市,游客可以在这里感受瑞士的传统和魅力。

2. 苏黎世

苏黎世位于瑞士中北部,是瑞士第一大城市和最重要的工商业城市、苏黎世州的首府,以及全国政治、经济、文化和交通中心,也是全欧洲富有的城市,已连续多年被联合国人居署评为"全球最宜居的城市"之一。

苏黎世是欧洲重要的文化中心,国际足球联合会的总部亦设在此地。苏黎世是瑞士银行业的代表城市,也是世界上较大的金融中心。苏黎世是一个购物的天堂,有着世界上最贵的购物街巴哈诺夫大街,这里可以买到各种名牌和奢侈品。苏黎世也是一个有着丰富夜生活的城市,有着许多酒吧、俱乐部和音乐厅,游客可以在这里体验瑞士的时尚和潮流。

知识拓展 4-4

3. 卢塞恩

卢塞恩又译"琉森",是琉森州的首府,也是瑞士旅游的中心城市,被誉为"瑞士最美丽的城市"之一。

卢塞恩的自然风光和人文景观都很多,诸如琉森湖、罗伊斯河、卡佩尔桥、穆塞格城墙、冰川公园等。卢塞恩的老城区保留了中世纪的风貌,有着色彩鲜艳的建筑、精美的壁画和幽雅的喷泉。卢塞恩还是瑞士著名的金色山口列车的起点站,可以乘坐这趟豪华的火车,欣赏沿途的壮丽景象。卢塞恩东、西两面有两座壮美的山峰——瑞吉山、皮拉图斯山,也是游览的热门景点。

4. 少女峰与阿莱奇冰川

少女峰与阿莱奇冰川位于瑞士西南边区瓦莱州的东北部。2001年,少女峰和阿莱奇冰川一起被列为世界自然遗产,成为阿尔卑斯山区第一个世界自然遗产地。遗产地为阿尔卑斯高山地貌的典范例证,包括山区遭受冰川侵蚀最严重的部分以及欧亚大陆最大的冰川。在景区的中心地带,分布着三座海拔4000米以上的山峰——艾格峰、僧侣峰、秀美的少女峰(见图4-4)以及阿莱奇冰河附近的冰川景观。穿越大冰河的旅程充满了惊险和刺激,游客不仅可以看到壮丽的冰山和宏伟的岩石,还有沿路的山花烂漫和郁郁葱葱的森林点缀着旅途。

图4-4 少女峰

5. 圣乔治山

圣乔治山位于提奇诺州境内卢戈诺湖南部的山脉中,呈金字塔形,山上树木繁茂,这条山脉被认为是三叠纪时代海洋生物化石的最完整的记录档案。随之而来的就是记录了在热带潟湖环境中靠近海岸的暗礁或部分被分离或部分被遮蔽的生物。丰富多彩的海洋生物在这片咸水湖中生存繁殖——有爬行动物、鱼类、双壳贝类、菊石、棘皮动物和甲纲类动物。这里还有遗存的化石，包括一些陆生的化石——有爬行类、昆虫和植物，从而形成了极为丰富的化石资源。2003年，圣乔治山被联合国教科文组织列为世界自然遗产。

6. 萨多纳地质结构

萨多纳环形地质结构位于瑞士东北部，包括7座海拔超过3000米的山峰，于2008年被联合国教科文组织列为世界自然遗产。这一区域是陆地冲撞和俯冲形成的造山运动的特例，具有非常完好的地质断面。

7. 圣加仑修道院

圣加仑修道院位于瑞士圣加仑州的圣加仑市。作为加罗林王朝时期修道院的典型代表，圣加仑修道院在西方学术与宗教活动史上占有重要地位，作为文化遗产被列入《世界遗产名录》。

圣加仑修道院是中世纪欧洲的学术中心，修道院图书馆是欧洲保存完好的中世纪图书馆之一，其正门上用希腊文赫然刻着这么几个字——"灵魂的药房"。图书馆里收藏了超过16万册古籍，藏书中包括2000多册中世纪的手写本和1650册"摇篮印刷"（亦称为"摇篮书籍"）时代的印刷本等珍贵书籍。一些历史手稿被藏在黄金匣中，包括一些原始文件、圣歌乐谱以及修道院与教区档案等具有重大历史价值的文件。

8. 本笃会圣约翰女修道院

米施泰尔的本笃会圣约翰女修道院在1983年被列为世界文化遗产。本笃会圣约翰女修道院拥有世界上最大的中世纪前期壁画群，这些大约创作于公元800年的壁画是卡洛林王朝时期艺术的精品，沿袭了卡洛林王朝时期的艺术风格，整座修道院因为这些精美的壁画而熠熠生辉。本笃会圣约翰修道院能在世界艺术殿堂以其独特性占据一席之地，应归功于查理曼大帝。

（二）特色旅游活动

1. 巴塞尔狂欢节

狂欢节是巴塞尔形象不可或缺的一部分，是瑞士规模最大、最受欢迎的节日，有15000—20000名游客参加该节日的活动，参与者会在节日期间佩戴面具。狂欢节会在圣灰星期三之后的周一举行开幕式。清晨，当时钟的指针指向4时，成群结队的横笛演奏者和鼓手在喧闹中穿上他们的节日礼服，佩戴好带有小头灯的面具。在小头灯的微光下，他们一边演奏着节日的曲目，一边游走于仍未从黑夜中苏醒的市中心。

2. 国际阿尔卑斯节

阿尔卑斯长号一直是农民用来在牧场和奶牛或其他牲畜交流的工具。尽管如今该乐器已失去其原始功能，但随着时间的流逝，它已成为人们的一种纪念和瑞士国家的一种象征物。每年7月，在瓦莱州会举行国际阿尔卑斯节，特色是传统的服装游行、官方的阿尔卑斯号角吹奏比赛，以及150多个音乐家同时演奏的纪念性阿尔卑斯号角音乐会。

3. 瑞士国庆日

瑞士国庆日为每年的8月1日，以纪念1291年夏天。这一天，建筑物上装饰着国旗，面包师制作特殊的面包卷，背着点燃的纸灯笼的孩子们晚上在街上漫游。庆祝活动的重头戏是市政当局组织的焰火表演，以及众多山顶篝火晚会。

4. Schwägalp 摔跤节

摔跤是一项传统的瑞士运动，整个夏季，最好的摔跤手、举世闻名的Bösen（翻译为"邪恶的人"）在这里发挥自己的力量，进行摔跤比赛。这场比赛就位于强大的桑蒂斯峰下方，它以自然的野蛮力量和战士的强大力量给观众留下了深刻的印象。

5. 登城节

登城节是瑞士每年12月庆祝的日内瓦节日，以纪念日内瓦在1602年击败入侵的萨沃伊公爵的军队。当时战事严峻，但日内瓦人民英勇地捍卫了自己的城镇。节日当天，大约800名身着传统服装的人们游行或骑马漫步在日内瓦的老城区，感觉仿佛回到17世纪。夜幕降临，人们在篝火旁边欢聚取暖，品尝传统的美味。

三、旅游现状及服务

（一）中瑞两国旅游外交关系及签证政策

中瑞两国的旅游外交关系呈现出一种积极、互利共赢的发展态势。瑞士作为一个备受中国游客青睐的旅游目的地，其优美的自然风光和深厚的文化底蕴吸引了大量中国游客前往游览。同时，中国游客也为瑞士的旅游业带来了可观的收益，促进了当地经济的发展。在两国政府和相关机构的推动下，双方之间的旅游合作不断加强，签署了便利游客往来的协议，为游客提供更加便捷的服务；同时，双方也在加强旅游宣传和推广方面的合作，让更多的中国游客了解并向往瑞士的旅游资源。

2004年6月，中瑞签署了旅游目的地协议。2017年，双方共同举办"中瑞旅游年"活动。2023年1月，瑞士成为国内旅行社经营中国公民出境团队旅游业务的首批试点国家。2024年3月14日起，中方决定对瑞士持普通护照人员来华经商、旅游观光、探亲访友和过境，实行15天内单方面入境免签政策。

瑞士于2008年12月加入"申根协定"。游客凭申根签证可直接进入瑞士或经由其他申根国家进入瑞士。停留期最长一般不超过3个月。短期申根签证的持有者在任意连续的180天内，在申根国家连续累计最长可停留90天，如需停留更长则需申请长期签证。

瑞士在北京设有大使馆,在上海、广州、香港、成都设有总领事馆。目前,瑞士驻华使领馆与VFS GLOBAL瑞士签证中心合作,分别在北京、上海、广州、成都、武汉、沈阳、西安、杭州、南京、深圳、昆明、长沙、济南、重庆、福州等地开设了签证代办中心,申请人需要通过签证代办中心预约并提交签证申请。建议签证申请人提前半年开始准备签证的相关事宜。

(二)交通概况

1. 航空

瑞士的主要国际机场有苏黎世机场、日内瓦机场和巴塞尔机场(位于法国境内)。瑞士国际航空在中瑞两国之间有苏黎世至北京、上海、香港三条直航航线,还有日内瓦至北京直航航线,以及苏黎世至成都、深圳等直航航线。

2. 陆路

瑞士的铁路系统全部实现电气化,密度居世界前列。瑞士的火车比较快捷、可靠、舒适和整洁,因而受到游客的欢迎。在苏黎世和日内瓦的入境机场都有火车站。瑞士各大城市基本保证每小时有一班车。

此外,瑞士的公路运输线路四通八达,一般车辆的限速为高速公路为每小时120千米,一般公路为每小时80千米,城镇为每小时50千米。高速公路有绿色指示标志识别。除非另有标志,靠右边行驶的司机有优先通行权。靠右边行驶,从左边超车,禁止从右边超车。

"邮政公共汽车"能让旅客舒适方便地到达瑞士的各个旅游景点。在瑞士乘车穿越高山关隘可以体验到在别处体验不到的旅行感受。

(三)旅游线路推荐

1. 瑞士经典五日游

第一天:苏黎世启程。抵达苏黎世,作为瑞士的商业和文化中心,苏黎世拥有许多值得一游的景点。步行游览市内环线,欣赏令人惊叹的建筑和美丽的风景。前往观景台俯瞰整个老城,感受苏黎世的独特魅力。

第二天:莱茵瀑布与卢塞恩湖。探访莱茵瀑布,这是中欧最大的瀑布。随后前往卢塞恩,乘船游览卢塞恩湖,欣赏湖光山色,感受宁静与和谐。

第三天:因特拉肯与少女峰。乘坐金色山口列车前往因特拉肯,沿途纵览湖光山色,感受阿尔卑斯山的壮丽。搭乘齿轮缆车上少女峰,沿途游览小镇风光,直至抵达少女峰火车站,征服欧洲之巅,领略阿莱奇冰川的壮美。

第四天:卢塞恩深度游。在卢塞恩,游客可以漫步在卡佩尔廊桥上,欣赏桥上美丽的彩绘以及两岸的风光。

第五天:苏黎世购物与返程。返回苏黎世,逛逛班霍夫大街,满足游客的购物欲。

2. 瑞士四日精华游

第一天:苏黎世到伯尔尼。抵达苏黎世,游览苏黎世老城、苏黎世湖等景点。前往伯尔尼,感受这座古老城市的韵味。

第二天:洛桑经西庸城堡到日内瓦。游览洛桑,随后前往西庸城堡,这是欧洲的十大古堡之一。抵达日内瓦,游览日内瓦老城、日内瓦湖及大喷泉等景点。

第三天:因特拉肯到少女峰。乘坐金色山口列车前往因特拉肯,沿途欣赏湖光山色。搭乘齿轮缆车上少女峰,领略阿尔卑斯山的壮丽景象。

第四天:卢塞恩到苏黎世。游览卢塞恩湖、卡佩尔廊桥等标志性景观。

(四)币种兑换

瑞士的官方货币为瑞士法郎,有现金、银行卡、发票等支付方式。

(五)票务与酒店预订

在瑞士旅游,票务与酒店预订方式既高效又便捷。游客可以通过瑞士国家铁路的官方App,输入起止地点,即可查询并规划出涵盖火车、汽车、缆车等多种交通工具的无缝连接行程,实现一键式票务预订。

同时,利用官方网站、在线旅行社等平台,游客还能根据个人喜好和预算,预订从城市中心的高端酒店到山间乡村的温馨客栈等各类住宿,确保整个瑞士之旅既省心又舒适。

本章小结

本章主要让读者了解欧洲旅游区概况,熟悉英国、法国、芬兰、瑞士等国家的国情概要、自然地理、人文和历史、政治、经济、文化和民俗、旅游资源和景点,了解旅游业现状和旅游设施、对外关系及各种政策。

本章训练

论述题

1.简要介绍欧洲各国旅游发展情况以及共同的旅游特色。

2.简述英国旅游业发展的特点和未来趋势。

第五章
北美洲旅游客源国

教学目标

1. 使学生了解北美洲的地理、历史、文化和经济基本概况。
2. 使学生掌握北美洲旅游市场的发展状况,包括主要旅游资源、旅游政策和市场趋势。
3. 使学生能够比较和分析北美洲主要国家(如美国、加拿大、墨西哥)的旅游特色和市场差异。

情感目标

1. 激发学生对北美洲多元文化的兴趣和好奇心,培养跨文化交流的能力。
2. 培养学生对北美洲自然景观和人文历史的欣赏和尊重。

能力目标

1. 培养学生搜集、整理和分析北美洲相关信息的能力。
2. 锻炼学生运用所学知识分析北美洲旅游市场案例的能力。

思政目标

1. 引导学生正确理解北美洲的历史地位和现实发展,树立平等、尊重、合作的国际交往观念。
2. 培养学生的国家意识和民族自豪感,同时增强国际视野和全球意识。

第一节　北美洲基本概况及旅游市场发展

一、地理位置

北美洲,全称北亚美利加洲,位于西半球北部。其东临大西洋,西临太平洋,北临北冰洋,南以巴拿马运河为界与南美相分,东北面隔丹麦海峡与欧洲相望,地理位置优越。北美洲总面积2422.8万平方千米(包括附近岛屿),约占世界陆地总面积的16.2%,是世界第三大洲。

二、地形地貌

北美洲平均海拔较高,地势起伏较大,以山地、平原为主,分为三大纵列带。西部为高大的科迪勒拉山系,中部为广阔的平原,东部为低缓的高原和山地,北部有大量的岛屿;地势东西两侧高,中部低;冰川地貌广布。密西西比河发源于美国北部,由北向南纵贯美国中部,注入墨西哥湾,是北美洲最大的河流,为世界第四长河。北美洲湖泊以淡水湖为主。中部高原区的五大湖包括苏必利尔湖、休伦湖、密歇根湖、伊利湖、安大略湖,是世界上最大的淡水湖群,有"北美地中海"之称。其中,苏必利尔湖面积最大,为世界第一大淡水湖。

三、气候特点

北美洲地跨热带、温带、寒带,气候复杂多样,以温带大陆性气候和亚寒带针叶林气候为主。北美洲的北部在北极圈内,为冰雪世界;南部加勒比海受赤道暖流之益,但有热带飓风侵袭;大陆中部广大地区位于北温带。

北美洲最冷月(1月)平均气温低于0 ℃的地区约占全洲面积的3/4,夏季全洲普遍增温,最热月(7月,沿海多为8月)平均气温格陵兰岛中部为0—3 ℃,成为北半球夏季最凉的地区。美国西南部的死谷,极端最高气温曾达56.7 ℃,为全洲最热地区。

四、旅游市场

美洲,尤其是北美地区,长期是世界上仅次于欧洲的旅游发展中心。近年来,随着亚太地区的崛起,美洲市场份额有所萎缩。2021年,美洲旅游总人次为11.8亿人次,旅游总收入达到1.2万亿美元,旅游总人次和旅游总收入分别恢复到2019年水平的65.2%和67.0%。

世界旅游组织2024年首份《世界旅游业晴雨表》指出,截至2023年底,国际旅游业已恢复至2019年水平的88%,国际游客预计达到13亿人次。报告预计,2024年国际旅游业将完全恢复到2019年水平,初步估计将比2019年增长2%,美洲恢复到2019年的90%。

第二节　美　国

一、国家概况

(一)自然地理

美国,全称美利坚合众国,位于北美洲中部,还包括北美旅游区西北端的阿拉斯加和太平洋中部的夏威夷群岛。美国北与加拿大相邻,南接墨西哥和墨西哥湾,西濒太平洋,东临大西洋,全国总面积约937万平方千米,仅次于俄罗斯、加拿大和中国,居世界第四位。

美国地形地貌多样,东、中、西三部分各具特色:西部为高大山系,包括落基、内华达和海岸山脉,以及科罗拉多高原、大盆地和哥伦比亚高原;中部是广阔的中央大平原,密西西比河流经;东部为低矮的阿巴拉契亚山脉和海岸平原。此外,平原、丘陵、沙漠、湖泊、沼泽等地貌遍布,从佛罗里达海滩到阿拉斯加北国,从大草原到落基山脉,景观丰富。最高峰麦金利山位于阿拉斯加,为北美洲之巅。

美国部分地区属大陆性气候,南部属亚热带气候。美国大陆多年平均年降水量760毫米,东部多雨,年降雨量800—2000毫米,部分地区达2500毫米;西部干旱少雨,年降雨量一般在500毫米以下,部分地区仅50—100毫米。

(二)行政区划

美国全国共分为50个州和1个特区(哥伦比亚特区),有3143个县。联邦领地包括波多黎各和北马里亚纳;海外领地包括关岛、美属萨摩亚、美属维尔京群岛等。各州名称:亚拉巴马、阿拉斯加、亚利桑那、阿肯色、加利福尼亚、科罗拉多、康涅狄格、特拉华、佛罗里达、佐治亚、夏威夷、爱达荷、伊利诺伊、印第安纳、艾奥瓦、堪萨斯、肯塔基、路易斯安那、缅因、马里兰、马萨诸塞、密歇根、明尼苏达、密西西比、密苏里、蒙大拿、内布拉斯加、内华达、新罕布什尔、新泽西、新墨西哥、纽约、北卡罗来纳、北达科他、俄亥俄、俄克拉何马、俄勒冈、宾夕法尼亚、罗得岛、南卡罗来纳、南达科他、田纳西、得克萨斯、犹他、佛蒙特、弗吉尼亚、华盛顿、西弗吉尼亚、威斯康星、怀俄明。

(三)国旗、国徽与国歌

1. 国旗

美国国旗是星条旗,旗面左上角为蓝色区域,区内有9排50颗白色五角星,以一排6颗、一排5颗交错排列。区域以外是13道红白相间的条纹。50颗星代表美国50个州,13道条纹代表最初北美13块殖民地。

2. 国徽

美国国徽外围为两个同心圆,内部的中央雄踞着一只白头海雕(常被认为是美国秃鹰),它双翼展开,右爪握一束橄榄枝,左爪握13支利箭,尖嘴中叼着一条飘带。

3. 国歌

美国国歌为《星光灿烂的旗帜》(曾译《星条旗》)。

(四)人口、民族与语言

美国的人口约3.36亿人(2024年4月),仅次于印度、中国,世界排名第三。美国是移民国家,居民绝大部分是欧洲白色人种移民的后裔。美国2020年人口普查数据显示,非拉美裔白人占58.9%,拉美裔占19.1%,非洲裔占13.6%,亚裔占6.3%,印第安人和阿拉斯加原住民占1.3%,夏威夷原住民或其他太平洋岛民占0.3%(以上比例存在重叠)。

美式英语为美国的通用语,有些民族仍讲本族语言,如部分的印第安人讲印第安语、墨西哥人讲西班牙语、华人讲汉语等。

二、主要旅游目的地及其吸引力

(一)主要旅游城市及旅游景点

1. 首都华盛顿

首都华盛顿全称华盛顿哥伦比亚特区(Washington D.C.),又称"华都""华府",是美国的首都,得名于美国首任总统乔治·华盛顿。

华盛顿是美国政治、经济和文化中心,有众多的人文景观,如美国华盛顿国家广场有美国国会大厦、白宫、华盛顿纪念碑、杰斐逊纪念堂、林肯纪念堂、富兰克林·罗斯福纪念碑、国家第二次世界大战纪念碑、朝鲜战争老兵纪念碑、越南战争老兵纪念碑、哥伦比亚特区第一次世界大战纪念碑和爱因斯坦纪念碑等。其他人文景观还包括老邮局大楼、美国大屠杀纪念博物馆、华盛顿国家大教堂等。唐人街和世界其他的地方一样,有中国餐馆、华人商店等。

知识拓展 5-1

2. 纽约

纽约地处东北大西洋沿岸，是美国最大、最繁华的城市，也是美国真正的中心。纽约是美国的金融、经济中心，也是全国最大的对外贸易中心和港口。纽约的工业大多是轻工业，服装、印刷、皮革、棉纺、食品和制药工业都十分发达。

纽约市区内鳞次栉比的摩天大楼构成纽约的特有街景。登上100多层的帝国大厦或世界贸易中心的顶部，可鸟瞰纽约市区。自由女神像坐落在纽约港口的自由岛上，身着罗马古代长袍，头戴冠冕的自由女神，面向大洋，神态端庄安详，右手高攀火炬，左手紧抱美国著名历史文献——《独立宣言》。在自由女神像的内部，有螺旋状楼梯，游人可由楼梯登上像顶，通过女神冠冕下的铁窗，凭窗远眺，俯瞰纽约全港。纽约的唐人街是世界上较大的一条唐人街，保存着浓郁的中国文化习俗。

3. 洛杉矶

洛杉矶位于美国西岸加州西南部，濒临浩瀚的太平洋，是美国的第二大城市，仅次于纽约。洛杉矶是拥有巨大影响力的国际化大都市，也是全世界的文化、科学、技术、国际贸易和高等教育中心之一，还拥有世界知名的各种专业与文化领域的机构，闻名世界的好莱坞就位于该市。

洛杉矶已成为美国石油化工、海洋、航天工业和电子业的最大基地，也是美国科技的主要中心之一，拥有美国西部最大的海港，科学家和工程技术人员数量位居全球第一。这里四季阳光充足，气候宜人，自然环境十分优美，旅游业十分发达。

4. 拉斯维加斯

拉斯维加斯地处内华达州南端，是世界闻名的大赌城。在美国，虽然许多州都禁止赌博，但内华达州于1931年制定法律，使博彩业合法化。从此，博彩业开始成为拉斯维加斯的一大经济支柱，博彩业和各种豪华设施大大刺激了旅游业的发展。拉斯维加斯、里诺和塔霍湖在内华达州的一侧，是内华达州旅游业兴盛的地方，每年来此观光游览的游客无数。

5. 黄石公园

黄石公园地处怀俄明州西北角，1978年被列为世界自然遗产，是美国的第一个国家公园，也是世界上第一个由政府开辟的国家公园。

黄石公园拥有世界上一半的地热特征和世界上最大的浓缩泉。公园内生态良好，生活着许多丰富的野生动物，加上其湖光、山色、悬崖、峡谷、喷泉、瀑布等景色，吸引着来自世界各国的游客。其中，最吸引游客的是数以千计的喷泉，仅间歇泉就有300多处，占世界间歇泉总数的一半以上。在异彩纷呈的各种喷泉中，老忠实泉每隔一段时间就喷发一次，喷出的泉水如千军万马，奔腾不息，高大的水柱在阳光照耀下，多姿多彩，构成大自然的奇特景观。

6. 大峡谷国家公园

大峡谷国家公园位于亚利桑那州西北部，1979年被列为世界自然遗产，景色极为壮观。站在大峡谷的两岸，可以看见红色的岩石上，岩层嶙峋，精雕细刻，光怪陆离。在公园内的这段峡谷，两岸层林叠翠，簇拥着一条深不见底的巨谷。大峡谷的褐色土壤还因为太阳光线的强弱不同而显现出紫色、蓝色、棕色、红色等颜色，更为神奇的大峡谷增添了神秘色彩。

7. 自由女神像

自由女神像是纽约的地标，也是美国标志性的景点（见图5-1）。自由女神像由法国雕塑家巴托迪和古斯塔夫·埃菲尔共同完成，它是1876年法国送给美国的礼物，以祝贺美国独立100周年，自那之后便迎接了千百万个移民来美国寻求梦想的人。如今，自由女神像不仅代表着法国与美国的长久友谊，也象征着这个国家对自由的追求。

图5-1　自由女神像

8. 尼亚加拉大瀑布

尼亚加拉大瀑布是世界上著名的大瀑布。大瀑布上端被宽约350米的山羊岛分流，左侧归属加拿大，称为"马蹄瀑布"；右侧为亚美利加瀑布，归属美国。大瀑布总流量平均6000立方米/秒，瀑布倒泻，水雾飞空，景色极为壮观。

9. 拉什莫尔山国家纪念公园

拉什莫尔山国家纪念公园位于南达科他州西南部，俗称"美国总统山""美国总统公园"，创建于20世纪初。拉什莫尔山山体上从左到右分别雕刻着四位美国前总统的巨型头像，这四位总统分别是华盛顿、杰斐逊、老罗斯福和林肯。四尊巨人头像与拉什莫尔山浑然一体，是世界上较大的人头石雕像。这一艺术巨作出自美国著名雕像艺术家夏兹昂·波格隆及其儿子之手，历时17年完成。

（二）特色旅游活动

1. 新年

1月1日的新年是全美各州一致庆祝的主要节日。美国人过新年，最热闹的是新年前一天晚上。深夜，人们聚集在教堂、街头或广场，唱诗、祈祷、祝福、忏悔，并一同迎候那除旧更新的一瞬。午夜12点，全国教堂钟声齐鸣，乐队高奏著名的怀旧歌曲，在音乐声中，激动的人们拥抱在一起，怀着惜别的感伤和对新生活的向往，共同迎来新的一年。

2. 感恩节

美国的感恩节在11月第四个星期四，全民放假1天。感恩节是美国人民独创的一个古老节日，也是美国人合家欢聚的节日。初时，感恩节没有固定日期，由美国各州临时决定。直到美国独立后的1863年，林肯总统宣布感恩节为全国性节日。1941年，美国国会正式将每年11月第四个星期四定为感恩节。

3. 圣诞节

圣诞节又称"耶诞节""耶稣诞辰"，是西方传统节日，起源于基督教，在每年12月25日。大部分的天主教教堂都会先在12月24日的平安夜，亦即12月25日凌晨举行子夜弥撒，而一些基督教会则会举行报佳音，然后在12月25日庆祝圣诞节。

4. 万圣节

万圣节传入美国是在1840年。由于当时的爱尔兰饥荒，造成大批爱尔兰人移民美国，他们把庆祝万圣节的习俗也带到了美国这片土地。每年的10月31日，美国的商店会出售"鬼怪形"食品、糖果、服装和面具等。由于南瓜灯是节日的标志，所以家家户户都要买南瓜制作南瓜灯、进行南瓜灯比赛。晚上，小朋友都会参加讨糖吃的活动。他们提着南瓜灯笼挨家讨糖，如果主人不给糖，孩子就会通过各种方式给主人制造"麻烦"。

5. 奥林匹克体育节

奥林匹克体育节是美国全国性的体育节日，是以奥运项目的高水平竞赛为主要特征，由美国奥委会具体承办。1995年7月21日，第14届奥林匹克体育节在美国的科罗拉多斯普林斯正式开幕，这是美国奥委会组织的最大的全国性体育竞赛。

6. 费城中国灯笼节

费城中国灯笼节在每年6—8月举办。届时，费城的富兰克林广场变成一个梦幻般的花园，有着巨大的灯笼展示装点着广场，庆祝中国的文化传统。

7. 费城感恩节游行

费城感恩节游行作为美国历史悠久的感恩节游行之一，一直是假日季的序幕。当天，游行队伍沿着本杰明·富兰克林大道展开，巨大的花车、充气气球以及来自全国各地的乐队和表演者构成了一道亮丽的风景线。

8.洛杉矶旅游和探险展

洛杉矶旅游和探险展作为美国西部较大的旅游展会，汇聚了世界各地的旅游目的地和旅游提供商，展示异彩纷呈的旅游资源与风土人情。近年来，"中国元素"备受瞩目，"中国旅游"热度攀升。

三、旅游现状及服务

（一）中美两国旅游外交关系及签证政策

中美双方积极推动旅游合作与交流，以此作为加强两国关系的重要途径。这种合作不仅有助于促进旅游业的发展，还能加深两国人民之间的了解与友谊。为了推动旅游交流与合作，中美两国建立了多个对话机制，如中美旅游高层对话等。通过这些对话，中美两国可以共同探讨如何进一步拓展旅游市场，提升旅游服务质量，从而吸引更多的游客前往对方国家旅游。此外，中美两国还在旅游教育、文化交流等方面进行合作。双方共同举办旅游论坛或研讨会，分享各自在旅游发展方面的经验和成功案例，探讨未来合作的领域和方向。这些活动不仅有助于提升旅游从业者的专业素养和技能水平，还能促进中美文化的交流与融合。

美国签证分为非移民签证和移民签证两类。中国公民赴美须提前申请并取得签证。美国签证仅表明允许签证持有人抵达美国口岸并提出入境申请，并不能保证可以贸然进入美国。非移民签证适用于以特定目的为由需在美国停留一段时间的游客、商务人士、学生或专业工作者。常见的非移民签证包括商务/旅游签证、工作签证、学习签证、交流访问签证等。除在北京的驻华大使馆，美国分别在上海、广州、沈阳、武汉和香港等地开设有总领馆，分别受理各自领区内的非移民签证申请。根据中国驻美使馆官网发布的通知，为进一步便利中美人员往来，自2024年1月1日起，中国驻美国使领馆将减免L字（旅游）签证申请材料：前往中国旅游的在美人员申请赴华签证，可免提供往返机票、酒店订单、行程单或邀请函等申请材料。

（二）交通概况

1.航空

美国民用航空非常发达，主要的国内航线连接所有的大城市，小一点的城市依赖支线。因此，乘飞机出行是美国的主要交通方式之一。美国的主要航空公司包括联合航空公司、美国航空公司、达美航空公司、西南航空公司，主要的机场有纽约肯尼迪国际机场、旧金山国际机场、华盛顿杜勒斯国际机场等。国内和美国有多家航空公司开通从北京、上海、广州、香港直飞美国东西海岸和中西部各主要城市的航班。进出美国机场通常乘坐出租车、当地租车和开私家车等方式,部分机场有机场巴士或直达地铁。

2. 陆路

美国的长途巴士因其快捷、舒适、价廉而广受欢迎。路线最广的是灰狗长途汽车公司,除了美国国内各地,还可通达加拿大。公交线路除纽约等大城市比较方便,其他许多地方路线和班次较少,甚至没有。美国租车十分方便,可选择自驾出行。对于是否承认外国驾照,美国各州规定不同,建议出行前仔细查询当地交通规定。

(三)旅游线路推荐

1. 美国东海岸经典游

历史文化:探访波士顿、费城、华盛顿等历史悠久的城市,感受美国独立与自由的精神。

名校风采:参观哈佛大学、麻省理工学院等世界顶尖名校,体验浓厚的学术氛围。

自然风光:游览尼亚加拉大瀑布,感受大自然的壮丽与震撼。

2. 美国西海岸自驾游

海岸线风光:沿着加州1号公路自驾,欣赏壮丽的海岸线和沿途小镇的风光。

城市探索:探访洛杉矶、旧金山等西海岸城市,感受不同的都市风情。

国家公园:游览优胜美地国家公园、大峡谷国家公园等自然奇观。

3. 美国国家公园探险游

自然奇观:深入黄石公园、大峡谷国家公园等美国著名的国家公园,探索大自然的鬼斧神工。

野生动物:观赏各种野生动物,包括灰熊、狼、野牛等。

徒步探险:在公园内徒步,体验不同的自然景观和生态系统。

4. 美国南部音乐与美食之旅

音乐体验:探访纳什维尔、孟菲斯等音乐之城,感受乡村音乐、蓝调音乐的魅力。

美食探索:品尝当地特色美食,如孟菲斯的烧烤、新奥尔良的爵士虾等。

历史遗迹:游览历史悠久的城市,感受美国南部的独特风情。

(四)币种兑换

美国的货币单位是美元。在美国,人们广泛使用信用卡,建议刷卡消费。在邮局或街头便利店,通常可以买到汇票,用于不接受现金和信用卡消费的补充支付方式。

(五)票务与酒店预订

1. 预订网站

Priceline是美国一家基于C2B商业模式的旅游服务网站。打开Priceline网站,最直观的可选项目就是机票、酒店、租车、旅游保险等。很多国外的朋友出行都是用Priceline.com 来预订机票和酒店。Booking.com 和 Agoda，都是 Priceline 的旗下网站。

Booking.com 是一家隶属于 Priceline 集团下的公司，该集团是全球领先的在线旅行及周边服务供应商。总部在荷兰阿姆斯特丹，是全世界最大的全球性线上住宿预订平台，除了酒店预订，平台同样也提供机票预订。

StudentUniverse 于 2000 年上线，是专为学生和青年提供特惠旅行产品的网站，与全球超过 90 家航空公司合作，包括美国的美联航、美国航空、中国的国航、海航、国泰航空，欧洲的汉莎航空、英国航空、瑞士国际航空，以及中东的阿联酋航空、卡塔尔航空等。

2. 地接社

美国环通国际旅行社从成立至今，一直致力于促进中外政府机关、商业社团及民间组织的合作与交流，在沟通中西商务与文化交流中起到了很好的桥梁作用，已经成功接待过中央各部委、各省市赴境外考察、培训、展览、招商等各项团组，在品质和信誉并重的经营理念下培育了稳定的客户群体，造就了"环球商通"的良好品牌。

3. 其他注意事项

在美国旅行期间，最好不要携带大量现金，尽量使用信用卡或旅行支票进行消费；确保个人财物安全，离开酒店时要仔细检查是否遗留物品或钱财；最好不要单独行动，特别是在夜晚。避免独自外出闲逛，以确保个人安全；遇到抢劫时，切勿强行反抗，歹徒通常持有武器，需保持冷静，避免激怒劫匪。如遭受严重损失，立即拨打"911"或前往附近的警察局报案。

第三节 加 拿 大

一、国家概况

（一）自然地理

加拿大，位于北美洲北端，西抵太平洋，东迄大西洋，北至北冰洋，东北部和丹麦领地格陵兰岛隔海相望，东部和法属圣皮埃尔和密克隆群岛相望，南方与美国本土接壤，西北方与美国阿拉斯加州为邻，国土面积为 998 万平方千米。

加拿大东部为低矮的拉布拉多高原,东南部是五大湖中的苏必利尔湖、休伦湖、伊利湖和安大略湖,和美国的密歇根湖连接起来形成圣劳伦斯河,夹在圣劳伦斯山脉和阿巴拉契亚山脉之间形成河谷,地势平坦,多盆地。西部为科迪勒拉山系的落基山脉,许多山峰在海拔4000米以上,最高山洛根峰位于西部的落基山脉。

加拿大北部地处高纬度,冬季寒冷漫长,而南部绝大多数地区四季分明。春季是加拿大南部大多数地区的雨季,白天平均气温逐日上升,但晚上仍然较冷。夏季通常始于7月,加拿大南部地区夏季气候温暖,白天气温通常超过20 ℃,有时甚至会达到30 ℃。从9月底到10月,进入秋季,气温多变。在冬季,大部分地区都被冰雪覆盖,气温通常在0 ℃以下,某些北部地区最低可达零下60 ℃。

加拿大森林资源丰富,森林面积居全球第三位,仅次于俄罗斯和巴西。加拿大领土面积中有89万平方千米为淡水覆盖,可持续性淡水资源占世界的7%。

(二)行政区划

加拿大全国分10省3地区。10省为不列颠哥伦比亚、阿尔伯塔、萨斯喀彻温、曼尼托巴、安大略、魁北克、新不伦瑞克、新斯科舍、爱德华王子岛、纽芬兰和拉布拉多,3地区为育空、西北、努纳武特。

(三)国旗、国徽与国歌

1. 国旗

加拿大国旗由红、白两色组成,两边的红色代表大西洋和太平洋,白色正方形象征加拿大广阔的国土。白色方格上绘有一片11个角的非写实化红色枫叶,代表着组成加拿大的省和州(地区)。

2. 国徽

加拿大国徽为盾徽。盾面上绘有雄狮、苏格兰王狮、金竖琴、百合花、枫叶,分别象征加拿大在历史上与英格兰、苏格兰、爱尔兰和法国之间的联系。

3. 国歌

加拿大的国歌为《哦!加拿大》。

(四)人口、民族与语言

加拿大总人口约为4000万人(2023年6月),主要为英、法等欧洲后裔,土著居民约占5%,其余为亚洲、拉美、非洲裔等。

英语和法语同为加拿大的官方语言。

知识拓展 5-2

二、主要旅游目的地及其吸引力

（一）主要旅游城市及旅游景点

1. 渥太华

渥太华地处安大略省，自然环境优美，气候温和，四季分明。市内有国会山庄、文明博物馆、自然博物馆、加拿大国家美术馆，以及渥太华美术馆等堪称世界一流的艺术馆、剧院，主要商业街有 Rideau Street、By Ward 等。渥太华以花享誉盛名，以水闻名遐迩，更以枫叶和冰雪著称于世，秀丽的山林、静雅的公园，以及不同风格的历史建筑构成了渥太华独特的景观，成为世界游人的向往之地。

2. 多伦多

多伦多坐落在安大略湖西北岸的南安大略地区，有肯森顿市场、唐人街、圣劳伦斯市场、古酿酒厂区、市中心央街、伊顿购物中心、太古广场等多处休闲街区，市中心的娱乐区遍布，有皇后西街、湖心岛、希腊城、沙滩区等。多伦多的主要观光景点有国家电视塔、皇家安大略博物馆、安大略艺术馆、加登纳陶瓷艺术博物馆、贝塔鞋履博物馆、尼亚加拉大瀑布等。多伦多是一座美丽的城市，有100多个公园，享有世界上最多元化城市的美誉，曾多次被评为"全球最适宜居住的城市"之一。

3. 蒙特利尔

蒙特利尔是一座位于魁北克省西南部的城市，是圣劳伦斯河水道上的主要港口。蒙特利尔的著名景点有蒙特利尔现代艺术博物馆、蒙特利尔植物园、皇家山公园、圣母大教堂、唐人街等。蒙特利尔经济发达，汇集了铁路公司、保险公司和国际民航组织等机构的总部，也是加拿大的金融中心之一。

4. 温哥华

温哥华位于大不列颠哥伦比亚省西南部太平洋沿岸，三面环山，一面傍海，终年气候温和、湿润，环境宜人，是加拿大著名的旅游胜地。温哥华的著名旅游景点有煤气镇、罗布森街、斯坦利公园、人类学博物馆、赛普里斯山、狮门大桥等。

5. 纳汉尼国家公园

纳汉尼国家公园位于加拿大西北地区的辛普森堡附近，以湍急的河流、幽深的峡谷、天工巧成的石柱和苔原覆盖的山巅蜚声世界，是景观反差极为强烈的地区。1978年，联合国教科文组织将纳汉尼国家公园作为自然遗产列入《世界遗产名录》。

6. 阿尔伯塔省恐龙公园

阿尔伯塔省恐龙公园位于阿尔伯塔省荒地的中心，地形十分奇特，荒原奇形怪状，形成了石柱、山峰和重重叠叠的彩色岩层，以及其他奇观异景。除了特别秀丽的风景，阿尔伯塔省恐龙公园还有许多爬行动物时代的化石,特别是可以追溯到7500万年前的35种恐龙化石。1979年,联合国教科文组织将阿尔伯塔省恐龙公园作为自然遗产列入《世界遗产名录》。

7. 拉安斯欧克斯梅多国家历史遗址

拉安斯欧克斯梅多国家历史遗址于1978年被联合国教科文组织列为世界文化遗产,位于纽芬兰岛北部半岛的一角,有11世纪维京人的聚落遗址,这是欧洲人踏足北美大陆的最早证据。这里还是新世界首次开始使用铁质工具的地方,保存有类似在挪威发现的那种用木头和泥土建造的房屋。

8. 魁北克古城区

魁北克古城区于1985年被评为世界文化遗产,是北美唯一保存有城墙以及大量的堡垒、城门、防御工事的城市。上城区建立在悬崖上,至今仍然是宗教和行政中心。城区内以皇家广场为中心,有许多城市始建时期的狭窄街道和骑士旅馆、胜利教堂等古老建筑。

9. 尼亚加拉瀑布景区

尼亚加拉瀑布景区位于加拿大的安大略省南部和美国的纽约州西部,连接五大湖中的伊利湖和安大略湖。尼亚加拉为印第安语,意为"雷神",瀑布气势磅礴,水声震撼如雷,被誉为"世界三大跨国瀑布"之一。它是一幅壮丽的立体画卷,从不同的角度观赏,有不同的感受(见图5-2)。

图5-2 尼亚加拉瀑布

10. 怀特霍斯的北极光

怀特霍斯因地处北纬60°左右,临近北极圈,是观看北极光的好地方。在怀特霍斯,游客可以住下,等到夜晚,在41°左右的温暖温泉中仰望美丽的极光夜空,极光绚烂而变幻莫测的奇景,向来令人痴迷。

11. 大熊雨林的大公主岛科莫德熊家园

大熊雨林中神奇的大公主岛是珍稀的科莫德熊(灵熊)的家园,在这一地区出生的黑熊中,约10%带隐性基因,使它们拥有天然的白色毛发。白色毛发的黑科莫德熊巨大的身形在常青树间移动的景象很震撼,值得一看。

12. 赏鲸

可以在加拿大大西洋地区邂逅鲸鱼。每年5—9月是赏鲸最佳时期,全世界最大的座头鲸群落都会来到纽芬兰和拉布拉多省海岸,捕食毛鳞鱼、磷虾和鱿鱼,玩耍嬉戏。另有巨头鲸、蓝鲸和虎鲸等20多种鲸鱼和海豚会与座头鲸一起来访。游客可以乘坐游轮出海或是划着皮划艇,近距离接触、观赏鲸鱼和海豚。

(二)特色旅游活动

加拿大的法定节假日丰富而多样,每一个节日都有着特定的意义和庆祝方式,是人们共同欢庆和纪念的盛事。加拿大的主要节日有元旦、家庭日、复活节、慈善日、国庆日、圣帕特里克节、郁金香节、维多利亚女王节、魁北克节、班夫艺术节、斯特拉福德节日、萧伯纳纪念日等。

加拿大的户外活动主要有打高尔夫球、冰球运动、滑雪、滑冰、钓鱼、划船、野营等。除了承办奥运会,加拿大还拥有自己的橄榄球联赛、冰球联赛、苏格兰风情运动会、冰雪嘉年华、托尼克泰姆迎春节、埃利奈特艺术节、魁北克冬季狂欢节和夏季狂欢节等,每年吸引世界各地游客来此游玩,观看精彩演出。

1. 圣帕特里克节

圣帕特里克节在每年3月17日举行,是为了纪念爱尔兰守护神圣帕特里克。届时,人们会穿上绿色的服装、佩戴三叶草,参与各种庆祝活动。

2. 维多利亚女王节

维多利亚女王节在每年5月25日前的最后一个星期一举行,是为了纪念英国女王维多利亚的诞辰及她曾身为加拿大最高统治者的生日。

3. 枫糖节

枫糖节在每年3—6月举行,人们采集树液,制作枫糖的器具,用古老的制作方法,为游客表演制糖的工艺过程。热情的加拿大人还会为游客表演各种民间歌舞,免费为客人供应枫糖糕和太妃糖。

4. 冰酒文化体验

安大略省和不列颠哥伦比亚省是世界著名的冰酒产区。冬季,特别是圣诞节至新年期间是冰酒品尝的最佳季节,游客可以参观冰酒庄园,了解冰酒的制作过程,并品尝到香醇清冽的冰酒。此外，一些庄园还提供冰酒配餐体验，让游客在美食与美酒的搭配中享受味觉的盛宴。

5. 观赏极光

育空地区、西北地区、不列颠哥伦比亚省北部等地都是观赏极光的绝佳选择。在漆黑的夜空中，极光如同绚烂的舞蹈，色彩和形状不断变化，给人带来神秘而不可预测的视觉盛宴。冬季，特别是晴朗无云的夜晚，极光出现的概率较高。

6. 滑雪体验

不列颠哥伦比亚省（如惠斯勒黑梳山、太阳峰）、阿尔伯塔省（如露易丝湖滑雪场）等地拥有世界级的滑雪度假村，不仅雪质优良，还拥有丰富的地形和设施，适合各个水平的滑雪爱好者前来体验。

三、旅游现状及服务

（一）中加两国旅游外交关系及签证政策

中国和加拿大自1970年建交以来，两国关系取得长足发展。根据加拿大旅游局的数据，中国是加拿大旅游业的重要市场之一。近年来，中国赴加旅游人数持续增长，加拿大也积极推广旅游资源，吸引中国游客。中国与加拿大旅游关系的发展，增进了两国人民的相互了解和友谊。旅游业是中加两国经济的重要组成部分。中国游客在加拿大消费，为加拿大的经济增长做出了重要贡献。同时，加拿大作为旅游目的地，也为中国的旅游业发展提供了一定支持。

中国公民入境加拿大须持有效加拿大签证（香港特区护照持有者免签）。加拿大主要入境城市是多伦多、蒙特利尔、温哥华、卡尔加里和哈利法克斯，但入境口岸不办理落地签证。申请者可通过加驻华使领馆或其签证申请中心递交签证申请。收到申请后，加方会视情要求申请者提供体检证明、无犯罪记录证明或通知申请者面谈。根据拟申请签证的种类，受理时间为10个工作日至6个月不等。申请者须在签证有效期之内抵达加拿大。

（二）交通状况

1. 航空

航空运输在加拿大占有独特地位，各大城市均有航班往来，很多小城镇也有支线交通。多伦多、蒙特利尔、温哥华、卡尔加里等市均有重要国际机场，其中多伦多皮尔逊国际机场是加拿大最大机场。我国去加拿大的航线比较多，如北京、上海、香港、广州、成都、厦门、青岛、沈阳等都有航班直飞加拿大各大城市。

2. 陆路

加拿大拥有两条横贯东西海岸的铁路大动脉,加上其支线,基本覆盖了北极以南的加拿大领土。全加铁路网向南与美国东西海岸的铁路干线相连,构成了四通八达的北美铁路系统。加拿大公路网四通八达,几乎遍及全国每个角落。在大城市,如蒙特利尔、多伦多和温哥华等,均有各种各样的交通体系,如公共汽车、电车、地铁和火车等。在小城市,公共汽车和出租车更为普遍。

(三)旅游线路推荐

1. 加东名城与瀑布之旅

这条线路以多伦多为起点和终点,串联起加拿大东部的多个著名城市和尼亚加拉大瀑布,适合首次到访加拿大的游客。

(1)在多伦多,游览皇家安大略博物馆、多伦多艺术博物馆。

(2)乘坐雾中少女号游船,近距离感受尼亚加拉大瀑布的磅礴气势。

(3)在渥太华,参观国会山庄、加拿大文明博物馆,漫步里多运河欣赏夜景。

(4)在蒙特利尔,游览圣母大教堂、蒙特利尔美术馆,登上皇家山公园俯瞰城市全景。

(5)在魁北克城,漫步芳缇娜城堡酒店、小香普兰区,参观魁北克城堡。

2. 落基山国家公园探险之旅

这条线路深入加拿大西部的落基山脉,可以探访班夫国家公园、贾斯珀国家公园等自然奇观,适合热爱户外活动和自然风光的游客。

(1)在班夫国家公园,乘坐硫磺山缆车俯瞰湖光山色,游览露易丝湖、梦莲湖等绝美湖泊。

(2)在贾斯珀国家公园,探访玛琳湖、玛琳峡谷,体验哥伦比亚冰原的壮丽景象。

(3)在冰原大道,自驾或乘坐观光列车沿冰原大道穿越落基山脉,欣赏沿途风光。

3. 北部极地探险之旅

这条线路深入加拿大北部地区,可以探访黄刀镇等北极圈内的城市,体验极地探险和观赏极光的奇妙之旅。

(1)在黄刀镇,参加狗拉雪橇、冰钓等极地活动,观赏绚丽的北极光。

(2)在北极圈,探索广袤的冰雪世界,感受北国风光的壮丽与神秘。

(四)币种兑换

加拿大货币叫作加拿大元。2021年1月,中国人民银行与加拿大银行续签双边本币互换协议。加拿大的购物付款方式多种多样,注意不要携带大量现金,尽可能选择使用信用卡、借记卡、支付宝、支票、旅游支票或银行转账支付。

1. 机场兑换

加拿大主要机场都设有货币兑换点,但通常汇率不是最优惠的。如果只需兑换少量现金应急,可以选择这种方式。

2. 银行兑换

加拿大当地的银行也提供外币兑换服务,包括加元兑换其他货币,也可以前往附近的银行网点进行兑换。

3. 酒店或兑换机构

一些酒店和专门的兑换机构也提供外币兑换服务,但汇率和手续费可能因机构而异,需要比较后选择。

4. 购物时兑换

在一些旅游景点或购物中心,有提供外币兑换服务的商店或摊位。这种方式通常适用于小额兑换,且汇率可能不是最优惠的。

(五)票务与酒店预订

1. 票务预订

可以通过航空公司的官网直接预订机票。这种方式通常能获取到较为优惠的价格,并且避免中间商费用。推荐使用如 WestJet 等加拿大本土航空公司官网,它们提供丰富的航线选择,并且服务优质。

使用如 Skyscanner 等机票比价网站进行搜索和比较,这些网站不直接售票,但能帮助游客找到较便宜的机票。

对于不熟悉网络操作或英语不够流利的游客,可以选择通过中文旅行社或代理预订机票。他们能提供专业的服务和建议。

2. 酒店预订

使用如 Booking.com、Agoda、携程等在线预订平台可以方便快捷地查找和比较酒店。这些平台通常提供详细的酒店信息、用户评价和价格比较。在预订前,可以阅读其他旅客的评价和评分,了解酒店的服务质量、清洁程度和设施条件。也可以访问酒店官方网站进行预订,能获取到独家优惠或会员折扣。

第四节 墨西哥

一、国家概况

（一）自然地理

墨西哥合众国，简称墨西哥，国土面积196.44万平方千米，位于北美洲南部、拉丁美洲西北端，是南美洲、北美洲陆路交通的必经之地，素称"陆上桥梁"。墨西哥北邻美国，南接危地马拉和伯利兹，东接墨西哥湾和加勒比海，西临太平洋和加利福尼亚湾，海岸线长11122千米。

墨西哥气候复杂多样，由于多高原和山地，垂直气候特点明显。高原地区终年温和，平均气温10—26 ℃；西北内陆为大陆性气候；沿海和东南部平原属热带气候。墨西哥大部分地区分旱（10—4月）、雨（5—9月）两季，雨季集中了全年75%的降水量。墨西哥境内多为高原地形，冬无严寒，夏无酷暑，四季万木常青，故享有"高原明珠"的美称。

（二）行政区划

墨西哥划分为32个州（首都墨西哥城已由联邦区改为州），州下设市（镇）和村。32州名称如下：墨西哥城、阿瓜斯卡连特斯州、下加利福尼亚州、南下加利福尼亚州、坎佩切州、恰帕斯州、奇瓦瓦州、科阿韦拉州、科利马州、杜兰戈州、瓜纳华托州、格雷罗州、伊达尔哥州、哈利斯科州、墨西哥州、米却肯州、莫雷洛斯州、纳亚里特州、新莱昂州、瓦哈卡州、普埃布拉州、克雷塔罗州、金塔纳罗奥州、圣路易斯波托西州、锡那罗亚州、索诺拉州、塔巴斯科州、塔毛利帕斯州、特拉斯卡拉州、韦拉克鲁斯州、尤卡坦州、萨卡特卡斯州。

（三）国旗、国徽与国歌

1. 国旗

墨西哥国旗呈长方形，从左至右由绿、白、红三个平行相等的竖长方形组成。白色部分中间绘有墨西哥国徽，图案内容来自墨西哥历史的传说。绿色象征独立和希望，白色象征和平与宗教信仰，红色象征国家的统一。

2. 国徽

墨西哥国徽为一只展翅的雄鹰嘴里叼着一条蛇，一只爪抓着蛇身，另一只爪踩在从湖中的岩石上生长出的仙人掌上。这组图案描绘了墨西哥人的祖先阿兹特克人建国的历史。

3. 国歌

墨西哥的国歌为《墨西哥国歌》。

（四）人口、民族与语言

墨西哥全国总人口为1.30亿人（2023年10月）。墨西哥有多个原住民族，主要包括阿兹特克人、玛雅人和印加人等。由于历史上的征服和移民，墨西哥也有大量的欧洲人、非洲人和其他拉丁美洲人的后裔。

墨西哥主要使用语言为西班牙语。此外，还有多种原住民语言在使用中，如纳瓦特尔语、玛雅语族等。

知识拓展 5-3

二、主要旅游目的地及其吸引力

（一）主要旅游城市及旅游景点

1. 墨西哥城

墨西哥城作为墨西哥的首都，是一个直辖市，下辖多个区县，不属于任何州。墨西哥城位于国家中南部的高原山谷之中，四季分明，也是墨西哥最大的城市。

霍奇米尔科运河的水上花园是墨西哥城最大的旅游景点，还有独立天使胜利柱等里程碑式建筑。墨西哥城是一个充满活力的文化大都市，拥有众多著名的博物馆、购物街区、休闲街区和文娱场所，如墨西哥国家人类学博物馆、弗里达·卡洛博物馆。大约1/5的墨西哥人口居住在墨西哥城，因此，这座城市也以"不夜城"而著称。

2. 瓜达拉哈拉

瓜达拉哈拉是墨西哥的第二大城市，墨西哥的文化根源核心可以在这个城市中找到，因为它是大部分正宗墨西哥产品的生产中心。其中，著名的例子是起源于瓜达拉哈拉的龙舌兰酒。瓜达拉哈拉还有著名博物馆Hospicio Cabañas博物馆，是瓜达拉哈拉的一处历史建筑。中心广场是市民和游客休闲聚集的好地方，还有多个剧院和文化中心，定期举办各种表演艺术活动，为喜爱文化艺术的游客提供了丰富的选择。

3. 蒙特雷

蒙特雷别名"群山之城"和"北方之都"，是墨西哥东北部的一个重要城市，同时也是新莱昂州的首府。城市的地势由西向东急剧降低，周围的群山赋予了蒙特雷独特的自然风光。

蒙特雷这座城市以"Grutas de Garcia"等美丽洞穴和看起来像马尾巴的世界著名瀑布"Cascada Cola de Caballo"而闻名。同时，还有许多著名博物馆、购物街区、休闲街区和文娱场所等。博物馆包括墨西哥历史博物馆、总督府博物馆和自然历史博物馆；购物街区有著名的安赫尔广场；休闲街区主要是在老城区，不仅有丰富的文化遗产，还有许多户外咖啡馆和餐厅，是市民和游客休闲聚集的热点；文娱场所主要有阿尔法天文馆，提供了科普教育和星空观测的机会，以及墨西哥职业棒球名人馆，是棒球爱好者的必游之地。

4. 太阳月亮金字塔

太阳月亮金字塔由太阳金字塔和月亮金字塔组成，是墨西哥特奥蒂瓦坎古城遗址中著名的建筑。

太阳金字塔以其宏伟和独特的建筑风格闻名，坐落在"亡者之路"的东侧，是特奥蒂瓦坎最大的建筑。同时，太阳金字塔还是世界第三大的金字塔，仅次于墨西哥的乔鲁拉大金字塔和埃及的胡夫金字塔。

月亮金字塔主要用作祭祀月亮神，比太阳金字塔晚建约200年，大约在公元3世纪建成。这座金字塔坐北朝南，拥有200多级的阶梯直通顶端，每一级梯级的倾斜角度都不相同，显示出古代建筑师的精湛工艺。月亮金字塔的外部叠砌石块上绘有色彩斑斓的壁画，其中包括有羽毛项圈的蛇头和用玉米芯组成的象征雨神的图案，这些壁画不仅美观，而且富含文化象征意义。

太阳月亮金字塔于1987年被联合国教科文组织列入《世界遗产名录》。围绕着太阳月亮金字塔的建造目的、使用方式以及与之相关的文化背景，至今仍然存在许多未解之谜。

5. 霍奇米尔科运河的水上花园

霍奇米尔科运河的水上花园是一个展现古代美洲阿兹特克人生活风貌的地方，也是墨西哥城的一大旅游景点。霍奇米尔科位于墨西哥首都墨西哥城的南部，这片区域以其密集的运河和人工岛屿而闻名，被誉为"新世界的威尼斯"。这里不仅是一个充满历史感的地方，而且也是一个生态公园。水上花园的特色在于其漂浮的花园，这些花园不仅美化了环境，还为多种动植物提供了栖息地，如鹈鹕、白鹭和蜂鸟等。

6. 坎昆

坎昆是墨西哥著名国际旅游城市，位于加勒比海北部、墨西哥尤卡坦半岛东北端，整个岛呈蛇形，西北端和西南端有大桥与尤卡坦半岛相连。坎昆三面环海，风光秀丽，是世界公认的十大海滩之一，在洁白的海岸上享受加勒比的阳光是人们休闲假期的最高境界（见图5-3）。

图 5-3 坎昆

在玛雅语中，坎昆意为"挂在彩虹一端的瓦罐"，被认为是欢乐和幸福的象征。这里的海面平静清澈，因其深浅、海底生物情况和阳光照射等原因，呈现出白色、天蓝色、深蓝色、黑色等多种颜色。还可以游览拉里维拉玛雅，去发现卡尔门海滩、斯卡雷特和西尔哈，以及面对大海、有围墙的玛雅文化城市和引人入胜的考古区图伦。在尤卡坦半岛东北部的奇琴伊察，还有闻名世界的卡斯蒂略金字塔，"卡斯蒂略"在玛雅语中意为"有羽毛的蛇神"，被当地人认为是风调雨顺的象征。

（二）特色旅游活动

1. 亡灵节

墨西哥亡灵节可以追溯到古代印第安人的传统，这个节日通常从每年10月31日开始，持续到11月2日。在这段时间里，墨西哥人相信死者的灵魂会回到人间与家人团聚。亡灵节的主要举办地包括墨西哥的各个角落，尤其是其首都墨西哥城、米却肯州和瓦哈卡州等地。家庭会在家中建造祭坛，摆放故人的照片以及他们喜欢的食物、饮料和其他物品，以此来欢迎逝者的灵魂。许多地方会举行游行，人们会化装成骷髅、鬼怪和亡魂的样子，穿梭在街道上，营造出一种既神秘又欢乐的氛围。此外，亡灵节也受到了国际媒体的关注，特别是电影《007：幽灵党》《寻梦环游记》的上映，使得亡灵节大游行成为一个吸引游客的重要活动。

2. 瓜达卢佩圣母节

瓜达卢佩圣母节是为了纪念墨西哥的庇护神圣母玛利亚在1531年显现给印第安青年胡安·迭埃戈而设立的宗教节日，在每年的12月12日举行。在这一天，信徒们会聚集在瓜达卢佩圣母大教堂参拜圣母原像，表达他们的敬意和信仰。节日前后，信徒们会表演传统的民族舞蹈，按自己的方式祭祀圣母。

三、旅游现状及服务

（一）中墨两国旅游外交关系及签证政策

中国同墨西哥于1972年2月14日建交。2013年6月，习近平总书记访墨期间，两国元首共同宣布将双边关系提升为全面战略伙伴关系。中国和墨西哥在促进旅游外交关系发展方面做出了积极努力。双方通过加强政策沟通与协作，推动旅游合作的深入开展；同时，创新旅游推广方式，分享在规划、可持续发展等领域的最佳实践，以增进两国人民对彼此旅游目的地的了解。此外，双方还互办旅游年等活动，拉近文化距离，促进相互理解。这些举措不仅丰富了两国的旅游资源，也进一步巩固了中墨之间的友好合作关系，为未来的旅游外交发展奠定了坚实基础。

根据中墨两国协议，中国公民持外交、公务护照者短期赴墨可享受免签证待遇。持香港或澳门特区护照的中国公民可免签入境墨西哥并可停留90天。除上述情况外，中国公民必须获得签证才能前往墨西哥。墨签证一般分为旅游类、学生类、商务类和技术类四种。商务类和技术类签证又分为营利性和非营利性两种。如前往墨西哥进行休闲、商务或任何不超过180天的无偿活动，则申请访客签证即可。

需特别注意：自2023年10月22日起，在墨西哥转机（不入境）也需要办理签证。

（二）交通概况

1. 航空

墨西哥的航空运输较为发达。国内、国际航线四通八达，国内以首都墨西哥城为中心，航线通往全国各地。各主要城市之间均有支线航班。墨西哥航空主要由Mexikcana及Aeromexico经营，购买来回票可享折扣。

2. 陆路

墨西哥拥有拉美地区涵盖最广的公路网络，境内所有地区间几乎都有公路相连。墨西哥境内主要公路干线大多数都是收费公路，连接各州的首府、边境城市以及各个海港。长途汽车也因此成为墨西哥主要的长途客运方式。

地铁是墨西哥城最快捷的交通工具。墨西哥城的地铁系统非常发达，承担着城市主要的交通负担。墨西哥城的地铁也非常便宜，极受大众欢迎。最新调查数据显示，有38.5%的墨西哥城居民首选地铁出行。

此外，墨西哥城的公共交通系统还包括公交、轻轨、电车等多种交通工具。公交卡可以一卡通用，适用于地铁、公交、轻轨等多种交通工具。

从中国前往墨西哥没有陆路交通，只能通过飞机到达。此外，墨西哥的火车由墨西哥铁路局国营,但是墨西哥除了两条观光线路之外的城市之间并没有通火车,其主要交通工具是巴士。

(三)旅游路线推荐

1. 多元城市风情线路

第一天:参观墨西哥城的宪法广场、大神庙及博物馆、里维拉壁画等。

第二天:前往特奥蒂瓦坎古城,探索太阳金字塔和月亮金字塔。

第三天:参观国家人类学博物馆和艺术宫,晚上在玫瑰区用餐、看演出。

第四天:前往塔斯科或普埃布拉,体验当地的手工艺品和文化活动。

2. 加勒比海岸风情线路

第一天:抵达坎昆,休息并适应环境。

第二天:参加浮潜或潜水活动,探索坎昆的水下世界。

第三天:前往图卢姆,参观玛雅古城遗址,晚上在海边享用晚餐。

第四天:乘坐渡轮前往科苏梅尔岛,进行一天的潜水之旅。

3. 玛雅人文之旅线路

第一天至第三天:按照加勒比海岸风情线路游览坎昆及周边地区。

第四天:自驾前往巴亚多利德,途中可以游览粉红湖和苏伊顿天坑。

第五天:参观奇琴伊察遗址,晚上前往伊萨马尔住宿。

第六天:游览伊萨马尔小镇及其周边景点,自驾前往乌斯马尔。

第七天:参观乌斯马尔遗址,结束愉快的旅程。

(四)币种兑换

墨西哥的官方货币是墨西哥比索。在中国,通常需要先兑换成美元,然后再到墨西哥当地兑换成墨西哥比索。应避免在中国兑换大量比索,因为在国内兑换墨西哥比索的选择可能有限,且汇率可能不太理想。建议只兑换少量应急用,其余可在到达墨西哥后使用ATM机或银行进行兑换。

此外,中国游客在墨西哥消费时,主要的支付方式有信用卡支付、移动支付、借记卡支付和OXXO支付等。

(五)票务与酒店预订

游客前往墨西哥旅游,可以通过各种在线旅行社或航空公司来进行预订机票,如携程旅游、去哪儿等平台。

预订酒店可以通过酒店官网直接预订,或者使用酒店预订平台,如Booking.com、Expedia等进行预订。

本章主要让读者了解北美洲旅游区概况，熟悉美国、加拿大、墨西哥等国家的国情概要、自然地理、政治经济、文化和民俗、旅游资源和主要景点，了解北美洲旅游区旅游业现状和旅游设施、对外关系及各种政策。

本章训练

论述题

1. 简要介绍北美洲旅游区的特点及主要旅游目的地。
2. 简要论述美国的人文、简史、政治、经济、文化和民俗等以及中美关系。

第六章
南美洲旅游客源国

教学目标

1. 使学生了解南美洲的地理、历史、文化和经济概况。
2. 使学生掌握南美洲旅游市场的发展情况,包括主要旅游资源、旅游政策等。
3. 使学生能够分析南美洲主要国家(如巴西、阿根廷、智利)的旅游特色和市场潜力。

情感目标

1. 增强学生的国际视野,认识到南美洲在世界文化多样性和生物多样性中的重要地位。
2. 培养学生的环保意识和可持续发展观念。

能力目标

1. 锻炼学生的案例分析能力,使学生能够运用所学知识分析南美洲旅游市场案例。
2. 提高学生的团队合作和沟通能力,鼓励学生在团队项目中分享对南美洲的认识和见解。

思政目标

1. 引导学生正确认识南美洲的历史地位和发展现状,树立平等、尊重、合作的国际交往观念。
2. 培养学生的全球意识和人类命运共同体意识,促进不同文化间的交流与合作。

第一节　南美洲基本概况及旅游市场发展

一、地理位置

南美洲旅游区位于西半球美洲大陆南部,轮廓略呈三角形,东临大西洋,西濒太平洋,北临加勒比海,南隔德雷克海峡与南极洲相望,北部与北美洲旅游区以巴拿马运河为界,总面积1784万平方千米。

二、地形地貌

南美洲旅游区地形可以分为三个南北向纵列带:西部为狭长的安第斯山,中部为广阔平坦的平原低地,东部为波状起伏的高原。其中,平原约占全洲面积的60%,海拔3000米以下的高原、丘陵和山地约占全洲面积的33%,海拔3000米以上的高原和山地约占全洲面积的7%。安第斯山脉是世界上最长的山脉,也是世界高大的山系之一,大部分海拔3000米以上。南美洲东部有宽广的巴西高原、圭亚那高原,南部有巴塔哥尼亚高原。其中,巴西高原面积500多万平方千米,为世界上面积最大的高原。平原自北向南有奥里诺科平原、亚马孙平原和拉普拉塔平原。其中,亚马孙平原面积约560万平方千米,是世界上面积最大的冲积平原。

南美洲水系以科迪勒拉山系的安第斯山为分水岭,东西分属于大西洋水系和太平洋水系。太平洋水系源短流急,且多独流入海。大西洋水系的河流大多源远流长、支流众多、水量丰富、流域面积广。其中,亚马孙河是世界上流域面积最广、流量最大的河流。南美洲除了最南部地区,河流终年不冻。

三、气候特点

南美洲旅游区可以分为热带、温带、干燥带和寒带四个明显的气候区,其中,热带气候又可以分为热带雨林区和热带稀树草原区。热带多雨或雨林区分布在哥伦比亚的太平洋海岸、亚马孙河流域、圭亚那海岸及巴西的部分海滨地区,这里常年高温多雨,季节温差小。热带湿干或稀树草原区出现在热带多雨地带周围的较干燥区域,包括奥里诺科河流域、巴西高原、玻利维亚及厄瓜多尔西部的部分地区,降雨量比热带多雨或雨林区少,但仍是湿热。温带气候分布在智利、阿根廷、巴拉圭、乌拉圭及巴西南部等地的部分地区,四季分明,冬季平均温度约9℃。干燥带气候区主要在安第斯山脉东侧的巴塔哥尼亚、太平洋海岸大部分地区及巴西东北部,少雨或无雨,年均气温在

8—22 ℃。寒带气候区的年平均温度不到 10 ℃，仅见于阿根廷和智利的最南部及安第斯山脉的高处。

四、旅游市场

南美洲旅游区是世界古代文明的发祥地之一，这里孕育了灿烂的古印第安文明，曾经创造了玛雅文化、托尔特克文明和阿兹特克文明等光辉灿烂的古文明，留下了许多规模宏大的石结构古建筑及其废墟，如神庙、金字塔、祭坛、宫殿、卫城、广场等，具有较高的历史价值。这里的文化和生活方式以及艺术、建筑等受西班牙、葡萄牙、法国、意大利等拉丁语国家移民的影响较大，经过长期发展，形成了自身的特色。

独特而多姿多彩的旅游资源为南美旅游业的发展奠定了坚实的基础，南美洲旅游区最主要的旅游类型是海滨度假旅游，其中以巴西最为突出。

南美洲旅游区一直是全球游客青睐的旅游目的地之一。近年来，南美国家的旅游业一直保持强劲增长势头。巴西和阿根廷是南美地区旅游业的领头羊。具有印第安色彩的秘鲁旅游业也是拉美增长较快的旅游市场之一。智利的旅游业发展很快，是其经济发展的支柱产业之一，在相关行业的各类评选中屡获殊荣。南美洲旅游区各国公民多以短程旅游为主，到中国旅游的人数很少。

由于世界杯、奥运会等全球性赛事给南美洲带来高关注度，再加上智利、厄瓜多尔、阿根廷等南美国家先后对中国出台签证利好政策，中国游客赴南美旅游增长强劲。中国游客非常偏爱的热门目的地有巴西、阿根廷、智利等。一些游客也开始尝试前往新的目的地，如乌拉圭、厄瓜多尔、哥伦比亚等，但游客数量相对较少。

第二节 巴 西

一、国家概况

（一）自然地理

巴西，全称巴西联邦共和国，位于南美洲东部，北邻法属圭亚那、苏里南、圭亚那、委内瑞拉和哥伦比亚，西界秘鲁、玻利维亚，南接巴拉圭、阿根廷和乌拉圭，东濒大西洋。巴西国土面积约851.04万平方千米，为南美洲旅游区第一大国家。

巴西的地形主要分为两大部分：一部分是海拔 500 米以上的巴西高原，分布在巴西的中部和南部；另一部分是海拔 200 米以下的平原，主要分布在北部和西部的亚马孙河流域。全境地形分为亚马孙平原、巴拉圭盆地、巴西高原和圭亚那高原。其中，巴西高原约占全国面积60%，为世界面积最大的高原。最高的山峰是内布利纳峰，海拔2994米。

巴西大部分地区处于热带，北部亚马孙平原为热带雨林气候，中部为热带草原气候，南部部分地区为亚热带季风性湿润气候。北部亚马孙平原年平均气温27—29 ℃，中部年平均气温18—28 ℃，南部地区年平均气温16—19 ℃。

巴西铌、锰、钛、铝矾土、铅、锡、铁、铀等矿物储量位居世界前列。其中，铌矿产量占世界总产量的90%以上，已经探明铁矿产量居世界第二位。

（二）行政区划

巴西全国共分26个州和1个联邦区。各州名称如下：阿克里、阿拉戈斯、亚马孙、阿马帕、巴伊亚、塞阿拉、圣埃斯皮里图、戈亚斯、马拉尼昂、马托格罗索、南马托格罗索、米纳斯吉拉斯、帕拉、帕拉伊巴、巴拉那、伯南布哥、皮奥伊、北里奥格朗德、南里奥格朗德、里约热内卢、朗多尼亚、罗赖马、圣卡塔琳娜、圣保罗、塞尔希培、托坎廷斯、巴西利亚联邦区。

（三）国旗、国徽与国歌

1. 国旗

巴西国旗呈绿色长方形，中央为黄色菱形，菱形中央是深蓝色圆形天球仪。圆形上有白色五角星，象征国家的行政区；绿色和黄色是巴西的国色，绿色象征森林，黄色象征矿藏和资源。

2. 国徽

巴西国徽图案中间突出一颗大五角星，象征国家的独立和团结。大五角星内的蓝色圆面上有5个小五角星，代表南十字星座；圆环中有27个小五角星，代表巴西各州和联邦区。

3. 国歌

巴西国歌为《听，伊匹兰加的呼声》。

（四）人口、民族与语言

巴西人口2.03亿人（2024年7月），排名拉美第一、世界第七。大西洋沿岸人口稠密，内陆地区人口稀少，东南地区是巴西人口最多的地区。其中，黑白混血种人占45.35%，白种人占43.46%，黑种人占10.17%，黄种人和印第安人等占1.02%。

巴西的官方语言为葡萄牙语。

二、主要旅游目的地及其吸引力

（一）主要旅游城市及旅游景点

巴西是一个富饶的国家，到处都是不可思议的景观，从海滩到雨林，巴西拥有世上丰富的生物多样性、丰富多彩的传统节日以及深厚的历史。巴西的旅游业发展较快。自然区域是最受欢迎的旅游产品,是生态旅游与休闲娱乐的结合,主要包括阳光和海滩、探险旅游和文化旅游。巴西非常受欢迎的旅游目的地包括:亚马孙热带雨林;东北部地区的海滩和沙丘;中西部地区的潘塔纳尔、里约热内卢和圣卡塔琳娜的海滩;米纳斯吉拉斯的文化旅游和圣保罗的商务旅行等。

1. 巴西利亚

巴西的首都巴西利亚是世界上年轻的城市,气候十分宜人,是全球绿化较好的城市,"森林城市"的名号实至名归,其建筑堪称世界建筑史上的奇迹。巴西的城市建筑风格新颖独特、多姿多彩,融汇了世界古今建筑艺术的精华,有"世界建筑博览会"之称,是世界各国城市规划的样本。巴西利亚的主要建筑有国会大厦、总统府、最高法院、外交部、司法部、总统官邸和大教堂等,大都建在水池之上,色调为白色,其中,国会大厦是当地最高的建筑物。还有壮观的国家体育场,是2014年巴西世界杯中第二大的球场。

2. 里约热内卢

里约热内卢简称"里约",也被称为"神奇的城市",是巴西第二大城市,位于东南部大西洋沿岸。它以其壮观的自然环境、嘉年华庆典、桑巴舞和音乐、酒店林立的海滩,以及用褐色和奶油色旋涡图案马赛克装饰的人行道而闻名。除了海滩,当地著名的地标还包括科尔科瓦多山(也称驼背山、耶稣山、基督山)(见图6-1)上被称为"救世主基督"的巨型耶稣雕像和面包山等。里约热内卢还拥有世界上最大的城市森林——蒂茹卡森林。

图 6-1　基督山

里约热内卢这个繁华而充满活力的城市,海滩数目和延伸长度为世界之最,总长达200千米,如科帕卡巴纳海滩、伊巴内玛海滩和勒布隆海滩等,每年都吸引无数游客前来。伊巴内玛海滩是里约热内卢著名的海滩之一,拥有细软的金色沙滩和清澈的海水,也是观赏里约热内卢著名日落的理想场所。这里时常举办各种文化表演、艺术活动和沙滩排球比赛等,是体验巴西文化和风情的绝佳地点。从黎明到黄昏,甚至天黑之后,里约热内卢的居民们都可以欣赏到绵延多沙的海岸线,海滩不仅是一个充满阳光的地方,也是体育、社交甚至商务的重要场所。

3. 萨尔瓦多

萨尔瓦多是国际旅游的主要目的地之一,欧洲、非洲和美洲文化在这里交汇融合,既有许多名胜古迹,又有绮丽的热带风光,是一处绝佳的旅游胜地。萨尔瓦多是南美洲旅游区教堂最多的城市,城内有160多座教堂,包括古老的马特里斯·圣母康塞桑教堂、华丽的圣弗朗西斯科教堂等。

4. 圣保罗

圣保罗是世界第三大城市和南美洲最大的城市,是巴西最富裕的城市,也是巴西的经济、文化和商业的中心。

圣保罗拥有大量的少数民族社区,包括大量的日本、意大利、阿拉伯和黎巴嫩基督教社区。不同国家和民族的人生活在圣保罗,使它成为一座美食爱好者眼中的传奇城市——日本、意大利、巴西、中国、犹太和阿拉伯餐馆都是这座城市景观中熟悉的部分。市内有许多各具特色的公园,其中最大的公园——伊经腊普埃拉公园每年都会举行驰名世界的圣保罗美展。独立公园则每年有狂欢节,而圣保罗动物园是拉丁美洲最大的动物园。

5. 伊瓜苏

伊瓜苏市位于巴西、巴拉圭、阿根廷三国交界的巴拉那河与伊瓜苏河汇合处,是巴西第二大旅游中心。"伊瓜苏"在印第安语中意为"大水"。伊瓜苏有目前世界最大的水电站——伊泰普水电站,有世界上最宽的瀑布——伊瓜苏大瀑布。

6. 伊瓜苏大瀑布

伊瓜苏大瀑布位于巴西与阿根廷交界处的伊瓜苏河上,是世界上壮观的、令人震撼的大瀑布之一。大瀑布由275个大小不一的瀑布组成,总宽2700米。最大的瀑布跌水90米,流量1500立方米/秒,被称为"魔鬼之喉"。大瀑布的3/4在阿根廷境内,但从巴西一侧看去更为壮观。

7. 伊瓜苏国家公园

伊瓜苏国家公园于1986年被列入《世界遗产名录》,位于巴西和阿根廷东北部两国交界处,是巴西最大的森林保护区。公园里生长着2000多种维管植物,著名的有高达

40米的巨型玫瑰红树和珍稀的矮扇棕树、珍贵的水生植物。这里栖息着巨型水獭、短吻鳄和山鸭、蜜熊、美洲豹等。

8. 伊泰普水电站

伊泰普水电站位于巴西与巴拉圭之间的界河——巴拉那河（为世界第五大河，年径流量7250亿立方米）上，是目前世界上最大的水电站。伊泰普在印第安语中意为"会唱歌的石头"。

（二）特色旅游活动

1. 特色体育运动

1）足球

在体育运动方面，巴西被誉为"足球王国"，这也和巴西人的奔放的民族性格有关系。巴西几乎人人都是球迷，他们把足球称为"大众运动"。无论是在海滩上，还是在城市的街头巷尾，都有人踢球。即使是在贫民窟，穷人家的孩子也光着脚把袜子塞满纸当球踢。巴西队是世界杯历史上非常成功的球队，并在1958年、1962年、1970年、1994年和2002年等多次夺冠，夺冠数排名世界第一。

2）沙滩排球

巴西以热带雨林气候为主，巴西人热情奔放，沙滩排球也是巴西人非常喜爱的运动之一。巴西人将海滩视为一片无限的、免费的、人人都能享有的运动场所。在里约热内卢的海滩上，人们常常因为一项运动聚在一起，度过愉快的周末时光。在里约热内卢绵长的海岸线上，总会在距离海水较远的位置，看到一排排伫立在沙滩上的球网架。

3）冲浪板滑行

巴西东临大西洋，拥有超过7000千米的海岸线。追逐海浪，冲浪板滑行是巴西的一项流行运动，尤其是在其美丽的海岸线上，每年来自世界各地的冲浪者来到巴西冲浪，享受阳光。

4）柔术

柔术是一种教授自卫和自律的武术，于20世纪20年代传入巴西。在巴西，柔术在孩子和成人中都非常流行。巴西的柔术选手以他们在地上的强有力的技术和优雅的动作而闻名。

2. 传统艺术项目

1）桑巴

桑巴是一种活泼多彩的舞蹈，也是运动与艺术的结合，起源于巴西。它最早源于非洲土著居民带有宗教仪式性的舞蹈，通过被贩卖到巴西的黑人奴隶带到巴西，再与流传至当地的其他文化混合，渐渐演变成今日的桑巴。桑巴现已被公认为巴西和巴西狂欢节的象征,是极具大众化的巴西文化表达形式之一。每年一度的狂欢节是桑巴展示的最佳舞台,来自欧洲、全球其他地方,以及巴西国内的游客会在每年2—3月挤满里约热内卢和萨尔瓦多。为了将桑巴的特点表现出来,舞者必须欢快、煽情、激昂地表演。

2)卡波耶拉

卡波耶拉是一种独特的武术、舞蹈和音乐融合体,是由在巴西的非洲奴隶创造而出。其伴随音乐节奏,通常为两人一组的方式而起舞,与一般舞蹈雷同,但是舞蹈动作中结合了大量侧空翻、回旋踢、倒立等武术动作,有着浓厚的战斗用途,在民间习授流传,被认为是巴西重要的本土文化象征与国技之一。

三、旅游现状及服务

(一)中巴两国旅游外交关系及签证政策

长期以来,巴西是中国游客赴南美洲旅游的首选目的地之一。其丰富的旅游资源,如气势磅礴的伊瓜苏大瀑布、热情奔放的巴西狂欢节都令人心驰神往。同时,巴西旅游部旨在通过路演、强强联合、增加航班、数字化营销等方式,加深中国旅游市场对巴西自然景观和独具当地特色的历史文化遗产的了解。

自2017年10月1日起,中巴两国互为以旅游、探亲、商务为目的来本国的对方国家公民颁发有效期最长为5年、可多次入境、每次停留不超过90日的签证。必要时,签证可予延期,但第一次入境后12个月内总停留期不超过180日。

自2024年2月19日起,中巴两国互为以商务、旅游、探亲为入境目的的对方国家公民颁发有效期最长为10年、可多次入境、每次停留不超过90日的签证。必要时,签证可予延期,但第一次入境后12个月内总停留期不超过180日。

2024年春节期间,携程平台巴西整体旅游订单同比增长超6倍,租车订单同比增长4倍左右。巴西作为我国公民出境旅游形成较长的国家,是中国极具潜力的旅游目的地市场,签证互惠互利是中巴两国深化关系的结果,前往巴西出境旅游的中国游客将越来越多,中国游客也将为世界旅游业发展注入更多动力。

(二)交通概况

1. 航空

巴西航空运输业较发达,各大城市间均有空中航线相连。巴西国内主要有四家大型民用航空公司,主要国际机场位于圣保罗、里约热内卢、巴西利亚、累西腓和马瑙斯。圣保罗Guarulhos国际机场是南美和巴西最大、最繁忙的机场,与世界上多个国家的主要城市有航班相连。中国国际航空公司已开通北京至圣保罗的直达航线,旅客可以通过巴黎、迪拜等城市转机抵达圣保罗。旅客往返机场多通过公交大巴和出租车。

2. 陆路

巴西铁路运力居拉美首位,主要分布在南部、东南部和东北部,以货运为主。20世纪50年代以后,巴西在运输领域的投资主要用于公路,铁路网规模逐步萎缩。著名的中央车站,因为同名电影《中央车站》而出名,现在中央车站来往的主要是地铁和短途旅行,深受游客青睐,因为巴西的火车穿越风景秀丽的原野,老式的蒸汽火车头令人怀旧。

巴西拥有广泛的公路网络,其中包括一些重要的高速公路。巴西的公路系统对于连接国内各个城市和地区起到了关键作用,为经济发展和人员流动提供了便利。然而,巴西交通拥堵问题却普遍存在,尤其是在一些大城市如圣保罗州,非常拥堵。需要注意的是,巴西的轿车90%以上是两门车,坐后排的人上车要将前排司机旁边那个座位的椅背向前扳倒,"屈尊"入座。巴西是世界上使用酒精为汽车燃料最成功的国家。

注意,中国驾照不能在巴西直接使用,须参加巴西考试,通过考试后申请巴西驾照。

3. 水运

在巴西,有一条非常著名的水路旅行线路叫"皮涅鲁斯路线",这是巴西最长的水上游览路线,横跨南马托格罗索州、巴拉那州和圣保罗州三个州。游客可以乘船或皮划艇,以亲密而激烈的方式探索自然河流,从宁静的河段行驶至湍急水流中,感受四周令人惊叹的自然景观。横跨南马托格罗索州的部分路段还可以为游客提供大西洋森林保护区鸟类观赏游服务,让人们在欣赏自然风光的同时,也能近距离观察到各种珍稀鸟类。

(三)旅游线路推荐

1. 城市之旅

(1)抵达里约热内卢,参观其标志性的景点,如巨型耶稣雕像、面包山、马拉卡纳足球场等。在山顶,可以欣赏到壮观的城市全景,并体验当地的文化和历史。

(2)前往圣保罗,这座城市是巴西的经济和文化中心,可以参观世界上第四大哥特式主教教堂——圣保罗大教堂,感受其独特的建筑风格。同时,不妨逛逛市区的购物中心和博物馆,了解巴西的艺术和历史。

2. 自然探险之旅

(1)乘船近距离观赏伊瓜苏大瀑布的壮观景象,并感受大瀑布水声轰鸣的震撼效果。

(2)接着前往亚马孙雨林,体验一次真正的雨林探险。可以选择乘坐传统的船艇,在亚马孙河上划行,欣赏沿途的热带雨林风光,并有机会观察到各种珍稀动植物。

3. 文化之旅

（1）参观巴西利亚，这座年轻的首都以其大胆的建筑设计风格而闻名，被誉为"未来城市"。可以游览其现代化的建筑，如国会大厦、总统府等，感受这座城市的独特魅力。

（2）在旅途中，不妨安排一些文化体验活动，如参观当地的博物馆和艺术展览，了解巴西的丰富文化和历史。

（3）品尝当地的美食，如巴西烤肉、黑豆饭等，感受巴西的美食文化。

（四）币种兑换

在前往巴西之前，进行货币兑换是必不可少的一步。巴西的官方货币是巴西雷亚尔，因此需要将人民币或其他货币兑换成巴西雷亚尔。

1. 在国内兑换

在中国，可以通过银行、兑换店、机场、酒店或一些大型商店等多种方式进行货币兑换。

2. 在银行兑换

大多数银行都提供货币兑换服务。可以前往中国银行的柜台，询问关于巴西雷亚尔的兑换率，并提供身份证和现金或银行卡进行兑换。此外，一些银行还提供在线预约和兑换服务，可以提前在银行的官方网站或手机应用上进行操作。

3. 在专门的货币兑换店兑换

在城市中，可以找到一些专门的货币兑换店，它们通常提供更灵活的兑换时间和较高的兑换率。可以在当地的商业区或旅游景点附近寻找这些兑换店，它们会提供现金或银行卡兑换。

4. 在机场、酒店或大型商店兑换

在巴西，也可以在机场、酒店或一些大型商店寻找货币兑换服务。但是，这些地方的兑换率可能不如在中国国内兑换时优惠，因此建议提前在国内进行货币兑换。

5. 货币兑换注意事项

建议携带一些现金以备不时之需，虽然巴西的支付方式正逐渐转向数字化，但现金支付仍然是普遍接受的方式。但也要注意安全，避免携带过多现金。巴西的信用卡支付也相当普遍，它们被广大消费者所接受。在较大的商店、餐厅和酒店，使用信用卡支付是很方便的。

(五)票务与酒店预订

1. 票务预订

对于票务预订,中国与巴西之间的直达航班目前主要是国航运营的北京—马德里—圣保罗航线。这条航线于2024年4月28日起恢复运行,每周两班,分别在周四和周日执行。从北京起飞后,航班将飞越亚洲、欧洲,在西班牙马德里经停后再次起飞,飞越北非西海岸、大西洋、南美洲,最终抵达巴西圣保罗。

需要注意的是,中国与巴西之间的航班连接可能还受到两国之间的航权协议、市场需求和航空公司运营策略等因素的影响,因此具体的航班信息和频率可能会发生变化。建议查询航空公司官网或相关机构,以获取最新和最准确的航班信息。

除此之外,中国游客可以选择经欧洲、亚洲或美国等航线进行转飞。在预订机票时,可以考虑选择如德国、法国、英国、荷兰等国家的航空公司,或者选择经日本东京或韩国首尔转飞的亚洲航线。

2. 酒店预订

在预订酒店时,巴西拥有众多酒店供游客选择,可以通过携程、去哪儿和艺龙旅行网等在线旅行平台进行预订,这些平台提供了丰富的酒店选择和价格比较,帮助游客找到最适合自己的住宿。

第三节 阿 根 廷

一、国家概况

(一)自然地理

阿根廷,全称阿根廷共和国,位于南美洲东南部,面积278.04万平方千米(不含马尔维纳斯群岛和阿主张的南极领土),仅次于巴西,是南美洲第二大国。阿根廷东濒大西洋,南与南极洲隔海相望,西邻智利,北与玻利维亚、巴拉圭交界,东北与乌拉圭、巴西接壤,海岸线长4725千米。

阿根廷地势由西向东逐渐低平。西部是以脉绵延起伏、巍峨壮丽的安第斯山为主体的山地,阿空加瓜山是安第斯山脉最高峰,也是南美第一高峰;东部和中部的潘帕斯草原是著名的农牧区;北部主要是格兰查科平原,多沼泽、森林;南部是巴塔哥尼亚高原。

阿根廷气候多样，四季分明。北部属热带气候，中部属亚热带气候，南部为温带气候。年平均气温北部24℃，南部5.5℃。年降水量很不均匀，东北角高达1000毫米以上，中部和北部为500—1000毫米，西部在200毫米以下，巴塔哥尼亚地区也在200毫米以下。

阿根廷矿产资源丰富，是拉美主要矿业国之一。主要矿产资源有石油、天然气、锂、铜、金、铀、铅、锌、硼酸盐、黏土等，大部分位于与智利、玻利维亚交界的安第斯山脉附近。但矿产开发水平较低，预计约有75%的资源尚未得到勘探开发。

（二）行政区划

阿根廷全国划分为24个行政单位，由23个省和联邦首都（布宜诺斯艾利斯市）组成。

23个省分别是：布宜诺斯艾利斯省、卡塔马卡省、查科省、丘布特省、科尔多瓦省、科连特斯省、恩特雷里奥斯省、福尔摩沙省、胡胡伊省、拉潘帕省、拉里奥哈省、门多萨省、米西奥内斯省、内乌肯省、里奥内格罗省、萨尔塔省、圣胡安省、圣路易斯省、圣克鲁斯省、圣菲省、圣地亚哥-德尔埃斯特罗省、火地岛省、图库曼省。

（三）国旗、国徽与国歌

1. 国旗

阿根廷国旗呈长方形，自上而下由浅蓝、白、浅蓝三个平行相等的横长方形组成，白色长方形中间是一轮"五月的太阳"。浅蓝色象征正义，白色象征信念、纯洁、正直和高尚。"五月的太阳"象征自由和黎明。

2. 国徽

阿根廷国徽为椭圆形。椭圆面上蓝下白，为国旗色。椭圆形中有两只紧握着的手，象征团结；手中握有"自由之竿"，象征权利、法令、尊严和主权；竿顶为红色的"自由之帽"。椭圆形图案由绿色的月桂树叶环绕，绿色象征忠诚和友谊，月桂树叶象征胜利和光荣。

3. 国歌

阿根廷的国歌是《祖国进行曲》。

（四）人口、民族与语言

阿根廷人口4665万人（2023年底），居南美洲旅游区第二位。在阿根廷，白人和印欧混血种人占95%，白人多属意大利和西班牙后裔。

阿根廷的官方语言为西班牙语。

二、主要旅游目的地及其吸引力

(一)主要旅游城市及旅游景点

阿根廷是南美洲第二大国际旅游目的地,主要旅游胜地有布宜诺斯艾利斯、伊瓜苏大瀑布、莫雷诺冰川与阿根廷湖、巴里洛切风景区、卡特德拉尔山等。

1. 布宜诺斯艾利斯

阿根廷的首都布宜诺斯艾利斯既是一座拥有400多年历史的古老城市,又是一座繁华而美丽的现代化城市。它既有自己的特色,又具有欧洲大城市的风韵,人们称誉它为"西半球的巴黎"。数百座大小不等和风格各异的雕塑作品在城市里星罗棋布,布宜诺斯艾利斯城如同一座巨大的雕塑博物馆,所以布宜诺斯艾利斯有"雕塑城"的美称。市区仍保存着许多古老建筑物,带有欧洲古典建筑艺术的浓厚色彩,既有哥特式教堂,又有罗马式的剧院和西班牙式的法院。

2. 伊瓜苏大瀑布

伊瓜苏大瀑布是南美洲旅游区最大的瀑布、"世界五大瀑布"之一,位于阿根廷北部与巴西交界处。1984年,伊瓜苏大瀑布被联合国教科文组织列为世界自然遗产。伊瓜苏大瀑布与众不同之处在于观赏点多,从不同地点、不同方向、不同高度,看到的景象不同。峡谷顶部是瀑布的中心,水流最大、最猛,人称"魔鬼喉"。

3. 莫雷诺冰川与阿根廷湖

绵长的安第斯山脉终年积雪,纵横着很多巨大的冰川,有部分流向阿根廷境内。其中,莫雷诺冰川是世界上少有的正在生长的冰川。夏季时,常可以看到"冰崩"奇观:一块块巨大的冰块落入阿根廷湖,一声声震耳欲聋的响声让人屏息凝视,但很快,一切又都归于平静。莫雷诺冰川在冰川界尚属"年轻"一族,它似一堵巨大的"冰墙",每天都在以一定的速度向前推进,身临其下,让人似乎感受到冰川时代的气息。

阿根廷湖是坐落于阿根廷南部圣克鲁斯省的冰川湖,这里以冰块堆积的景观而闻名于世。巨大的冰块相互撞击,缓缓向前移动,有时形成造型奇特的冰墙,最后全部汇积到阿根廷湖,组成了洁白玉立的冰山雕塑。湖畔雪峰环绕,山下林木茂盛,景色迷人,是阿根廷一处引人入胜的旅游景点。

4. 巴里洛切风景区

巴里洛切风景区坐落在阿根廷西部安第斯山麓,这里依山傍水,风景秀丽,自然环境酷似欧洲的阿尔卑斯山地区,居民以德国、瑞士、奥地利移民后裔为主,建筑风格也沿袭了其欧洲国家的传统,因而有"小瑞士"的美称(见图6-2)。

图6-2 巴里洛切

巴里洛切同时也是滑雪胜地。每年8月,这里要举行盛大的冰雪节,期间举办滑雪比赛、冰球比赛、火炬游行等活动,最有趣的是巧克力晚会,还要评选出"巧克力皇后"。

5. 卡特德拉尔山

卡特德拉尔山是阿根廷著名的滑雪中心,位于纳韦尔瓦皮湖国家公园。每年的6—9月,正当欧美处于盛夏之际,这里大雪纷飞,银装素裹,是天然的滑雪胜地,大批欧美滑雪爱好者蜂拥而至。为方便滑雪爱好者,这里修建了完善的旅店、饭店设施,并建有空中缆车,可以直接把游人载到山顶。

(二)特色旅游活动

1. 特色体育运动

1)帕托

帕托在西班牙语中的意思是"鸭子",帕托比赛是阿根廷独有的民族体育运动,它结合了马球比赛和篮球比赛的特点。在帕托比赛中,每队四人四马,目标是把球投入一个竖直的圈内,分数多者胜。帕托这项运动历史悠久,具有深厚的群众基础和浓厚的传统色彩。

2)斗牛

虽然斗牛起源于西班牙,但在阿根廷也形成了自己的特色。每年的斗牛节,成千上万的观众会来到斗牛场,观看精彩的斗牛表演。斗牛不仅是一项竞技表演,也是对牛的尊重与敬意的展现。

3)足球

虽然足球在全球都很流行,但阿根廷人对足球的热爱和投入使得这项运动在阿根廷具有特别的地位。阿根廷足球以其精湛的技术、出色的战术和富有激情的比赛风格而闻名于世。

2. 传统艺术项目

1) 探戈舞

阿根廷文化是由欧洲文化、非洲文化与拉美文化融汇而成的。在享有"舞中之王"声誉的阿根廷探戈中,可以看到这种融汇的印记,探戈被阿根廷人视为国粹。阿根廷探戈以小腿的动作为主,男女舞者以娴熟的技艺和默契的配合跳出一系列令人眼花缭乱的舞步,互相缠绕的肢体充分展示出人体之美。探戈混合了非洲、印第安、西班牙、拉丁美洲等地的舞蹈成分,充满了深沉的情感。

2) 陶瓷艺术

阿根廷的陶瓷艺术源远流长,传统工艺与现代创新相结合,形成了独特的阿根廷陶瓷风格。陶瓷作品往往采用鲜艳的色彩和富有装饰性的图案,这些图案代表着国家的多元文化和自然景观。这些作品既具有实用功能,又充满了艺术气息。

3) 编织工艺

阿根廷的编织工艺受到土著居民的传统文化影响,表现出浓厚的民族特色。其编织产品种类繁多,包括毛衣、围巾、毯子等,图案和色彩都具有当地特点,反映出当地文化和阿根廷人对自然环境的理解与热爱。

4) 皮革工艺

阿根廷的皮革工艺以其独特的材质和精湛的工艺而著称。皮革制品,如皮包、皮鞋、皮衣等,不仅具有极高的品质和极强的耐用性,而且设计独特,展现了阿根廷人的时尚追求和审美品位。

5) 剪纸艺术

剪纸艺术在阿根廷被广泛应用于各类文化活动和庆典中。阿根廷的剪纸工艺通常以植物、动物和传统图案为主题,通过精心设计和巧妙剪裁,打造出精美的剪纸作品。这些作品不仅具有装饰性,还富有文化内涵。

三、旅游现状及服务

(一)中阿两国旅游外交关系及签证政策

1972年2月,中国与阿根廷建交。建交以来,双边关系发展顺利,各领域互利合作日益深化,两国在国际事务中保持着良好合作。2007年1月,中国公民组团赴阿根廷旅游方案正式实施。2015年2月,双方签署便利旅游人员签证协议,并于6月正式实施。2017年6月,双方互发十年多次旅游和商务签证协议正式实施。

2018年11月,在双方外交、公务护照互免签证基础上,阿方宣布对我国公务普通护照实行免签。2019年10月,经中央人民政府授权,澳门特区政府在政府总部与阿根廷共和国政府签署《中华人民共和国澳门特区政府与阿根廷共和国政府互免签证协定》。

根据中阿双边协议,中国公民持外交、公务和公务普通护照者(不含企业人员)可免签入境阿根廷,入境后可停留30天;持香港特区护照者可免签入境阿根廷,入境后可停留90天;持澳门特区护照者可免签入境阿根廷并停留30天。

作为中国最大的OTA,携程集团为3亿中国用户提供旅游服务,并见证了近年来中国游客赴阿根廷的可观增长趋势。携程数据显示,2019年阿根廷航班预订和酒店预订同比增幅均超过100%;2018年,阿根廷是携程旅游订单增长较快的海外旅游目的地。2021年3月,阿根廷旅游体育部与携程集团举办线上视频签约仪式,正式签署为期5年的战略合作备忘录。2023年3月,据阿根廷驻华大使馆消息,阿根廷政府将为中国游客推出一揽子政策,其中包括实现两国直航的开通、简化签证手续,以及在阿根廷推行中国通用的电子支付方式等,这对推动旅游的发展至关重要。

截至2023年7月,阿根廷已经在中国上海、广州、香港、成都设立了四个总领事馆。

(二)交通概况

阿根廷的交通十分发达,拥有完善的公路、铁路、航空和水运系统,为游客提供了便利的出行方式。

1. 陆路

阿根廷的公路网络非常发达,覆盖了全国的主要城市和地区。公路路况总体良好,但南部地区可能存在一些碎石和泥土路,行车时需要特别留意。阿根廷的公共交通系统也相对完善,包括公共汽车、地铁和出租车等,为游客提供了便捷的市内交通方式。

阿根廷的铁路系统虽然没有遍布各地,但仍是连接主要城市的重要交通方式。此外,阿根廷还有一些郊区铁路供普通市民日常往返。对于长途旅行,阿根廷的铁路系统提供了舒适的列车和丰富的旅游线路,如从布宜诺斯艾利斯到伊瓜苏的铁路旅行,沿途可以欣赏到美丽的自然风光。

2. 航空

在航空方面,阿根廷拥有多个国际机场,连接了国内主要城市和世界各地的主要城市。目前,中国与阿根廷之间尚未开通直航,但可以通过迪拜、土耳其、埃塞俄比亚、北美或欧洲等地转机。北美各航空公司时常有划算的机票,不过从美国、加拿大和英国转机,即使不出机场也需要过境签证。绝大多数国际旅行者都会从布宜诺斯艾利斯的埃塞萨国际机场进入阿根廷。另外,门多萨、巴里洛切、萨尔塔和乌斯怀亚等城市也设有国际机场,但主要经营往返智利圣地亚哥和周边南美国家的航班。

3. 水运

阿根廷的水运系统主要包括内河航运和海运。阿根廷拥有多个海港和内河港口,其中布宜诺斯艾利斯港是全国最大的港口,也是阿根廷国际海运的枢纽。内河航运则主要集中在拉普拉塔河等河流上,为游客提供了欣赏河流风光和体验当地文化的机会。

(三)旅游线路推荐

1. 布宜诺斯艾利斯都市风情之旅

(1)哥伦布大剧院位于布宜诺斯艾利斯市中心,是"世界三大歌剧院"之一,游客在这里可以感受其浓厚的艺术氛围。

(2)拉普拉塔河岸树木繁茂,绿化程度极高,游客可以欣赏城市的美景,给人一种宁静和舒适的感觉。

(3)五月广场上,有洁白的独立纪念碑和总统府玫瑰宫,游客可以感受阿根廷的历史和文化。

(4)弗洛里达大街是布宜诺斯艾利斯的繁华地段,商店、咖啡馆、舞厅鳞次栉比,被誉为"南美百老汇"。

2. 伊瓜苏大瀑布自然探险之旅

伊瓜苏大瀑布是世界上较宽的瀑布,景色震撼人心,可以选择乘坐游船近距离感受瀑布的磅礴气势,也可以沿着步道徒步探索瀑布的奥秘。

3. 乌斯怀亚南极之旅

乌斯怀亚是阿根廷最南端的城市,从这里可以出发前往南极探险,参加南极游船之旅,欣赏南极冰川的壮观景色,体验极地探险的刺激和乐趣。

4. 巴塔哥尼亚沙漠探险之旅

巴塔哥尼亚沙漠是南美洲较大的沙漠,位于安第斯山脉的东侧,可以参加沙漠徒步或骑马探险活动,感受沙漠的广袤和神秘。

5. 阿根廷北部热带风情之旅

阿根廷北部地区属于热带气候,夏季最高气温可达40 ℃,可以游览当地的城市和景点,感受热带风情和独特的文化魅力。

(四)币种兑换

1. 在国内银行兑换

阿根廷货币名称为阿根廷比索,在国内银行兑换货币,这是一种方便、快捷、安全的方式。可以前往中国银行等金融机构,提前一至两个星期预约所需的外币品种和金额,在预约好的时间内,带齐身份证等有效证件,去预约网点办理购汇和取现。

此外,一些银行的网上银行或手机银行也提供了直接购买外汇的服务,可以通过登录银行App进行操作。

2. 在阿根廷当地兑换

到达阿根廷后,可以在当地的银行、兑换商处或者机场的货币兑换点进行货币兑换。如布宜诺斯艾利斯的埃塞萨国际机场,通常设有货币兑换点。这些兑换点通常位于机场的到达大厅或国际出发大厅,方便旅客进行货币兑换。

需要注意的是,阿根廷的黑市汇率与官方汇率之间存在巨大差异,而使用黑市汇率进行兑换是非法的,因此建议选择正规的银行或兑换商进行兑换。

3. 使用信用卡或借记卡

在阿根廷,一些商店、餐厅和酒店可能会接受信用卡或借记卡支付。使用信用卡或借记卡可以避免携带大量现金,不过可能会产生额外的手续费和汇率费用。因此,建议在使用之前,向银行了解相关费用。

4. 酒店兑换

一些大型酒店也提供货币兑换服务,但兑换汇率可能不如银行或专门的兑换点优惠。无论选择哪种方式进行货币兑换,都需要了解当前的汇率情况。可以在银行、在线货币转换工具或金融新闻网站上查看人民币与阿根廷比索的汇率信息。

此外,还可以向当地的旅游咨询中心或酒店前台咨询,他们通常会提供有关货币兑换的详细信息和建议。

(五)票务与酒店预订

1. 票务预订

利用携程、去哪儿、Expedia、Booking.com等在线旅行平台,直接访问航空公司官方网站,均能获取优惠价格。对于阿根廷的热门景点和活动,如观看足球联赛比赛,可以直接访问相关球队的官方网站进行门票预订,不仅能确保游客获得正规门票,还能获取最新的活动信息。另外,许多第三方票务预订网站也提供了丰富的门票选择,包括演出、体育活动和景点门票,预订前要仔细查看网站的用户评价和门票详情,以确保选择的是可靠的服务。

2. 酒店预订

可以通过携程、Booking.com、Expedia、Agoda等第三方预订平台进行酒店预订,这些平台提供大量的酒店选择和价格比较功能。游客可以比较不同酒店的价格、位置、设施等信息,选择最适合的酒店。这些平台通常还提供用户评价,可以帮助游客进行决策。直接访问感兴趣的酒店的官方网站,查看酒店详情和价格,然后进行预订。有时候,酒店可能会提供独家优惠或促销活动。

第四节 智 利

一、国家概况

（一）自然地理

智利,全称智利共和国,位于南美洲西南部、安第斯山脉西麓,国土面积756715平方千米。智利东邻玻利维亚和阿根廷,北界秘鲁,西濒太平洋,南与南极洲隔海相望,海岸线总长约1万千米。智利是世界上最狭长的国家,境内多火山,地震频繁。

位于智利、阿根廷边境上的奥霍斯-德尔萨拉多峰为智利最高点。智利重要的河流有比奥比奥河等,主要岛屿有火地岛、奇洛埃岛、惠灵顿岛等。

由于国土横跨38个纬度,而且各地区地理条件不一,智利的气候复杂多样,包括多种形态,使得很难用一句话总结智利全国的气候状况。智利气候可以分为北、中、南三个明显不同的地段:北段主要是沙漠气候;中段是冬季多雨、夏季干燥的亚热带地中海气候;南部为多雨的温带阔叶林和寒带草原气候。

智利属于中等发展水平国家,矿业、林业、渔业和农业是国民经济四大支柱,矿藏、森林和水产资源丰富。智利以盛产铜闻名于世,素称"铜之王国"。已探明的铜蕴藏量居世界第一位,约占世界铜储藏量的1/3。

（二）行政区划

智利全国共分为16个大区,下设56个省和346个市。各大区名称如下:圣地亚哥首都大区、帕拉帕卡(第一大区)、安托法加斯塔(第二大区)、阿塔卡马(第三大区)、科金博(第四大区)、瓦尔帕莱索(第五大区)、解放者奥希金斯将军(第六大区)、马乌莱(第七大区)、比奥比奥(第八大区)、阿劳卡尼亚(第九大区)、洛斯·拉戈斯(第十大区)、伊瓦涅斯将军的艾森(第十一大区)、麦哲伦(第十二大区)、洛斯·理约斯(第十四大区)、阿里卡和帕利塔戈塔(第十五大区)、纽布莱大区(第十六大区)。

（三）国旗、国徽与国歌

1. 国旗

智利国旗呈长方形,旗面由蓝、白、红三色组成。上半部左角为蓝色正方形,其中央绘有一颗白色五角星。白色象征安第斯山高峰的白雪,蓝色象征海洋,红色代表为脱离西班牙而流的鲜血。

2. 国徽

智利国徽盾面来自国旗图案，上面的五角星象征光明照耀前进的道路。顶端蓝、白、红三根鸵鸟羽毛代表特有的美洲鸵鸟；左侧是安第斯山地区特有的棕鹿；右侧是安第斯山秃鹰（或神鹰）；底部的戈比爱野百合花，象征人民争取独立自由的民族精神。

3. 国歌

智利的国歌是《亲爱的祖国》。

（四）人口、民族与语言

知识拓展 6-3

智利全国总人口 1996 万人（2024 年 7 月），其中城市人口占 86.9％。白人和印欧混血种人约占 89％，印第安人约占 11％。

智利的官方语言为西班牙语。在印第安人聚居区使用马普切语。

二、主要旅游目的地及其吸引力

（一）主要旅游城市及旅游景点

1. 圣地亚哥

圣地亚哥是智利的首都，是全国最大的城市和全国的政治、经济、文化、交通中心，位于智利中部、马波乔河畔，东面是安第斯山峰，19 世纪因发现银矿而发展迅速，今日的圣地亚哥已成为一座现代化的城市。其中，靠近市中心的圣卢西亚山为著名风景区。市东北角的圣克里斯托瓦尔山，山顶上竖立一尊巨型大理石圣母雕像，为当地一大胜景。

圣地亚哥主要的街道奥希金斯大街横贯全城，两旁林荫遮道，每隔不远就有一座喷泉和造型生动的纪念铜像，商业大厦、银行、饭店、娱乐场所林立，是圣地亚哥最繁华的街道。圣地亚哥城外的高山是滑雪运动爱好者的天堂，山上可以进行长途跋涉、攀岩、跳伞、骑马等活动。

2. 瓦尔帕莱索

瓦尔帕莱索是智利的第二大城市和南太平洋沿岸最大的港口，城区依山建楼，傍海造屋，使建筑群呈排排阶梯式特色。游人住进旅馆，如置身在一艘巨轮之上，面向蓝天碧海，品尝佳肴美酒，十分惬意。城东北的比尼亚德尔马，此地拥有南美著名的海水浴场，被称为"南太平洋的珍珠"。市内有广场、行政大楼、教堂、公园和一些殖民时期建筑，以及圣玛利亚工科大学、天主教大学和博物馆、美术馆、智利海军学院等。

3. 复活节岛

复活节岛是由荷兰航海家雅可布·洛加文于 1722 年 4 月 5 日发现的，当天正值基督教的复活节，故得名。岛上的居民则称它为"拉帕努伊"，意为"石像的故乡"，或称"特皮托·库拉",意即"世界的肚脐"。复活节岛于1995年被联合国教科文组织列入《世界遗产名录》。这个三角形小岛位于东太平洋,被认为是"全球上最孤独的一个岛屿",直至该岛被发现,岛上原居民才与外界有了接触。

复活节岛上动植物稀少,居民保留浓郁的波利尼西亚文化习俗。最神秘的是岛上遗留的600多尊石像,石像用整块火山熔岩雕凿而成,整齐地排列在海边约100座用巨石砌成的石台上。这些石像线条简洁粗犷,造型生动奇特。此外,还有许多尊没有完工的石像。这些石像面部造型大多是高鼻梁、凹眼窝、窄额头、大耳朵、噘嘴巴,凝望远方,若有所思。其雕琢、运输和排列等问题,至今是一个谜。岛上还有很多神秘洞穴和无人能读懂的刻着人、兽、鱼、鸟等图形符号的木板,岛民称其为"会说话的木板"。复活节岛的奇异,吸引着无数游人前往(见图6-3)。

图6-3 复活节岛

（二）特色旅游活动

智利的特色体育运动丰富多彩,其中,足球和网球是极具代表性的两项运动。

1. 足球

智利足球有着悠久的历史和深厚的文化底蕴。智利国家男子足球队也被称为"南美红魔",以其独特的战术风格和强烈的进攻意识而著名。足球在智利是一项全民运动,无论男女老少,都对足球充满了热情。在智利的街头巷尾,人们经常可以看到年轻人在进行足球比赛或练习。每当有重要的足球赛事,如世界杯或美洲杯,智利的球迷们都会热情地参与其中,为自己喜爱的球队加油助威。

2. 网球

网球在智利也非常受欢迎,是智利非常成功的一项体育项目,在国际上也具有很高的声誉。智利拥有许多优秀的网球选手,他们在国际赛事中取得了优异的成绩。智利网球选手的打法通常具有攻击性强、速度快的特点，这使得他们在比赛中能够迅速占据优势。

3. 极限运动

智利拥有得天独厚的自然环境，适合各种极限运动的开展，如徒步、骑马、钓鱼、漂流、滑索、冰上徒步、滑雪、皮划艇、山地自行车、攀岩、冲浪、潜水、滑沙、风筝冲浪和滑翔伞等。这些极限运动在智利都非常受欢迎，吸引了众多运动爱好者前来挑战。

此外，智利人还热爱各种竞技类运动项目，如赛车、马术、攀岩等。这些运动不仅考验运动员的体力和技巧，还展现了智利人勇敢、坚韧的精神风貌。

4. 奎卡舞

智利的奎卡舞是一种独特的民间舞蹈，其表演形式充满了浓厚的智利风情。它通常以欢快的节奏和简单的舞步为特点，常常在庆祝活动和节日中表演。奎卡舞通常是由男女对舞的形式进行表演。在表演中，男性舞者通常穿着特有服饰，如宽边黑礼帽、斗篷等，同时手持手绢，以展现其潇洒和热情的一面。而女性舞者则穿着彩色长裙，头戴遮阳纱帽，表现出女性的妩媚和含蓄。在舞蹈动作上，奎卡舞以踢踏步和舞巾帕为开始，随后男女舞者通过舞步相互追逐，展现出一种欢快、活泼的氛围。在舞蹈过程中，男女舞者还需要彼此说些客套话或插科打诨，以增加舞会的情趣，使场面更加热烈。

值得一提的是，奎卡舞的伴奏音乐也具有独特的特色。它通常融合了西班牙和印第安的音乐元素，节奏明快、活泼，能够很好地配合舞蹈动作，营造出一种欢快、热烈的氛围。总的来说，智利的奎卡舞以其独特的表演形式、欢快的舞蹈动作和独特的音乐伴奏，成为智利文化的重要组成部分，深受当地人民的喜爱。

5. 绅士围牛

绅士围牛是智利特有的一种牛仔竞技运动，类似于美国的牛仔竞技比赛，但具有自己的独特风格和规则，被视为智利的国粹之一。它起源于智利南方的乡间，至今已有数百年的历史。在比赛中，骑手需要展示他们的骑术和与牛的互动技巧。在全国围牛锦标赛中，参赛者由两名选手组成搭档，他们驱马在半月形围牛赛场中从一侧和后方将牛围赶到指定的角落，并使用马的胸部撞击牛的特定部位来获得不同的分数。这个过程并不需要暴力，而是更加注重养马、驯马的竞技表演技巧和准确性。

三、旅游现状及服务

（一）中智两国旅游外交关系及签证政策

在旅游方面，中国同智利的关系一直是积极的。两国高层交往频繁，在国际多边领域保持良好合作。智利政府坚定奉行一个中国原则，与中国保持着密切的合作关系。近年来,随着两国关系的不断深化,双方在旅游领域的合作也日益密切。越来越多的中国游客前往智利旅游观光,了解当地的历史文化和风土人情。同时,智利的旅游资源也得到了更好的推广和开发,吸引更多中国游客前往体验。

在签证政策上,自2015年7月1日起,智利免收中国游客赴智的签证申请费用。若乘飞机直接过境、不出机场且停留不超过24小时的情况下,可以免办签证。对于持外交、公务护照的中国公民,可以直接入境智利,并且最长可以停留30天。此外,根据中智双方的协议,中国公民若持有有效期6个月以上美国或加拿大签证(过境签证除外),可以享受免签证待遇。

需要注意的是,这些免签条件可能会根据中智两国政府之间的协议和政策变化而有所调整。因此,在计划前往智利旅行时,建议提前在中智签证网站查阅最新的签证政策信息,并咨询相关机构或专业人士的意见。

(二)交通概况

1. 陆路

智利的铁路系统由于地形多变,尤其是南部地区冰川侵蚀的地形,使得铁路难以贯通全国。因此,在智利的运输方式中,铁路的占比并不高。

智利的公路网相对发达,南北贯通的公路和东西向的支线构成了一个庞大的公路网。这使得公路成为智利人出行和货物运输的主要方式。智利人更习惯于选择大巴车或私家车出行,公路运输在智利的运输方式中占比高达60%。5号公路是智利重要的公路,北起智秘(鲁)边境,南到智利第十大区首府蒙特港,为泛美公路在智利国内部分,是联系智利南北的交通大动脉。

2. 水运

智水路交通主要集中在南部安第斯山脉碎片化的第十、第十一和第十二大区。智利拥有长达10000千米的太平洋海岸线,沿海港口多达39个,这使得海上运输在智利的运输方式中占据了重要地位,承担了智利50%的进出口货物的运输任务。其中,Valparaíso是南太平洋最大港口,进口货运的50%由该港承担。

3. 航空

对于远距离出行来说,在智利,飞机是最有效率的交通工具。目前,从中国到智利没有直飞航班,须经第三国转机中转才能到达,中转地的选择可以考虑如卡塔尔、北美(美国、加拿大)或欧洲等地。其中,最受欢迎的航线是上海飞往圣地亚哥。在选择航班时,可以考虑北美各航空公司的机票,因为它们时常有较为划算的机票。但请注意,从美国、加拿大和英国转机,即使不出机场也需要过境签证。智利的主要机场有首都圣地亚哥国际机场、伊基克国际机场、蓬塔国际机场等。

另外,在智利的不同城市之间,除了飞机,长途巴士也是一个选择。乘坐巴士,不仅可以欣赏沿途的风景，还能节省一些交通费用。如果喜欢自驾游，可以在智利租一辆汽车或摩托车进行旅行。需要注意的是，智利不承认外国驾照，但承认日内瓦《国际道路运输欧洲公约》成员国签发的国际驾照，持此类驾照者要注意驾照有效期。此外，智利的道路状况可能有所不同，尤其是在南部地区，应确保熟悉当地的驾驶规则和路况。

（三）旅游线路推荐

1. 经典之旅：圣地亚哥—瓦尔帕莱索—阿塔卡马沙漠—圣地亚哥

（1）在圣地亚哥，参观圣地亚哥大教堂、武器广场和圣克里斯托弗山。

（2）品尝当地美食，如智利式海鲜炒饭和阿雷帕斯。

（3）在瓦尔帕莱索，参观智利国家海洋博物馆，欣赏美丽的海滨风光。

（4）体验海滩活动，如冲浪或沙滩排球。

（5）在阿塔卡马沙漠，参观月亮谷，欣赏壮观的沙漠景色。

（6）体验沙漠徒步、骑骆驼等户外活动。

2. 文化与自然探索：圣地亚哥—复活节岛—智利湖区

（1）在圣地亚哥，参观智利的艺术博物馆和历史遗迹。

（2）品尝当地美食，了解智利独特的饮食风味。

（3）在复活节岛，探索摩艾石像群，了解古老文明。

（4）参加当地的文化活动，如传统舞蹈表演。

（5）在智利湖区，游览美丽的湖泊和雪山，体验宁静的自然风光。参加划船、徒步等户外活动。

3. 冒险与生态之旅：圣地亚哥—百内国家公园—阿塔卡马沙漠

（1）在圣地亚哥，游览智利的国家公园和自然保护区。

（2）参观野生动物保护区，观察独特的动植物种群。

（3）在百内国家公园，探索壮丽的山脉和森林，体验徒步和露营的乐趣。

（4）观赏瀑布、湖泊等自然景观。

（5）在阿塔卡马沙漠参观天文台，欣赏璀璨的星空，体验沙漠露营和观星活动。

（四）币种兑换

1. 在国内兑换

在银行或合法的货币兑换机构进行外币兑换。由于智利的官方货币是智利比索，但智利也实行美元与欧元流通制度，可以选择兑换成美元或欧元，然后在当地使用或再根据当地汇率兑换成智利比索。

在国内兑换通常可以享受相对较好的汇率，并且可以避免在国外可能遇到的高额手续费或不良汇率。请注意,中国海关规定每人可以携带不超过2万元人民币和5000美元的等值外币出境。如果超过限额,必须在出境前向中国海关申报。

2. 在智利当地兑换

在智利当地的银行、兑换处、酒店或旅游机构进行货币兑换。但是,这些地方可能会收取一定的手续费或提供不利的汇率。使用国际银行卡在智利的ATM机取款也是一种选择,但同样需要注意可能的手续费和汇率差异。

3. 小额兑换

可以兑换少量现金,以备不时之需。在智利的机场、酒店或旅游景点附近,通常可以找到兑换处。但是,这些地方的汇率可能不如银行优惠。

4. 刷卡消费

商店、餐厅和酒店都接受信用卡支付,使用信用卡消费可以减少现金需求和手续费。

(五)票务与酒店预订

1. 票务预订

1)在线票务平台

在线票务平台,如大河票务网等在线票务平台提供了丰富的国内外旅游票务服务,可以在这些平台上搜索并预订前往智利的机票、火车票等。

2)航空公司官网

各大航空公司,如中国国际航空、南方航空等都有官方网站,可以直接在官网上查询并预订机票。

3)旅行社

如果对旅游规划不太熟悉,或者希望获得更全面的服务,可以选择联系当地的旅行社进行票务预订。

2. 酒店预订

1)在线预订平台

Agoda、Expedia等在线酒店预订平台提供了丰富的智利酒店选择,可以在这些平台上搜索并比较不同酒店的价格、位置、设施等信息,然后选择合适的酒店进行预订。

2)酒店官网

许多酒店都有自己的官方网站,可以直接在官网上查询并预订房间。

3)旅行社

旅行社也可以提供酒店预订的服务,可以根据旅行需求为人们推荐合适的酒店,并协助完成预订。

本章小结

本章简述了南美洲旅游业近年来经历了显著的增长和变革。虽然南美洲不是世界上国际旅游业发达地区，但其旅游资源丰富，文化独具特色，近年来，各国政府加大投入，提升旅游基础设施和服务质量，吸引了越来越多的国际游客，是极具潜力的旅游区。本章详细介绍了巴西、阿根廷、智利等国家的自然环境、人文概况、主要节日、旅游城市、旅游资源等，让读者对该地区旅游发展有初步了解。

本章训练

论述题

1. 南美洲的自然风貌有何特点？对旅游有何影响？
2. 为什么说巴西发展生态旅游得天独厚？
3. 简述阿根廷的旅游资源与主要景点。

第七章
大洋洲旅游客源国

教学目标

1. 使学生了解大洋洲的地理、历史、文化和经济概况。
2. 使学生掌握大洋洲旅游市场的发展状况,包括主要旅游资源、旅游政策等。
3. 使学生能够分析大洋洲主要国家(如澳大利亚、新西兰、斐济)的旅游特色和市场优势。

情感目标

1. 激发学生对大洋洲的自然风光和独特文化的兴趣,培养跨文化交流的能力。
2. 增强学生的环保意识,认识到保护海洋生态环境的重要性。

能力目标

1. 培养学生搜集、整理和分析大洋洲相关信息的能力。
2. 锻炼学生的案例分析能力,使学生能够运用所学知识分析大洋洲旅游市场案例。

思政目标

1. 引导学生正确认识大洋洲的历史地位和发展现状,树立平等、尊重、合作的国际交往观念。
2. 弘扬中华民族的开放、包容精神,鼓励学生学习大洋洲文化的独特之处。

第一节　大洋洲基本概况及旅游市场发展

大洋洲,意即被大洋环绕的陆地,位于太平洋西南部和赤道南、北广大海域。独特的地理环境和气候特征使得大洋洲一直都是国际旅游的热门目的地之一。

一、地理位置

从地理位置上来看,大洋洲既纵跨南、北两个半球,也横跨东、西两个半球,包括澳大利亚、新西兰、新几内亚岛(伊里安岛),以及美拉尼西亚、密克罗尼西亚、波利尼西亚三大岛群。大洋洲西北与亚洲为邻,东北及东部与美洲大陆相对,南部与南极洲相望,西部濒临印度洋。陆地总面积约897万平方千米,约占世界陆地总面积的6%,是世界上最小的一个大洲。

二、地形地貌

从地形地貌上来看,大洋洲是由世界上面积最小的澳大利亚大陆和在浩瀚海域中无数个面积大小悬殊的岛屿组成。岛屿面积占全洲总面积的13.8%,其比例之高仅次于北美洲,居世界第二位。大洋洲除部分山地海拔超过2000米外,一般在600米以下。地貌结构自西向东有五个明显不同的地貌单元:大陆西部的侵蚀高原(西澳高原)、大陆中部的沉降平原(中澳平原)、大陆东部的断块山地(东澳山地)、大陆东侧的新褶皱岛弧(大陆型岛屿)、更东的火山-珊瑚岛屿群(海洋型岛屿)。

三、气候特点

大洋洲陆地面积不大,但南北所跨纬度较大,因而各地气候差异明显、类型多样,其年均气温在26—28℃,年均降水量约700毫米。大洋洲有一半以上的陆地面积为干旱地区。

四、旅游市场

大洋洲国家重视发展旅游业,澳大利亚、新西兰等国家旅游收入可观,成为国民经济的重要组成部分。大陆板块漂移造就这里与其他大陆差异鲜明的原真自然、土著文化和珍稀物种,令这里的山极具镜头感且极富感染力,山地旅游发展得如火如荼。20世纪50年代以来,大洋洲凭借其独特优异的自然环境和毛利土著文化成为全世界旅游发展较快的区域。澳大利亚的大堡礁、悉尼歌剧院、斐济岛、黄金海岸等旅游景点更是使得大洋洲成为全球著名旅游目的地。

对于中国旅游市场而言,澳大利亚和新西兰是大洋洲的发达国家,交通便利,社会治安相对较好,各类旅游基础设施及生活设施完善,旅游入境人数成倍增长,旅游创汇居世界前列,其主要客源来自欧洲、美国等。澳大利亚和新西兰出境游势头也很强劲,目前来中国旅游的人数连年上涨。

第二节 澳大利亚

一、国家概况

(一)自然地理

澳大利亚,全称澳大利亚联邦,国土面积768.82万平方千米,位于南太平洋和印度洋之间,由澳大利亚大陆、塔斯马尼亚岛等岛屿和海外领土组成。澳大利亚东濒太平洋的珊瑚海和塔斯曼海,北、西、南三面临印度洋及其边缘海,海岸线长36735千米。

澳大利亚大陆地形分东部、中部和西部三部分,平均海拔约350米。东部是大分水岭,贯穿南北,最高峰为科修斯科山。中部是海拔200米以下的平原,包括最低点埃尔湖。西部是海拔200—500米的低高原,伴有沙漠、半沙漠及部分1000—1200米的横断山脉。此外,东北部沿海的大堡礁是全球最大珊瑚礁。

澳大利亚是跨纬度最少的一个大陆,南北间温差小,气温分布比较简单。南回归线横贯大陆中部,99%的面积属于热带和亚热带,使得全年气温都比较暖热,少雨区和沙漠的面积特别广泛。

澳大利亚为全球17个超级生物多样性国家之一。澳大利亚许多生物是当地独有的,原因是澳大利亚大陆较古老、地理上长期孤立、气候极端多变。澳大利亚多数木本植物是常绿的,且很能适应火灾和干旱,如桉树和金合欢。

(二)行政区划

澳大利亚全国划分为6个州和2个地区。6个州分别是新南威尔士、维多利亚、昆士兰、南澳大利亚、西澳大利亚、塔斯马尼亚。两个地区分别是北方领土地区和首都地区。

（三）国旗、国徽与国歌

1. 国旗

澳大利亚的国旗呈长方形，旗底为深蓝色，左上方是红、白色"米"字，"米"字下面为一颗较大的白色七角星。旗的右边为五颗白色的星，其中一颗小星为五角，其余均为七角。

2. 国徽

澳大利亚的国徽左边是一只袋鼠，右边是一只鸸鹋，这两种动物均为澳大利亚特有，它们一般只会向前走，不轻易后退，象征着一个永远迈步向前的国家。国徽中间是一个盾，盾面上有六组图案，分别象征这个国家的六个州。

3. 国歌

澳大利亚的国歌为《前进，美丽的澳大利亚》。

（四）人口、民族与语言

澳大利亚共有人口2682万人（2023年9月）。澳大利亚的人口在地理分布上的特点主要表现在沿海与内陆人口分布不均匀，并且人口主要集中分布在东部与南部沿海地区。其人口51.1%为英国及爱尔兰裔，华裔占5.5%，原住民约占3.2%。

澳大利亚的官方语言为英语，汉语为除英语外第二大使用语言。

二、主要旅游目的地及其吸引力

（一）主要旅游城市及旅游景点

1. 堪培拉

堪培拉是澳大利亚的首都，位于澳大利亚东南部山脉区的开阔谷地上，是澳大利亚最大的内陆城市。

堪培拉气候温和，四季分明，全年降雨量平均，四季都有阳光普照的日子，有"大洋洲的花园城市"之称，全年皆可旅游。澳大利亚国会大厦、澳大利亚国立大学、澳大利亚国家博物馆等重要机构均坐落于此处。堪培拉市区被格里芬湖一分为二，整个城市以格里芬湖为中心，呈放射状向四周扩散。堪培拉的城市规划受到古典主义的影响，在规划上将巴洛克式规划和具有强烈秩序感的古典主义构图结合在一起，将首都的尊严和花园城市生活结合在一起，将城市空间的主角全部让位于自然山水，开创了一个生态式巴洛克规划先驱。

2. 悉尼

悉尼位于澳大利亚的东南沿岸，是澳大利亚面积最大的城市。悉尼被誉为南半球的"纽约",连续多年被联合国人居署评为"全球最宜居的城市"之一。悉尼还是多项重要国际体育赛事的举办城市,曾举办过英联邦运动会、悉尼奥运会、世界杯橄榄球赛等。

悉尼的森林资源非常丰富,占到澳大利亚森林面积的30%。由于环境的稳定,使得许多古老的生物都被保留了下来,因此悉尼也被称为"世界活化石博物馆"。历史悠久、举世闻名的悉尼歌剧院就坐落于此。这里还有澳大利亚面积最大的爬行动物公园,里面有许多珍稀动物。悉尼海港大桥是一座单拱桥,曾被称为"世界上最大的单拱桥",有着近百年的历史,与悉尼歌剧院隔海相望,成为悉尼的标志性建筑。除了世界著名旅游景点,悉尼还有数不清的美丽沙滩、热闹的屋顶酒吧,以及各类剧院表演。

3. 墨尔本

墨尔本是澳大利亚的文化、艺术与工业中心,也是南半球最负盛名的文化名城,以纪念英国首相威廉·兰姆——第二代墨尔本子爵而命名。墨尔本有澳大利亚"文化之都"的美誉,也是国际闻名的"时尚之都",其服饰、艺术、音乐、电视制作、电影、舞蹈等潮流文化均享誉全球。同时,墨尔本是南半球最早举办夏季奥运会的国家,其他的大型会议也将该城市作为举办地。

墨尔本所拥有的维多利亚式建筑数量,在全球仅次于伦敦,墨尔本的来贡街因其拥有数代意大利人带来的意大利文化和满街的意大利风格的建筑而被称为"小意大利"。由于城内有许多维多利亚时期的教堂,因此也被称为南半球的"教堂之城",包括卫斯理堂、圣保罗座堂、苏格兰教堂等。

4. 布里斯班

布里斯班是澳大利亚新兴的国际大都市,地处布里斯班河畔,濒临摩顿湾,又译"布里斯本"。布里斯班临近南回归线,日照时间充足,因此有"阳光城市"之称。市区东北广场上有为纪念战争中死难者而立的纪念亭,世界著名旅游景点黄金海岸和大堡礁就位于此处。龙柏考拉保护区是目前世界上历史最悠久、规模最大的考拉保护区,在这里,你可以亲手拥抱考拉;世界第三大沙岛摩顿岛常常有野生海豚出没,因此也被称为"海豚岛"。这里除了可以观赏大大小小的公园、海岸沙滩、珍稀动物,还可以享受当地的美食与美酒。也可以参加布里斯班的EKKA嘉年华,使身体和灵魂都融入布里斯班。

5. 大堡礁

大堡礁纵贯于澳大利亚的东北沿海昆士兰州,占据澳大利亚东部海岸线,绵延2300多千米。大堡礁是一个庞大的珊瑚礁群,颜色鲜艳万分、形状千姿百态,水域颜色从白、青到蓝靛,澄澈清明。每当退潮时,珊瑚裸露出来,就形成了一座座的珊瑚小岛。

大堡礁又分为内堡礁和外堡礁:内堡礁距离近,安全系数高,去的游客多;外堡礁距离远,珊瑚多、保存得完整,海底风景绝佳。在大堡礁,除了观景、潜水、冲浪等活动,还可以前往水下探索南半球唯一的也是首个水下艺术博物馆。博物馆讲述了大堡礁和当地原住民的故事,希望借此唤起人们爱护珊瑚礁的意识,为保护这一自然奇观助一臂之力。大堡礁被誉为"世界七大奇迹"之一,也是凯恩斯两大世界自然遗产之一。

6. 悉尼歌剧院

悉尼歌剧院位于新南威尔士州悉尼市北部悉尼港的便利朗角,是澳大利亚的地标式建筑,整体分为三个部分:歌剧厅、音乐厅和贝尼朗餐厅。悉尼歌剧院的外形犹如即将乘风出海的白色风帆,与周围景色相互呼应(见图7-1)。悉尼歌剧院作为20世纪著名的建筑之一,无疑是欣赏歌剧的胜地,每一部剧都是艺术品,细腻的剧情、震撼的音乐、技艺精湛的表演家和艺术家共同打造了风格各异又举世闻名的歌舞剧、音乐会。《茶花女》《奥菲斯和欧律狄斯》《魔笛》经久不衰。来到悉尼歌剧院参观,一定要体验徒步导览,用脚步丈量这座恢宏建筑的历史与人文底蕴。2007年,悉尼歌剧院被联合国教科文组织作为文化遗产列入《世界遗产名录》。

图7-1 悉尼歌剧院

7. 乌鲁鲁

乌鲁鲁又称"艾尔斯岩",是世界上最大的单体岩石,位于澳大利亚北领地的南部、澳大利亚世界自然文化遗产乌鲁鲁-卡塔丘塔国家公园之内。乌鲁鲁之所以呈深红色,是因为这里的砂岩含有较多铁粉,氧化之后的铁粉呈现红色。尤其在日出或日落时分,前往观赏这块巨型独石,可以欣赏它从赭石色变成亮橘色再变成深红色的壮观景象。

澳大利亚的阿南古人认为乌鲁鲁是一块不容侵犯的圣石,除了举行成年仪式或祭祀活动,他们不希望人们随意攀登。自从被列为世界遗产以后,每年至少有40万游客慕名而来。虽然澳大利亚的许多美景都是免费的,但并不包括乌鲁鲁。

8. 卡卡杜国家公园

卡卡杜国家公园是澳大利亚最大的国家公园,位于澳大利亚北部地区达尔文市以东。1972年以前,这里是地球上最后一片不为外界人所知的、与外界隔离的土著人居住地,是世界上原住民岩石艺术非常集中的地区之一,因此被认为是澳大利亚土著的故乡。

这里是一个典型的生态平衡的地区,包括那些潮汐浅滩、漫滩、低洼地以及高原在内,为那些大量的珍稀动植物提供了优越的生存条件。卡卡杜的中心地带是一片令人惊叹的湿地,拥有大量的、珍稀的动植物群。黄水死水潭位于吉姆溪的尽头,是南鳄鱼河的支流,被公认为澳大利亚野生动物自然栖息地的极佳选择地。卡卡杜国家公园内生长着10500多种动物和2000多种植物,因此也被人们称为"上帝的荒野""众神的领地"。这里还有崎岖的悬崖峭壁、茂密的雨林以及历史悠久的岩画艺术。卡卡杜国家公园的三个中心分别在1981年、1987年、1992年,被联合国教科文组织作为自然与文化双重遗产列入《世界遗产名录》。

(二) 特色旅游活动

1. 墨尔本杯赛马嘉年华

墨尔本杯赛马是澳大利亚著名的赛马,被誉为"让举国屏息呼吸的赛事",包括为期4天的大赛,分别是维多利亚达比日、每年11月的第一个星期二的墨尔本杯日、第一个星期四的橡树日和大奖赛日。其中,墨尔本杯日为澳大利亚维多利亚州的公共休假日。这场盛大的赛马嘉年华具有独一无二的澳大利亚魅力,体育、时尚、美食、美酒、文化,精彩非凡。在墨尔本杯赛马举行的当天,马场内处处衣香鬓影,男士们穿着传统的赛马服装或正规的西服,女士们戴着各式争奇斗艳的帽子,让节日气氛格外浓厚。

2. 澳大利亚土著历史与文化周

澳大利亚土著历史与文化周是一个庆祝澳大利亚土著居民与托雷斯海峡岛民历史、文化与成就的年度活动,起源于20世纪20年代。届时,本土文化教育专员还会向孩子们传授澳大利亚原生动物知识,同唱土著民歌,同跳民族舞蹈。庆典上有多样的集市摊位、优美的传统歌舞表演和乐器演奏,让各个年龄段的人们都有机会参与其中。

3. 澳大利亚网球公开赛

澳大利亚网球公开赛简称"澳网",是网球"四大满贯赛事"之一。比赛通常于每年1月的最后两周在澳大利亚维多利亚州的墨尔本体育公园举行,是每年四大满贯中最先举行的一个赛事,也是最年轻的大满贯。

三、旅游现状及服务

（一）中澳两国旅游外交关系及签证政策

中国同澳大利亚自1972年12月21日建交以来，双边关系发展顺利。1997年，中国批准将澳大利亚作为中国公民自费出境旅游的目的地之一。1999年4月，中澳双方就中国公民自费赴澳旅游的具体实施办法达成一致并进行了换文，该项业务于同年7月正式开始。

2019年，中国团队游客在澳消费约5.81亿澳元，约占中国游客在澳度假总消费额的1/3。中国在2020年以前曾是澳大利亚旅游经济中最有价值的入境游市场。2023年3月，中国再次成为澳大利亚第二大入境旅游市场。自2023年8月，中国恢复全国旅行社及在线旅游企业经营赴澳团队旅游有关业务。2023年9月，澳大利亚对中国的旅游团入境签证"被批准的旅游目的地（ADS）"项目正式重启。

澳大利亚签证主要分为移民、访客、工作、学生及过境等类别。办理何种签证取决于停留时间、护照种类、居住地址、访问目的等因素。如到澳大利亚度假、观光、社交、探亲访友、商务访问，或进行其他如治疗等短期、非工作访问，通常需申请访客签证。如到澳大利亚学习、工作或生活居住，则需要申请停留期比访客签证更长的学习签证、工作签证或永久居留签证。除在北京的澳大利亚驻华大使馆外，澳大利亚在上海、广州、成都、沈阳和香港开设有总领事馆（自2021年6月15日起，澳大利亚驻沈阳总领事馆已可办理领事及认证服务，但护照办理服务仍由澳大利亚驻华大使馆提供）。澳大利亚在北京、上海、广州、成都开设了签证申请中心。签证申请中心只负责受理申请等具体事务，是否颁发签证及颁发何种签证由澳大利亚有关驻华使领馆决定。

（二）交通概况

1. 航空

航空是澳大利亚一个重要的交通方式。澳大利亚的航空运输是连接各个城市和澳大利亚与世界其他地区的主要交通方式之一。澳大利亚拥有数量众多的机场，其中包括几个国际机场和各州和地区的重要区域机场。澳大利亚的航空运输基础设施和服务水平相对较高，但由于澳大利亚地域辽阔和航线密集度不高，航空运输的覆盖面和便利度仍有待提高。国内多个城市，如北京、上海、广州等都有直达澳大利亚主要城市的航班。

2. 陆路

澳大利亚有着广袤的公路网络，公路交通在澳大利亚的交通体系中扮演着重要的角色。

澳大利亚的公路主要分为高速公路、州际公路、国内公路和城市道路等四个层次，交通基础设施相对完善。澳大利亚的高速公路承担着大量的车辆和货物运输任务,但也存在一些问题,如交通拥堵和安全隐患等。

澳大利亚的铁路系统主要由国家级和州级铁路组成,涵盖了各个州和地区。近年来,澳大利亚的铁路系统得到了进一步发展和完善,尤其是高速铁路、城市轨道交通和货运铁路的建设,为交通出行提供了更多的选择。然而,铁路交通在澳大利亚的客运比重相对较低,仍有待进一步提升。

3. 水运

在水运(河海)方面,澳大利亚的塔斯马尼亚之魂渡轮公司运营每晚往返于墨尔本和塔斯马尼亚之间的渡轮,搭载乘客和机动车。夏季高峰期增设班次。Sealink公司的渡轮连接南澳大利亚州和袋鼠岛,一天几班。另有渡轮往返于各首府城市和郊区——穿过悉尼港、珀斯的天鹅湖和布里斯班的布里斯班河。

(三)旅游线路推荐

澳大利亚自驾旅游五大线路推介。

1. 大洋路

地点:维多利亚州。

大洋路是澳大利亚较美的一条公路,沿途可以欣赏到壮丽非凡的海岸线景观。慢点开车,尽情享受这些难得一见的美景。然后进入内陆,探索茂密的森林和雾蒙蒙的瀑布。有机会一定去参观一下著名的十二门徒岩,那些高耸的石灰岩岩层令人惊叹,无论你何时前往,都会为之震撼——尤其是当落日给它们披上焰红的外衣时,更显壮观。

2. 西南边缘之旅

地点:西澳大利亚州。

在珀斯与埃斯佩兰斯之间的这条路线上,看点多得着实令人应接不暇:洁白如银的沙滩、清澈的海水、世界上最高的一些树木以及著名的酿酒厂等。西南边缘自驾游让你可以尽情陶醉于自然美景、隐居和宁静之中。去偶遇在幸运湾海滩上游荡的袋鼠,漫步巨人谷的树顶空中步道,或者加入观赏虎鲸的探险队(最佳观赏时间为1月下旬至4月)。这仅仅是个开始。

3. 吉布河路

地点:西澳大利亚州。

金伯利中心与其著名的海岸线一样辽阔壮观。吉布河路从德币一直延伸,几乎到了库努纳拉,它是内陆一条著名的旅游路线,这是有充分原因的。幽静的峡谷、陡峭的山脊和那种难以言表的畅通感,你仿佛在画中游,一步一景。还可以乘坐四轮驱动车去观赏圆胖胖的"酒瓶树",眺望巨岩壁立的科克本山脉,以及沉浸在玻璃一般光亮透明的水潭中。

4. 诺拉波平原

地点：南澳大利亚州。

如果你的愿望清单上有一条是体验澳大利亚的天空海阔，那么不妨将目光投向大澳大利亚湾沿岸的诺拉波平原。在公路沿线，从漫步南澳大利亚州艾尔半岛的荒野海岸，到在世界上最长的高尔夫球场打球，各种令人难以置信的体验层层展开，定会让你大开眼界。除此之外，这里还有洞穴、古老的金矿小镇、坠落地球的空间站残骸以及富有特色的路边客栈，总之，诺拉波不会令你失望。

5. 大东方大道

地点：塔斯马尼亚州。

从白雪皑皑的山脉到宝石蓝色的海湾，塔斯马尼亚州遍地都是自然美景。不妨踏上岛上非常棒的自驾游路线之一——大东方大道，领略一下塔西的海岸奇观。从霍巴特向北行驶前往火焰湾，这里有白色海滩，不仅空气清新，而且风景壮丽。你可以抽一天时间逛逛被列入《世界遗产名录》的砂岩建筑遗址亚瑟港囚犯流放地，第二天再去酒杯湾欣赏一下由沙滩和海洋勾勒的完美曲线。

（四）币种兑换

澳大利亚的货币为澳大利亚元。游客可以在国内的相关机构兑换澳大利亚元，也可以到达澳大利亚后在当地的银行进行兑换。切记，携带超过10000澳币的现金需要进行申报。无论是店内还是在线，银行卡在澳大利亚的支付领域都占据主导地位。

1. 在机场兑换

为了避免汇率不利和手续费过高，你可以在机场兑换澳币。在悉尼机场，可以找到澳大利亚邮政、Travelex、Global Exchange和其他一些金融机构提供的兑换服务。每个商家的兑换费率和手续费不同。在选择商家时，建议比较不同的汇率、套餐和优惠券，以获得更有利的兑换价值。

2. 在中国的银行或外汇兑换商处兑换

提前在中国的银行或外汇兑换商处兑换外币，这样可以在机场到达后减少不必要的费用和麻烦。

3. 使用信用卡兑换澳币

如果信用卡可以在海外使用，这是一个不错的选择。要注意的是，一些银行会收取现金提款手续费，同样也会收取外币购物手续费。

注意，兑换适量的外币。不要在机场兑换很多钱，因为这样会被收取更高的手续费和汇率。最好兑换足够在机场和城市中心购物和消费的钱。

（五）票务与酒店预订

携程旅行是国内知名的旅行网站之一,也是目前在澳大利亚购票极受欢迎的软件。这款软件集成了机票、酒店、门票等多种服务,用户可以在上面进行多种旅行预订,方便快捷。

澳大利亚航空公司是一家澳大利亚的航空公司,也是目前在澳大利亚机票销售热门的软件之一。该软件销售的机票主要为澳大利亚航空公司的航班,服务专业,值得信任。Expedia是北美知名的旅游预订平台,目前也在澳大利亚地区提供机票预订服务。

第三节 新 西 兰

一、国家概况

（一）自然地理

新西兰,位于太平洋西南部,西隔塔斯曼海与澳大利亚相望,由南岛、北岛及一些小岛组成,南、北两岛被库克海峡相隔。全境多山,山地和丘陵占全国面积的75%以上,平原狭小。河流短而湍急,航运不便,但水利资源丰富。南岛的库克峰海拔3754米,为全国最高峰。新西兰海岸线长约1.5万千米,面积约27万平方千米。

新西兰属温带海洋性气候,由于位于南半球,因此,季节与北半球相反。夏季平均气温20 ℃左右,冬季10 ℃左右,全年温差一般不超过15 ℃。北岛年平均降雨量为1000—1500毫米,南岛为600—1000毫米。

新西兰的森林资源丰富,占全国土地面积的38%,主要出口产品有原木、木浆、纸及木板等。

（二）行政区划

新西兰全国设有11个大区、5个单一辖区,67个地区行政机构(其中包括13个市政厅、53个区议会和查塔姆群岛议会)。11个大区分别为:北部地区、怀卡托、丰盛湾、霍克斯湾、塔拉纳奇、马纳瓦图-旺加努伊、惠灵顿、西岸、坎特伯雷、奥塔哥地区和南部地区。5个单一辖区分别为:奥克兰、吉斯伯尔尼、塔斯曼、尼尔逊和马尔堡。主要城市有:惠灵顿、奥克兰、克赖斯特彻奇(基督城)、哈密尔顿、达尼丁等。

（三）国旗、国徽与国歌

1. 国旗

新西兰的国旗为长方形，旗底为深蓝色，左上方为英国国旗，右边有四颗镶白边的红色五角星。新西兰是英联邦成员国，"米"字图案表明同英国的传统关系；四颗星表示南十字星座，表明该国位于南半球，同时还象征独立和希望。

2. 国徽

新西兰国徽的中心图案为盾徽。盾面上有五组图案：四颗五角星代表南十字星座，象征新西兰；麦捆代表农业；羊代表该国发达的畜牧业；交叉的斧头象征该国的工业和矿业；三只扬帆的船表示该国海上贸易的重要性。

3. 国歌

新西兰有两首国歌：《天佑新西兰》与《天佑吾王》。

（四）人口、民族与语言

新西兰人口约530.6万人（2023年12月）。其中，欧洲移民后裔占70％，毛利人占17％，亚裔占15％，太平洋岛国裔占8％（部分为多元族裔认同）。

新西兰的官方语言为英语、毛利语。

二、主要旅游目的地及其吸引力

（一）主要旅游城市及旅游景点

1. 惠灵顿

惠灵顿濒临海湾，加之地势较高，时常受到海风的侵袭，一年之中大部分日子都刮风，是世界上平均风速最大的城市，因此又被称为"风城"。惠灵顿是新西兰第二大城市、全球著名旅游城市，与悉尼和墨尔本一起被称为大洋洲的文化中心。

惠灵顿有世界一流的美术馆和博物馆，游客可以在这里纵览"长白云之乡"新西兰的历史。电影《指环王》的拍摄地维塔洞穴就坐落于此，游客能够看到真正的收藏品、复制品、印刷品、电影纪念品以及更多电影周边产品，它是《指环王》影迷不可错过的一站。惠灵顿作为新西兰的美食之都，酒吧与餐馆遍地都是，其人均数量甚至超过了纽约。同时，惠灵顿还位于新西兰经典葡萄酒之路的中心地带，是开展葡萄酒之旅的主要目的地。木质建筑是惠灵顿的一大特色，五颜六色的木结构平房，掩映在群山绿荫之中。

2. 奥克兰

奥克兰是新西兰北部的滨海城市，同时也是新西兰的第一大城市。奥克兰是南半球主要的交通航运枢纽,也是南半球主要的港口之一。

奥克兰自然环境与都市生活完美融合,风景迷人的雨林、公园和海滩都离市中心很近。由于其发达的经济、宜人的环境,以及高水准的生活,奥克兰连续多年被评为"世界上最宜居的城市"之一。奥克兰有许多地区公园,如杜德公园、莎士比亚公园、塔帕帕坎加公园、奥维图公园等。在这里,人们可以享受到世界一流的购物环境、难忘的餐饮体验,可以挑战跳伞、观鲸等活动。怀托摩萤火虫洞位于奥克兰以南,是世界著名的旅游地点。此外,奥克兰拥有众多帆船,因此也被称为"风帆之城"。

3. 克赖斯特彻奇

克赖斯特彻奇,华人将其称为"基督城",是新西兰南岛的第一大城、新西兰第三大城市。克赖斯特彻奇是新西兰南岛的主要城市之一,市内处处都有很好看的花园,因此也被称为"花园之城"。

克赖斯特彻奇拥有浓厚的英国气息,艺术文化气息浓厚,是英国以外最具英伦色彩的城市,其教堂广场、艺术画廊及博物馆都有着繁复而美丽的建筑风格。漫步在城市街道,可以欣赏其色彩缤纷的壁画,听它们讲述着这座城市震后的坚强不屈的精神。也可以坐着火车穿越阿尔卑斯山,在"世界上最大的国际天空黑暗保护区"探索天空的奥秘,在北坎特伯雷葡萄酒产区享受佳酿,在达阿卡罗阿港与海豚同游。

4. 皇后镇

皇后镇坐落于瓦卡蒂普湖畔,四周环绕着雄伟群山,新西兰的"淘金热"就发源于此地。据说皇后镇的名字与英国女王或是女皇都无关,而是因为殖民者认为这里的风景太美了,而这么美的风景应该属于皇后,因此取名为皇后镇(见图7-2)。

图7-2 皇后镇

除了美景，皇后镇还有着各种刺激的活动，被誉为"疯狂乐园"，包括喷射船、激流泛舟和跳伞、高空弹跳、滑雪与雪板、峡湾和高山等。皇后镇还有着"世界冒险之都""新西兰的户外活动天堂""寻求冒险者的麦加"等诸多美誉，是世界第一家商业蹦极公司营业地、商业喷射快艇的发源地，可谓世界顶级体育小镇。

5. 但尼丁

但尼丁是新西兰南岛第二大城市，素有"南方爱丁堡"之美誉。但尼丁城市中遍布各类19世纪风格浓厚的欧式古建筑，有但尼丁最古老街区之称的八角广场、新西兰南岛的英国国教会主教教堂——圣保罗大教堂、但尼丁最古老的教堂——奥塔哥第一教堂，以及规模庞大、富丽堂皇、装饰精美的但尼丁火车站等。这些建筑长久屹立在历史的长河中，见证了新西兰的落寞与繁华。

除了灿烂的历史文化，但尼丁还拥有优美的生态环境和自然风光。奥塔哥半岛是全球知名的野生动物和生态旅游目的地，在这里可以看到濒临灭绝的野生动物；皇家信天翁中心是世界陆地上唯一能看到被称为"北方皇家信天翁"大型海鸟的自然栖息地；这里还有世界上最小的企鹅和最稀有的企鹅供游客观赏。因此，但尼丁也被称为"新西兰的野生动物之都"。

6. 汤加里罗国家公园

1887年，汤加里罗正式成为新西兰的第一座国家公园。仅在100多年后，这座公园就因其重要的毛利文化意义和独特的自然特征获得联合国教科文组织世界自然与文化双重遗产称号。汤加里罗国家公园拥有壮丽的火山奇观，以及翡翠般的湖泊、古老的火山岩、蒸腾的火山口、五彩缤纷的硅石台地和奇特的高山园林。这里的环境美丽得令人惊叹，景致变化多端，其中，汤加里罗越山步道拥有令人惊叹的火山景观和陶波湖美景。

7. 新西兰次南极区群岛

新西兰亚南极群岛是位于新西兰南岛以南的南大洋水域，由斯奈尔斯群岛、邦蒂群岛、安蒂波迪斯群岛、奥克兰群岛和坎贝尔岛等组成。岛上栖息着地球上丰富的特有野生物种，其中，许多鸟类、植物和无脊椎动物都不曾在世界的其他任何地方发现过。这些遥远的群岛被联合国教科文组织列为世界遗产，享有新西兰自然保护区最高级别的保护。这里每年允许上岸的人数受到严格控制，但一些旅游公司，如Heritage Expeditions 和 Wildlife and Wilderness 仍会在全年的不同时间推出上岛旅游线路。

8. 怀托摩萤火虫洞

举世闻名的怀托摩萤火虫洞位于新西兰的怀卡托的怀托摩溶洞地区，这里有着超过130年的旅游历史，被列为"全球最神奇的地方"之一。由于石灰岩构成了庞大的地下溶洞系统，又因为环境使然，此处生存着成千上万的萤火虫。此外，还有许多精美的钟乳石和石笋。这里的一些溶洞对游客开放,另一些用于专家进行研究。顺着洞中的石阶下到洞中,乘上小船漂流一段时间就会彻底陷入黑暗,慢慢地,你会发现有一些小亮光点缀在石头上、墙壁上。新西兰的萤火虫生命周期为一年,幼虫会发光吐丝,其荧光随着年龄增大变得愈加明亮,目前只在新西兰和澳大利亚发现了这种萤火虫。为保护怀托摩萤火虫洞,这里禁止游客拍照。

（二）特色旅游活动

1. 怀唐伊日

怀唐伊日在每年的2月6日,是新西兰第一个纪念日,目的是纪念1840年英国王室代表与部分毛利部落首领在北地岛屿湾的怀唐伊签订了被视为新西兰建国文献的《怀唐伊条约》。这一天,全国各地会举行丰富多彩的活动,包括文化表演、音乐会、讲座和社区聚会。怀唐伊日不仅是庆祝新西兰的建国日,也是反思国家历史、强调毛利文化和新西兰多元性的时刻。在一些地方,人们会参与传统的毛利仪式,表达对毛利文化的尊重与认可。

2. 女王诞生日

女王诞生日在每年6月的第一个星期一。新西兰的官方国家元首是英联邦国家的君主。1952年女王伊丽莎白二世登基时,被宣布为新西兰"这个王国和所有其他王国的女王"。女王的实际生日是4月21日,但在6月的第一个星期一作为公共假日庆祝。

3. 圣诞节

圣诞节作为西方国家举国欢庆的节日,无疑是大家最期待的日子。在新西兰庆祝圣诞节,人们会体验到独特的文化冲击。这一冬季的传统节日与新西兰的炎热夏天和假日乐趣相结合,带来截然不同的感受。在圣诞节前大约一个月,许多地区的圣诞游行活动相继开始,其中新西兰规模最大、历史悠久的圣诞游行便是奥克兰市中心的Farmers圣诞游行。在新西兰,圣诞节的重头戏是户外聚餐、游戏和玩耍,因为这时的天气温暖宜人,新西兰举国上下都在欢度假期,再没有哪个时节比这时更适合大肆庆祝一番了。

4. 新西兰美食节

新西兰的美食节闻名全球,这里每年都会举办多场美食节,吸引着全球的游客前来体验。参加奥克兰的美食节,走进美食餐厅享受顶级美食的同时还可以听厨艺大师为你讲解美食的故事与做法。霍基蒂卡美食美酒节上更多的是新西兰"稀奇古怪"的美食,要想品尝需鼓足勇气才行。怀蒂昂格扇贝节是以扇贝为主角的美食节,这里的扇贝有上百种吃法。马尔堡美食美酒节是一场融合了优质葡萄酒、一流美食和现场音乐的盛宴,也是新西兰最成功的原创葡萄酒盛会。在惠灵顿美食节期间,会举办200多场活动,因此,新西兰被称为"美食爱好者的天堂"。

5. 皇后镇冬之祭

冬之祭在每年6月底至7月初举行。它是新西兰规模最大的冬季庆典活动，为期10天，活动多达60余项，内容包括体育、艺术、音乐、戏剧、美食、葡萄酒，以及与山峰有关的各个方面。白天，人们聚集在皇后镇中心，看盛大的花车大巡游，随花车穿过皇后镇最繁华美丽的大街；晚上观赏盛大的烟花表演。观赏性的活动有观冰雕、雪人等，竞技类的活动有滑雪、滑冰等。

三、旅游现状及服务

（一）中新两国旅游外交关系及签证政策

中国与新西兰自1972年12月22日建交后，双边关系发展顺利，两国领导人保持频繁互访与接触。中国是新西兰第一大货物贸易伙伴、出口市场和进口来源地。1997年11月，中国正式批准将新西兰列为中国公民组团出境旅游目的地。2017年5月，新西兰宣布向符合条件的中国公民发放5年多次签证。

签证政策方面，中国公民到新西兰并没有免签政策。前往新西兰旅行之前，需要准备好签证。新西兰签证分为访客签证、学生签证、工作签证和移民签证等。新西兰驻华使领馆不单独接受持普通护照的中国公民的签证申请。新西兰移民局中国（广州、北京、上海及香港办事处）受理中国公民的新西兰签证申请。新西兰移民局现在提供中文的在线旅游签证申请表格。在线申请签证可能会更快和更方便。

（二）交通概况

1. 航空

新西兰国内航空线路很发达，大大小小的航空公司不少，来往于奥克兰、惠灵顿、但尼丁等大城市，以及罗托鲁瓦、皇后镇、陶朗加等主要风景区之间的航班也不在少数。新西兰有3个国际机场，分别位于奥克兰、惠灵顿和基督城。新西兰航空公司开通了奥克兰至中国上海、香港等地的直飞航线。中国南方航空公司开通了奥克兰至广州等地的直飞航线。

2. 陆路

巴士是新西兰的主要公共交通方式，一些地区还提供火车、渡轮和有轨电车服务。由于新西兰地势起伏大，大多数道路的弯道陡且窄，所以在主要城市之外地区，几乎没有高速公路。新西兰大多数道路在每个行驶方向都只有一条车道，中间没有隔离带。新西兰的公共汽车线路十分密集，为游客提供了不少方便。新西兰几乎大小机场附近都有短程往返公共汽车停靠站，这些公共汽车在机场和市中心商业区的主要旅馆之间来回穿梭。

3. 水运

在新西兰这个典型的岛国,轮渡是少不了的。新西兰由南岛和北岛组成,南北岛之间的沟通全靠用于观光的游轮,即我们常说的轮渡,全程需要3个小时,这段路程被誉为"世界上最漂亮的轮渡线路"之一。另外,为了方便游客观光,新西兰许多小岛还提供往返的轮渡,最典型的是北部地区的岛屿湾、奥克兰的豪拉基湾和南方的斯图尔特岛。目前,在新西兰经营轮渡的有两家公司,运营时间上有些不同,乘客们可以根据自己的需要自行选择。

(三)旅游线路推荐

在北岛,游客可以探寻美丽的海滩、贝壳杉树林、洞穴和地热活动现象。南岛的旅游项目主要有壮观的高山景色、探险活动、历史建筑,以及近距离接触野生动物。

1. 第1天至第4天:奥克兰和北岛

驱车沿奥克兰海港大桥向奥克兰北岸的海湾和沙滩行驶。这条高速公路带领游客一路向北,最后到达一片宁静的农场,领略乡村景致。沿途可以参观玛塔卡纳农贸市场和山羊岛海洋保护区,最后到达旺格雷。游客可以在这里或派希亚安顿下来,然后继续探索岛屿湾和普尔奈茨群岛,后者以一流的"水肺"潜水目的地闻名于世。若要领略文化魅力,可以前去参观《怀唐伊条约》签署地。

2. 第5天:花一天时间游览奥克兰

奥克兰是一座活力四射的城市,拥有诸多海港、海滩和岛屿,被称作"帆船之都"。可以乘一艘渡轮前往城市岸边的其中一座岛屿,若要体验惊险刺激,还可以选择乘独木舟前往。激流岛拥有著名的葡萄园、白沙滩和古怪的冰川,朗伊托托岛则是一座休眠火山,上面有风景如画的徒步小道。这些岛屿大多距离奥克兰市中心不到40分钟轮渡路程。

3. 第6天:奥克兰—怀托摩岩洞

怀托摩岩洞地区以地下奇观而闻名。在这片古老的石灰岩地区下面,隐藏着一系列巨大的洞穴系统,其间点缀着钟乳石、石笋和许多萤火虫。选择适合自己的探险级别,从导游带领的徒步旅行到平稳的乘船游览,再到黑水漂流、洞穴探险和绕绳下降到深渊,都可以自由选择。

4. 第7天:怀托摩岩洞—罗托鲁阿

罗托鲁阿之旅将带领游客游览众多农田、湖泊和森林地区。蒂库伊蒂是途中遇到的唯一一座城镇,所以游客可以在那里稍做停留,准备一些旅途中需要的野餐用品。专业徒步者可以游览美丽的普里奥拉森林公园,那里是几种珍稀鸟类的家园。鳟鱼爱好者可以在华卡马鲁湖试试运气。当游客看到(和闻到)华卡雷瓦雷瓦地热喷泉时,就知道已经到了罗托鲁阿市。前往蒂普亚,可以详细了解毛利文化和手工艺品以及世界著名的普胡图间歇喷泉。

5. 第8天:陶波—惠灵顿

穿越中部高原,欣赏汤加里罗国家公园的惊人火山景观和陶波湖美景。在怀乌鲁,这里的国家军事博物馆值得一去。驱车向南,往泰哈皮(世界橡胶靴投掷比赛之都)方向行驶,沿途欣赏众多河流和山谷的壮丽景象。还可以漫步于玛纳瓦图峡谷,欣赏大自然的鬼斧神工之作。靠近怀卡尼岸边的是卡皮蒂岛,这片自然保护区适合近距离观赏珍稀鸟类。卡皮蒂海岸以美食而闻名,特别是芝士,游客可以停下来吃点东西,然后再继续游览惠灵顿。

(四)币种兑换

新西兰的货币为新西兰元。游客可以在出游前在国内兑换新西兰元,也可以到达新西兰后在当地的有关机构兑换。新西兰元可以在银行、部分旅馆、国际机场和大城市中设的兑换处兑换。建议兑换少许现金即可(注意,若携带10000以上新西兰元现金入境需要申报)。

在新西兰,信用卡是常用的支付方式之一,移动支付方式在新西兰也越来越普遍。此外,支付宝是中国常用的移动支付方式,也可以在新西兰使用。

(五)票务与酒店预订

1. 机票与酒店预订

新西兰航空公司开通了奥克兰—上海和奥克兰—香港航线。中国南方航空公司开通了广州—奥克兰和广州—克赖斯特彻奇(基督城)航线。国泰航空公司开通了香港—奥克兰航线。东方航空公司开通了上海—奥克兰和杭州—奥克兰航线。海南航空公司开通了深圳—奥克兰航线,2023年12月8日开通了海口—奥克兰航线。中国国际航空公司开通了北京—奥克兰航线。

2. 注意事项

新西兰的紧急服务电话(警察、消防、急救或是搜救人员迅速支援)为"111",非紧急情况电话是"105"。

新西兰使用的电压为230/240伏特,很多旅馆也提供110伏特的交流电插座(20瓦),仅限电动剃须刀使用,建议带好万用插头或转换器。

新西兰的气温一般温和,但各地的天气变化很大,早晚温差大,常有阵雨与大风,务必携带外套或运动衫,做好防风防雨的准备。新西兰紫外线极强,请带好防晒霜、太阳镜、帽子等防紫外线的用品。

第四节 斐 济

一、国家概况

（一）自然地理

斐济，全称斐济共和国，位于西南太平洋中心，由332个岛屿组成，多为珊瑚礁环绕的火山岛，主要有维提岛和瓦努阿岛等。180°经线穿过斐济群岛，为避免一国出现两个日期，国际日期变更线从东侧绕过斐济，因此在全世界，斐济最早迎来新的一天。每年4—10月，当地采用冬令时，时间比北京时间早4个小时；每年11月至次年1月实行夏令时，时间比北京早5个小时。

斐济属热带海洋性气候，年平均气温一般保持在22—30℃。每年5—10月盛行凉爽的东南信风，是一年中相对干燥的季节；雨季则从11月持续到次年4月，其间风向多变，气温最高可达35℃左右。从雨量分布看，斐济主岛分为泾渭分明的干燥地区和湿润地区：东南部地区雨量丰沛，西部地区相对干燥，第二大城市劳托卡年降雨量则只有1910毫米。

（二）行政区划

斐济全国共有2个直辖市、4大行政区和14个省。

2个直辖市分别是：苏瓦和劳托卡。4个行政大区分别是：中央大区、西部大区、北部大区和东部大区。14个省分别是：纳莫西省、拉省、雷瓦省、塞鲁阿省、泰莱武省、奈塔西里省、那德罗加诺沃萨省、巴省、布阿省、卡考德罗韦省、坎达武省、劳省、洛迈维提省、马库阿塔省。

（三）国旗、国徽与国歌

1. 国旗

斐济的国旗呈横长方形，旗底为浅蓝色，左上方为深蓝色底，上面有红、白两色的"米"字图案，旗面右侧的图案是斐济国徽的主体部分。浅蓝色象征海洋和天空，也表明该国有丰富的水产资源。"米"字图案为英国国旗图案，是英联邦国家的标志，表明斐济与英国的传统关系。

2. 国徽

斐济的国徽为盾形。盾面上方是一只戴着皇冠的黄色狮子，狮子抱着一个椰子。

狮子下面的圣乔治红十字把白底盾面分成四格,每格图案不同。叼着橄榄枝的鸽子象征和平,甘蔗、椰子、香蕉象征农作物在国民经济中的重要性。

3. 国歌

斐济的国歌为《上帝保佑斐济》。

(四)人口、民族与语言

斐济人口约89万人(2024年4月)。

斐济的官方语言为英语、斐济语和印地语,通用英语。

知识拓展 7-3

二、主要旅游目的地及其吸引力

(一)主要旅游城市及旅游景点

1. 苏瓦

苏瓦是斐济的首都和最大的城市,位于维提岛的东南沿海,临苏瓦湾。作为一座热带大都市,苏瓦拥有历史遗迹、博物馆、公园和本地特色市场以及丰富多彩的夜生活。苏瓦三面环水,一面靠山,市中心靠海,这里是花的世界,街道两旁绿树成荫,花团锦簇,绿草如茵,空气清新,气候宜人。

苏瓦附近的古代文化中心,是一座大型的游览和娱乐场所。文化中心的街道两旁是古代市场,游人在这里可以买到古式木器和工艺品,周围的一些建筑物也是古色古香,似古斐济风情重现。文化中心晚上会举行具有土著遗风的舞会,让游人观赏土著艺术家的歌舞。游人还可以乘双船身的木舟,畅游于运河和环礁湖上,观赏文化中心的全貌。凡到苏瓦观光旅行的外国游客,无不到这里来领略异国风采。

2. 楠迪

楠迪是斐济的第三大城市,当地居民是由印度人和斐济人以及一些当地大型的外国游客组成。制糖业和旅游业是当地重要的经济支柱。楠迪当地的酒店业在斐济全国位居第一位。作为斐济国际机场的所在地,拥有多元文化的楠迪将斐济与世界联系在一起。白天在萨贝托标志性的"沉睡巨人"花园中漫步,夜晚乘坐出租车,10分钟即可到达怀洛洛海滩,体验热带岛屿的悠闲氛围。这里的海水清澈见底,没有受到一丝污染,是潜水胜地。不得不说,楠迪是开启斐济之旅的绝佳地点。

3. 劳托卡

劳托卡这座城市的名字来源于两个斐济词,意思是"矛击中"。根据口头传说,这个名字是在两位酋长之间的决斗之后出现的。劳托卡在太平洋的西南部,是斐济第二大城、西区的行政中心和主要港口。科罗亚尼图国家遗产公园是劳托卡的独有景点,在这里,游客可以去寻觅幽静的森林、宏伟的瀑布,在山间溪流中穿梭旅行,徒步体验斐济独特的岛屿风情。这里还有供游客购买当地特产和旅游纪念品的劳托卡市场,友好的本地人和便宜的物价对游客充满了吸引力。

4. 丹娜努岛

丹娜努岛有着斐济美丽的海滩和白沙,世界顶级的五星酒店让人目不暇接,酒店都有私家海滩。此外,大多数度假酒店都会举办斐济文化之夜,节目通常包括传统洛福盛宴和舞蹈。在这里,既可以一边享受天然温泉,欣赏自然岛屿风光,也可以在天然水上公园骑行。在丹娜努岛外围的一个大帐篷内,有百老汇风格舞台剧的现场演出,以现代舞蹈的方式精彩地呈现了鲜为人知的斐济传说。

5. 玛那岛

玛那岛,一个位于斐济西部大区的美丽海岛,是游客们向往的度假胜地(见图7-3)。这个岛屿以其清澈碧蓝的海水、细腻柔软的白沙滩以及丰富多样的海洋生物而闻名于世。来到玛那岛,游客可以尽情享受阳光、沙滩和海水带来的乐趣。这里的海水清澈见底,非常适合浮潜和潜水。潜入水中,游客可以看到五彩斑斓的珊瑚礁、形态各异的热带鱼以及其他海洋生物,仿佛置身于一个梦幻的海底世界。

图7-3 玛那岛

6. 扬布拿佛塔

苏瓦境内的世界文化遗产扬布拿佛塔,又称"四眼天神庙",已有2000多年的历史,因塔的四面皆绘有释迦牟尼佛眼睛而得名。佛塔的四周雕刻有四座精致的铜铸神,里面供奉着四尊佛神,周围还列有呈环状可以转动的转经轮。佛塔白色半球体覆钵式五层基座,分别象征"地、气、水、火"和"生命精华";上面十三层镀金轮环塔身,表示十三种层次的知识,代表着人类往极乐世界的途径;塔顶伞盖象征"涅槃",指到达不生不灭之门。

7. 辛加托卡沙丘国家公园

辛加托卡沙丘国家公园位于斐济维提岛,靠近辛加托卡河口,是世界上较最小的一个国家公园,大片的沙丘和干燥的森林形成了该地区独特的景观。辛加托卡沙丘国家公园拥有人类首次抵达斐济的重要线索。20世纪40年代后期,一组考古学家发现了一个有50多人的古代墓地,这些考古遗迹的历史可以追溯到大约2600年前。在公园内发现的陶器碎片和其他文化材料使专家们相信这些早期居民是拉皮塔人的祖先。辛加托卡沙丘是斐济独特的自然奇观之一,是斐济宣布的第一个国家公园,也是具有历史意义的世界遗产。

8. 沉睡巨人花园

沉睡巨人花园坐落在南迪以北的瑙苏里高山脚下,它原是一个私人花园,如今是斐济较大的兰花收藏公园。花园内有非常多的兰花品种,其中包括一些斐济当地稀有的珍贵兰花。由于不同种类的兰花开花时间不一,这里全年都能欣赏到不同的美景,而开花的高峰期是在每年的6—7月、11—12月。走进花园中,一条由遮阳布覆盖的人行道通往丛林里,沿着丛林漫步,可以看到本地植物群及其他的热带物种,甚至还有许多亚洲珍贵的荷花。当游客穿过一个大荷花池,就能进入原始森林,尽情享受这里的生态环境,观赏品种丰富的兰花。

(二)特色旅游活动

1. 斐济红花节

红花节是斐济的传统节日,在每年的8月举行,历时7天,地点在首都苏瓦市。红花,学名佛桑,是一种常年开花的热带灌木。斐济人民非常喜欢这种被作为国花的红花,每年都要为其举行庆祝活动。

节日期间,苏瓦的主要街道上都搭起了牌楼,挂上彩旗,插上各种花草,装上彩色灯泡,异常美丽。节日以化装游行拉开序幕,来自四面八方的观众和游客身穿各色服装,戴着各种稀奇古怪的面具,在警察乐队的带领下穿街游行。同时,还有一队队服装整齐、生气勃勃的男女童子军和童乐队相伴而行,浩浩荡荡涌向活动中心阿尔伯特广场,举行各种表演。最后,在广场的中心舞台,宣布评选"红花皇后"的结果。当选的前三名被戴上"皇冠",并发给她们奖金和奖品。

2. 斐济日

每年的10月10日被定为"斐济日",以纪念1970年同一天斐济从英国独立,成为一个独立的共和国。10月10日是斐济人民庆祝国家身份、自由和独立的重要日子。除了官方的庆祝活动,斐济日也是社区聚会和家庭欢庆的日子。人们会举办各种文化活动,如传统舞蹈、音乐表演和手工艺展示,以及美食节和街头游行。学校和教育机构可能会举办特别的校园活动,让学生了解国家的历史和文化。此外,体育赛事和娱乐活动也是庆祝的一部分,包括板球比赛、赛马和其他竞技活动。

3. 皇后诞辰日

斐济皇后诞辰日定于每年的6月15日。这一天,全国会举行盛大的游行活动,人们载歌载舞,共同庆祝这一重要节日。这些庆祝活动不仅展示了斐济人民的热情和活力,也体现了他们对皇后的尊敬和爱戴。人们通常会举办野餐、社区聚餐和家庭派对,享受美食和相互间的陪伴。体育赛事,如板球比赛也是当天的常见活动,这不仅反映了板球在斐济的流行度,也呼应了英国对该运动的影响。此外,文艺表演、舞蹈和音乐也会在不同场合上演,为节日增添欢乐气氛。

4. 斐济橄榄球

斐济队的橄榄球历史可以追溯到19世纪末。当时,英国殖民者将橄榄球带到斐济,斐济人很快就爱上了这项运动。斐济队在20世纪初就开始参加国际比赛。在20世纪80年代和90年代,斐济队成为南太平洋地区一支非常强大的橄榄球队,并赢得了首个世界杯冠军,后又多次获得冠军。因此,斐济被认为是南太平洋地区的"橄榄球王国"。

5. 洛福宴

洛福是一种传统的烹饪方式,通常是在逢年过节才会使用,一般是女性准备食物,男性负责生火和烹饪。将肉、鱼和芋头等食物在一个覆盖着树叶和泥土的地下坑里,在白热的石头上慢慢煮几个小时,就是一顿烟熏多汁的盛宴。许多度假胜地和村庄将这种烹饪方法作为每周的活动,在享用洛福的同时还伴有斐济传统的歌舞。

6. 走火仪式

在斐济,还有迷人的文化传统走火仪式,相传只有贝卡岛的萨瓦雾部落的后代才拥有这种天赋。传说,一位部落的祖先抓住并释放了一只小精灵,为了答谢救命之恩,小精灵赐予了他控制火焰的能力。对村里的年轻人来说,这通常是成人礼或勇气的考验,几个世纪以来,进行这一仪式的实践规则已经完善。随着时代的发展,这种走火仪式渐渐有游客参与进来,走火仪式成为当地的特色旅游活动。

三、旅游现状及服务

(一)中斐两国旅游外交关系及签证政策

中国同斐济于1975年11月5日建交。1976年,中国在斐济设大使馆,并派常驻大使。2004年10月,中斐签署《关于中国旅游团队赴斐济旅游实施方案的谅解备忘录》,斐济成为中国公民出国旅游目的地。2005年5月,中国公民组团赴斐旅游正式实施。

2007年9月10日起,斐济给予中国公民免签证待遇。2015年3月,中斐互免签证谅解备忘录生效。中斐两国关系平稳向好。自2015年3月起,两国互免签证协议生效。

目前,持有效的中华人民共和国护照的中国公民入境斐济,停留不超过30日,免办签证。入境时,请携带返程或赴第三国联程机票以备查验,并携带足够在斐济生活、旅行费用。如欲在斐学习、工作、定居或从事媒体活动,需在入境前办妥相应签证。可向斐济驻华使馆申请签证,亦可通过在斐亲友、公司或旅行社直接向斐济移民局申请签证。

(二)交通概况

1. 航空

斐济是南太平洋地区航空运输网络的核心,也是周边岛国通往世界各地的门户。楠迪国际机场是本地区规模最大、最先进的国际空港,有"南太平洋十字路口"之称,能起降各种大型飞机,客流量和货物吞吐量较大。有十余家航空运输公司落户楠迪,既有斐济航空企业,也有国际知名的货运公司,承揽面向世界各地的货运业务。首都苏瓦附近的瑙苏里机场主要经营国内航线,开通有连接各主要城市和岛屿的航线。

2. 陆路

斐济无高速公路,仅主岛有建成的环岛公路,内陆公路较少。从首都苏瓦到楠迪国际机场,正常速度行驶需要3个半小时左右。斐济全国公路最高时速不得超过80千米。无论是市内交通或城市间交通,斐济均可提供公共汽车、出租车和汽车租赁服务。

3. 水运

作为群岛国和南太平洋地区的交通枢纽,斐济海运业较为发达。全国共有苏瓦、劳托卡、莱武卡和马劳港4个设施较为完备的货物港口,其中,苏瓦港是全国最大港口。

(三)旅游线路推荐

1. 在塔韦乌尼岛,欣赏上帝的花园

塔韦乌尼是一座巨大的花园,波玛国家遗产公园包揽了这座花园80%以上的景致。公园的瀑布美景举世闻名,好莱坞名片《蓝色珊瑚礁》在此取景。也可以在拉韦纳海边漫步。通向壮美海滩的小路上,可以观赏岩石满布的河流、藤蔓丛生的树林和壮观的瀑布。想要追求刺激,还可以坐上皮划艇去探索远处的岩石海岸,欣赏瀑布直泻大海。

2. 楠迪&周边,探索奇妙幻境

沉睡巨人花园,这个远观犹如轮廓鲜明的巨人挺肚仰睡的奇妙之地,原本是好莱坞影星雷蒙德·伯尔的私人领地,如今却意外地发展成为斐济最大的兰花园,藏有2000多种兰花品种。

而瑙索里高地,则是俯瞰斐济门户城镇楠迪的绝佳位置,四季更迭带来迥异风光:

秋季展现金黄的山谷与丘陵,夏季则换上一袭郁郁葱葱的绿色山林外衣,每一次造访都是独一无二的限定体验。

3. 前往阳光海岸,尽享迷人山海

纳卡瓦德拉区域展现出一幅雄伟壮观的自然画卷,蕴含着传奇历史与独特风景。在此,游客可以穿越广袤无垠的草原,探访古色古香的集镇、宁静乡村以及繁茂的甘蔗田,同时沉浸在当地多样化鸟类种群所演绎的自然音乐之中。值得注意的是,享誉国际的斐济矿泉水正是源自纳卡瓦德拉丰富的地下水资源。

斐济对话徒步探险项目则位于斐济最北端半岛的阳光海岸,这里距离楠迪国际机场仅2.5小时车程,是维提岛上的一处隐秘瑰宝。该项目提供了一次难忘的徒步探险体验,游客将穿越古朴乡镇,途经起伏的草原、清凉的河谷以及云雾缭绕的森林,仿佛步入了一个梦幻般的童话世界。行程的终点是斐济最高峰——托马尼维峰,站在峰顶,游客可以俯瞰到无与伦比的美丽景色。此外,在整个徒步过程中,专业向导不仅会分享丰富的本土故事,游客还有机会感受到沿途村庄的热情款待,领略斐济人民的淳朴风情。

4. 来玛玛努卡群岛&周边,畅游海洋风情

马拉马拉海滩俱乐部被誉为全球范围内极具休闲氛围的度假胜地。在这里,游客可以惬意地躺于池畔躺椅上,享受阳光的沐浴。当日晒稍感疲惫时,可以选择参与丰富多彩的水上活动,以焕发活力;而当活动之余,俱乐部内的酒吧与餐厅则提供了琳琅满目的美食供游客品尝,满足人们味蕾的享受。简而言之,在马拉马拉海滩俱乐部,游客的唯一任务就是全身心地放松自我。

库克船长日落巡游则属于人们一生中不容错过的一次独特体验。这一日中最具浪漫气息的时刻,游客将乘坐游轮,目睹南太平洋上绚烂多彩的黄昏景致。伴随着浪花轻拍沙滩的悦耳声音,以及海风清新拂面的舒适感受,整个巡游过程将营造出一种绝美的环境氛围。加之热情的船员与欢乐的氛围,每一刻都将成为游客日后珍贵的回忆。

(四)币种兑换

斐济共有四大商业银行,为澳大利亚和新西兰有限银行集团、巴罗达银行、西太平洋银行有限公司、南太平洋银,所有的商业交易都是用斐币进行的。

楠迪国际机场的抵达大厅内设有ANZ银行货币兑换处,24小时营业。为方便游客,全国各地及指定的度假村和酒店均设有自动柜员机。

(五)票务与酒店预订

1. 机票和酒店预订

机票和酒店的预订可以从斐济航空或斐济旅游局官网上进行了解后在相关软件

上提前预订。

2. 手机信号

斐济国内有多家公司可提供FDD-LTE 4G网络服务，国内手机可以在斐济漫游使用。斐济网络接入方便，一般四星级以上宾馆酒店均提供网络服务，请注意提前了解是否需要额外收费。

本章小结

本章主要介绍了大洋洲旅游区概况，包括澳大利亚、新西兰、斐济等国家的国情概要、自然地理、文化和民俗、旅游资源和景点，让读者对该地区旅游发展有初步了解。

本章训练

论述题

1. 简要介绍大洋洲旅游目的地的概况。
2. 简要论述澳大利亚的人文、简史、政治、经济、文化和民俗等以及中澳关系。
3. 思考旅游业在澳大利亚和新西兰的经济发展中所起到的重要作用。

参 考 文 献

[1] 赵利民，崔志英，楚媛媛.旅游客源国（地区）概况[M].大连：东北财经大学出版社，2009.
[2] 万红珍，王丽琴.旅游目的地国（地区）概况[M].北京：中国轻工业出版社，2015.
[3] 方海川.中国旅游客源国与目的地概况[M].北京：北京理工大学出版社，2017.
[4] 杨载田.客源国概况[M].广州：华南理工大学出版社，2008.
[5] 樊亚玲，阎峥，甄建国.跟着大使看世界[M].北京：朝华出版社，2017.
[6] 王兴斌.中国旅游客源国/地区概况[M].北京：旅游教育出版社，2013.
[7] 朱海冰，金磊.中国客源国概况[M].哈尔滨：哈尔滨工程大学出版社，2012.
[8] 朱永文.中国旅游客源国概况[M].上海：上海交通大学出版社，2015.
[9] 丁勇义，李玥瑾，张晶，等.中国旅游客源国概况[M].北京：清华大学出版社，2019.
[10] 中国社会科学院旅游研究中心.旅游绿皮书：2021—2022年中国旅游发展分析与预测[M].北京：社会科学文献出版社，2022.
[11] （美）亨利·戴维·梭罗.一个人的远行[M].任小红，译.哈尔滨：哈尔滨出版社，2018.
[12] 陈安泽.旅游地学大辞典[M].北京：科学出版社，2013.
[13] 康博.中国与西方国家新年习俗异同[J].边疆经济与文化，2013(1).
[14] 世界旅游城市联合会，中国社会科学院旅游研究中心.世界旅游经济趋势报告（2023）.[R/OL].（2023-05-10）[2024-04-20].http://trcchina.cssn.cn/xsjl/202305/t20230515_5638014.shtml.

教学支持说明

为了改善教学效果,提高教材的使用效率,满足高校授课教师的教学需求,本套教材备有与纸质教材配套的教学课件和拓展资源。

我们将向使用本套教材的高校授课教师赠送教学课件或者相关教学资料,烦请授课教师通过电话、邮件或加入旅游专家俱乐部QQ群等方式与我们联系,获取"电子资源申请表"文档并认真准确填写后发给我们,我们的联系方式如下:

地址:湖北省武汉市东湖新技术开发区华工科技园华工园六路

邮编:430223

电话:027-81321911

E-mail:lyzjjlb@163.com

旅游专家俱乐部QQ群号:758712998

旅游专家俱乐部QQ群二维码:

群名称:旅游专家俱乐部5群
群　号:758712998

电子资源申请表

填表时间：_____年___月___日

1. 以下内容请教师按实际情况填写，★为必填项。
2. 根据个人情况如实填写，相关内容可以酌情调整提交。

★姓名		★性别	□男 □女	出生年月		★职务		
						★职称	□教授 □副教授 □讲师 □助教	
★学校				★院/系				
★教研室				★专业				
★办公电话			家庭电话			★移动电话		
★E-mail（请填写清晰）						★QQ号/微信号		
★联系地址						★邮编		

★现在主授课程情况	学生人数	教材所属出版社	教材满意度
课程一			□满意 □一般 □不满意
课程二			□满意 □一般 □不满意
课程三			□满意 □一般 □不满意
其 他			□满意 □一般 □不满意

教 材 出 版 信 息		
方向一		□准备写 □写作中 □已成稿 □已出版待修订 □有讲义
方向二		□准备写 □写作中 □已成稿 □已出版待修订 □有讲义
方向三		□准备写 □写作中 □已成稿 □已出版待修订 □有讲义

请教师认真填写表格下列内容，提供索取课件配套教材的相关信息，我社将根据每位教师填表信息的完整性、授课情况与索取课件的相关性，以及教材使用的情况赠送教材的配套课件及相关教学资源。

ISBN（书号）	书名	作者	索取课件简要说明	学生人数（如选作教材）
			□教学 □参考	
			□教学 □参考	

★您对与课件配套的纸质教材的意见和建议，希望提供哪些配套教学资源：